MEDDWL A DYCHYMYG
WILLIAMS PANTYCELYN

GW00392206

(Penlergoed 1991

De Lytl a Davel)

MEDDWL A DYCHYMYG WILLIAMS PANTYCELYN

golygwyd gan

Derec Llwyd Morgan

Gwasg Gomer
1991

Argraffiad cyntaf—1991

ISBN 0 86383 739 5

ⓗ Derec Llwyd Morgan a'r cyfranwyr

Dymuna'r cyhoeddwyr gydnabod cymorth a chyfarwyddyd Adrannau'n Cyngor Llyfrau Cymraeg a noddir gan Gyngor Celfyddydau Cymru.

Argraffwyd gan
J.D. Lewis a'i Feibion Cyf., Gwasg Gomer, Llandysul, Dyfed.

Cyflwynedig
i'r
Parchedig Ddoctor Gomer M. Roberts
dyledwyr ydym oll

CYNNWYS

Rhagair

Traddodwyd y darlithoedd a gyhoeddir yn y gyfrol hon yng Ngregynog ym mis Gorffennaf 1991, mewn Ysgol a drefnwyd ar y cyd gan Gymdeithas Gelfyddydau Gogledd Cymru ac Adran Efrydiau Allanol Coleg Prifysgol Gogledd Cymru, Bangor. Y mae'r Ysgol honno ers blynyddoedd yn un o uchelwyliau mwyaf poblogaidd gwŷr a gwragedd y Pethe. Eleni, a phawb bron yn nodi ac yn dathlu daucanmlwyddiant marw Williams Pantycelyn, yr oedd yn naturiol ac yn weddus mai efe a'i waith oedd pwnc yr Ysgol. Gan bwysiced yr achlysur a chan mor fythol ddiddorol yw'r gwrthrych, tybiwyd mai ffolineb fyddai peidio â chyhoeddi'r ymdriniaethau arno yn llyfr. Yr wyf yn ddiolchgar dros ben i Mr Alwyn Roberts, Cyfarwyddwr yr Adran Allanol, ac i Mr J. Clifford Jones, Dirprwy Gyfarwyddwr Cymdeithas y Celfyddydau, am drefnu'r Ysgol; hefyd i'r darlithwyr am baratoi eu papurau ymhell o flaen llaw fel y gallwn eu dwyn i'r wasg ddechrau'r haf; ac i Mrs Beryl Jenkins, ysgrifenyddes ddiflino'r Adran Gymraeg yng Ngholeg Aberystwyth, am deipio nifer ohonynt a'u cael mewn trefn.

Mae yn y llyfr dri chyfraniad arall yn ogystal. Ar ôl imi weld yr arddangosfa ardderchog a baratowyd yn y Llyfrgell Genedlaethol i ddathlu daucanmlwyddiant Pantycelyn, tybiais mai da iawn o beth fyddai cael rhan o gyfraniad gwiw Mr D. Alwyn Owen i'r Arddangosfa honno ar glawr a chadw: dyna yw'r rhestr o lyfrau Pantycelyn a geir yma; paratôdd Mr Owen restr ddyddiadau werthfawr yn ogystal. Aelod arall o staff y Llyfrgell yw Dr Huw Walters a baratôdd y llyfryddiaeth gampus a geir ar ddiwedd y gyfrol hon. Os gŵyr neb am itemau eraill am Bantycelyn nas gwelodd ei lygaid barcud ef, byddem yn falch odiaeth o gael y cyfraniadau. Yr wyf yn gwerthfawrogi'u cyfraniadau yn arw.

Am fod Pantycelyn mor fawr, rhai agweddau yn unig ar ei waith a geir yn y darlithoedd hyn. Ceir mewn ambell ddarlith gyfeiriad at rywbeth a ddywedir mewn darlith arall, a gwelir yma ac acw anghytundeb ynghylch ambell beth ynglŷn â Phantycelyn. Na synned neb at hynny. Efallai taw'r pennaf peth a ddysgasom eleni oedd dysgu gweld mawredd ei feddwl a disgleirdeb ei ddychymyg o'r newydd.

Yn olaf, carwn ddiolch i Dr Dyfed Elis-Gruffydd ac i'r Mri John H. Lewis a Huw Lewis am fod mor barod i gyhoeddi'r llyfr hwn ac am eu diddordeb bywiol ynddo.

D. Ll. M.

BYWYD PANTYCELYN
RHAI DYDDIADAU

D. Alwyn Owen

1717   Geni William Williams yng Nghefncoed, yn bedwerydd o chwech o blant John a Dorothy Williams (tri mab a thair merch) a'r unig fab i oroesi; ei fedyddio gan Roger Williams, gweinidog Cefnarthen, yr eglwys ymneilltuol lle roedd ei dad yn henuriad.

1726   Gwaddolodd Sackville Gwynne, Glan-brân, yr Eglwys Newydd yn Nhir Abad; cafodd Theophilus Evans, awdur *Drych y prif oesoedd* (1716), ei sefydlu'n offeiriad yno ychydig wedyn. Dywedir i'r Williams ifanc ddod i'w adnabod tua'r adeg yma.

1727   Marw Siôr I. Esgyniad Siôr II.

1728   Sefydlu'r Genhadaeth Forafaidd yn Lloegr.

1729   John Wesley a'i gyfeillion yn dechrau cyfarfod yn Rhydychen mewn seiat ac yn cael eu llysenwi'n Fethodistiaid.

1730   Marw Roger Williams, gweinidog Cefnarthen.

1731   Marw William Lewis, Pantycelyn, gan adael y fferm i'w chwaer Dorothy Williams, mam Williams.

        Agor yr Ysgol Gylchynol gyntaf gan Griffith Jones, Llanddowror.

1734   Ordeiniwyd Daniel Rowland yn ddiacon yng nghapel Duke Street, Westminster ar 10 Mawrth gan Nicholas Claggett, esgob Tyddewi, a'i drwyddedu i wasanaethu curadiaethau Llangeitho a Nancwnlle.

1734/35 Tröedigaeth Daniel Rowland; mae'n debyg ei fod wedi ei alw o dan bregethu Griffith Jones, Llanddowror, naill ai cyn ei ordeinio'n ddiacon neu'n fuan ar ôl hynny pan aeth at Griffith Jones i Landdowror am ychydig fisoedd.

1735   Tröedigaeth Howell Harris.

1735   Ordeiniwyd Daniel Rowland yn offeiriad yng nghapel yr esgob, Abergwili ar 31 Awst.

1737   Cyfarfu Howell Harris a Daniel Rowland gyntaf pan oedd Daniel Rowland yn pregethu yn Eglwys Defynnog ar 13 Awst.

Dyfelir i Williams gychwyn (ym mis Hydref?) ar gyfnod o dair blynedd o addysg yn yr Athrofa Anghydffurfiol ddeublyg yn Llwynllwyd/Chancefield (ger Talgarth) dan ofal Vavasor Griffiths a David Price.

1737/38   Tröedigaeth Williams wrth wrando ar Howell Harris yn pregethu ym mynwent Eglwys Talgarth.

1738   John Wesley, wedi dychwelyd o America, yn cael tröedigaeth ar 24 Mai. George Whitefield yn mynd i genhadu yn America.

Ceid ysgol gylchynol ym Mhantycelyn yn y cyfnod yma.

1740   Y blaid Galfinaidd yn ymadael ag eglwys Cefnarthen. Trwyddedu Clunypentan yn dŷ cwrdd ar 10 Gorffennaf.

Ordeinio Williams yn ddiacon ar 3 Awst ym mhlas Abergwili gan Nicholas Claggett, esgob Dewi.

Trwyddedu Williams i guradiaethau eglwysi Llanwrtyd a Llanddewi Abergwesyn ar 4 Awst. Gwasanaethodd hefyd eglwys Llanfihangel Abergwesyn.

Ailagraffwyd *Drych y prif oesoedd* gan Theophilus Evans, gydag enw Williams ymhlith y tanysgrifwyr.

Cyhoeddi *Llyfr o hymneu o waith awryw* [sic] *awdwyr* a gafodd ei ddefnyddio yn y seiadau cynnar.

1741   Harris yn pregethu ac yn lletya yng Nghefncoed ym mis Chwefror.

Ceir tystiolaeth fod seiat yng Nghefncoed erbyn mis Ebrill.

Dau lythyr gan Williams yn *Welch piety*.

1741/42   Enwir Pantycelyn yn rhestr ysgolion *Welch piety*.

1742   Marw John Williams, Cefncoed (tad Williams) yn 86 mlwydd oed ar 1 Ebrill.

Mae'n bosibl fod Dorothy Williams wedi symud i Bantycelyn ar ôl claddu ei phriod; (bu Pantycelyn yn ei meddiant er 1731).

Dechrau cynnal y sasiynau a chyhoeddi *Sail, dibenion a rheolau'r societies*.

Cynnal y sasiwn gyntaf ar 7 Ionawr yn Dugoedydd, Cil-y-cwm. Roedd Williams wedi clafychu gyda'r frech wen a pharhaodd yn glaf trwy'r gwanwyn a'r haf.

(27 Ebrill) Cyhuddo Williams o absenoldeb (yn Llys yr Esgob, Archddeoniaeth Aberhonddu). Dyma gyfnod ei salwch o'r frech wen.

(10 Mehefin) Cyhuddo Williams o esgeuluso'i waith.

(6 Hydref) Cyhuddo Williams o beidio byw yn ei ofalaeth; o beidio claddu'r meirw, o bregethu y tu allan i'r plwyf ac o esgeuluso'i ddyletswyddau o fewn ei ofalaeth.

(Hydref) Yr esgob yn gwrthod llawn urddau i Williams.

Ar 27 Gorffennaf ceir Harris yng Nghefncoed yn gweddïo'n daer am adferiad Williams.

1743   Williams wedi gwella'n llwyr o'r frech wen.

Sefydlu Cymdeithasfa'r Methodistiaid Cymreig gyda George Whitefield yn y gadair yn Sasiwn y Watfford ar 5-6 Ionawr.

Sasiwn fisol Llanddeusant ar 3 Chwefror yn penodi cynghorwyr o dan arolygiaeth Williams.

Sasiwn yn y Watfford ar 6-7 Ebrill yn penderfynu y dylai Williams adael ei guradiaethau a mynd yn gynorthwywr i Rowland.

(27 Ebrill) Un Thomas Davies yn dwyn cwynion yn erbyn Williams yn Llys yr Esgob.

(3 Mai) Gohirio'r achos.

1743   (Mehefin) Gosod cwynion yn erbyn Williams eto ger bron Llys
yr Esgob. Roedd enw Theophilus Evans wrth y cwynion.

(20 Gorffennaf) Williams yn rhoi ei atebion i'r cwynion ger bron
y Llys.

(10 Awst) Gohirio'r achos unwaith eto.

(28 Awst) Gwnaeth Williams gais arall am lawn urddau.

Rhwng Medi a Rhagfyr cyfarfu'r Llys ar 7 a 28 Medi, 12
Hydref, 11 Tachwedd a 1 a 22 Rhagfyr gan ohirio penderfynu
bob tro.

Ceir llawer tystiolaeth gan Harris rhwng Hydref a Rhagfyr fod
Williams yn cael ei ddefnyddio gan Dduw: 'Hell trembles when
he comes and Souls are daily taken by Brother Williams in the
Gospel-net'.

1744   Yn Llys yr Esgob ar 26 Ionawr cafwyd Williams yn euog o
esgeuluso ei ddyletswyddau, ei geryddu a'i rybuddio i newid ei
ffyrdd. Yna ar ei ble gostyngedig fe'i rhyddhawyd ar daliad o'r
costau.

(Mawrth) Ffrainc yn cyhoeddi rhyfel yn erbyn Prydain.

Sasiwn Trefeca, 27 Mehefin, yn penderfynu y dylai Williams
ymweld â'r seiadau yng ngogledd sir Aberteifi unwaith bob
chwe wythnos.

Sasiwn Cwm-brith ar 1 Awst yn penderfynu bod Williams a
Rowland i ymweld â'r Gogledd.

Y Gynhadledd Fethodistaidd Gyntaf yn cael ei chynnal yng
Nghapel y Ffwndri, Llundain, gyda John a Charles Wesley.
Ymysg pethau eraill penderfynasant sefydlu seiadau ple bynnag
âi'r pregethwyr.

Sasiwn Porth-y-rhyd, plwyf Caeo, lle bu croesddadlau rhwng
Harris a Rowland ynghylch bwyta ac yfed. Argoel gynnar o'r
tensiwn a ddaeth rhyngddynt yn ddiweddarach.

Tua'r cyfnod yma daeth Harris o dan ddylanwad y Morafiaid
gyda'u tueddiadau patripasaidd.

1745   (Chwefror) Cyhuddid Harris o gyfeiliorni'n ddiwinyddol, ac mewn llythyr at Harris dywed Williams fod Rowland fel 'strong pillar in the church'.

(Gorffennaf) Dechreuad yr ail wrthryfel Jacobitaidd gyda glaniad Charles Stuart yn yr Alban.

1746   Yn sasiwn y Watffford, 7 Ebrill, cafwyd cyfarfod stormus gyda Harris yn ofni bod y brodyr yn edrych i lawr arno; ond yr oedd Williams a Howell Davies yn llariaidd ag ef a bu cymod.

(Ebrill) Gorchfygiad y lluoedd Jacobitaidd ym mrwydr Culloden.

Yn sasiwn Trefeca ym Mehefin cyhuddwyd Harris o fod yn Forafiad, yn Antinomaidd ac o honni perffeithrwydd.

Cafwyd sasiynau stormus yn Norchleithe a Chastell-nedd ym mis Hydref gyda Harris yn sôn yn ei ddyddiadur fod Williams yn gweld Rowland yn addas fel arweinydd am ei fod yn offeiriad.

1747   Ffurfio'r seiadau Methodistaidd yn gylchoedd.

Derbyn Peter Williams yn aelod yn sasiwn Cerrig Ioan, Castell-newydd Emlyn ar 7 Ionawr. Wedi clywed Rowland yn pregethu roedd Harris o'r farn ei fod yn ôl mewn athrawiaeth ac â gorchudd ar ei lygaid.

Ar 28 Awst ceir Williams yn pregethu yn Gymraeg ar ôl pregeth Saesneg gan Charles Wesley. Dyma ddau emynydd mawr Cymru a Lloegr yn rhannu pulpud am y tro cyntaf.

1748   Ar 4 Fawrth cyfarfu Williams a John Wesley yn Rhyd-y-Spardyn: 'After Mr Williams preached in Welsh I preached in English'.

Taith yr Arglwyddes Huntingdon a'i chwmni trwy Dde Cymru. Croesasant o Fryste a theithio i Drefeca lle yr ymunodd Williams â hwy cyn teithio ymlaen trwy siroedd Caerfyrddin ac Aberteifi.

1748/49   Ymbriododd Williams â Mary Francis o Lanfynydd a Llansawel.

1749   Yn sasiwn Llanfair-ym-Muallt, 1 Chwefror, penderfynwyd fod rhai brodyr i fynd at Williams i wella eu gramadeg, diwinyddiaeth, athroniaeth a'u rhesymeg, etc.

Symudodd eglwys annibynnol Clunypentan i Bentre Tŷ-gwyn, i dŷ cwrdd a godwyd ar dir a roes Dorothy Williams a'i mab iddi ar 20 Mehefin.

Y Calfiniaid o dan Whitefield yn ymadael â Wesley; ac aeth Whitefield yn gaplan i'r Arglwyddes Huntingdon.

1750   Erbyn dechrau'r flwyddyn roedd Harris yn tywys Madam Griffith o gwmpas y wlad gydag ef gan honni ei bod fel proffwydes iddo.

Geni Amelia Maria, cyntafanedig Williams.

Yn sasiwn Llanidloes, 9 Mai, aeth yn rhwyg agored. Gwrthododd Harris dderbyn Rowland yn 'archesgob' arno a honnodd fod Williams a Rowland yn llawn gelyniaeth tuag ato. Dyma'r sasiwn olaf cyn yr ymraniad ac enciliad Harris i Drefeca i ffurfio'r 'Teulu' gyda'i ddilynwyr.

Cyfarfu Plaid Rowland yn Llantrisant, 4 Gorffennaf, a phenderfynu ymwahanu oddi wrth Harris. Rowland a Williams bellach yw prif arweinwyr Methodistiaid Cymru.

1751   (Mai) Pasio deddf i fabwysiadu'r calendr diwygiedig (Gregoraidd). Newidiwyd dechrau'r flwyddyn o 25 Mawrth i 1 Ionawr gydag 11 diwrnod i'w adael allan o'r calendr rhwng 3 a 14 Medi 1752.

Sefydlu Anrhydeddus Gymdeithas y Cymmrodorion yn Llundain.

Geni William, mab cyntaf Williams, a'i fedyddio ar 5 Rhagfyr.

1752   Cyhoeddi *History of modern enthusiasm* gan Theophilus Evans, sef ymosodiad dicllon ar Fethodistiaeth.

1754   Geni John, ail fab Williams, ar 23 Mai.

1756   Geni Anne, ail ferch Williams.

1756   (Mai) Cyhoeddi rhyfel yn erbyn Ffrainc; dechreuad y Rhyfel Saith Mlynedd.

1757   Deddf Gwarchodluoedd yn creu catrawdau sirol ar gyfer argyfyngau. Harris yn ymuno â'r milisia.

1758   Geni Mary Sophia, trydedd ferch Williams; bu farw yn bythefnos oed a chanodd Williams farwnad iddi.

1759   Williams a Peter Williams yn galw yn Nhrefeca, 12 Mehefin, i geisio cymodi a chyfannu'r rhwyg.

Ymweliad Rowland â Harris yn Nhrefeca ar 23 Gorffennaf; trefnu cynhadledd i ymuno â'i gilydd drachefn.

Cyfarfu Harris â rhai o'r cynghorwyr yn Nhrecastell, Brycheiniog, ar 4 Medi; ond yr oedd rhai, fel John Popkin, yn ei wrthwynebu.

Cyhoeddi gweithiau cyntaf Goronwy Owen.

Dechrau datblygu'r gwaith haearn ym Merthyr Tudful gan John Guest.

1760   Pregethwyr lleyg Wesley yn cymryd trwyddedau ysgolfeistri ymneilltuol a gweinyddu'r sacramentau; cawsant eu condemnio gan Charles Wesley.

(Hydref) Marw Siôr II. Esgyniad Siôr III.

1761   Geni Elizabeth Margaretha, pedwaredd ferch Williams; wedi marwolaeth ei rhieni gofalodd am Bantycelyn a'i brawd John.

Marw Griffith Jones, Llanddowror (1683-1761).

1762   Geni Mariah Sophia, neu Mary, pumed ferch Williams.

Llythyr at Harris, dyddiedig 19 Mai, oddi wrth Williams, Rowland, Peter Williams, William Richard, David Williams a John Harry yn mynegi eu hawydd i'w weld yn ôl yn eu plith ar ôl iddo roi heibio ei gomisiwn yn y gwarchodlu.

Diwygiad yn torri allan yn Llangeitho yn yr haf.

1762 (Tachwedd) Ymddeoliad Harris o'r gwarchodlu.

1763 Harris yn cyfarfod â Rowland yn Nhrecastell ar 15 Chwefror.

    Cymodi yn sasiwn fisol Llansawel ar 16 Chwefror; y sasiwn unedig cyntaf wedi'r ymraniad. Canmola Harris *Pantheologia* Williams a dyhea am gael ei gyffwrdd gan y Diwygiad.

    (Chwefror) Cytundeb 1af Paris yn rhoi terfyn ar y Rhyfel Saith Mlynedd.

    Sasiwn Llangeitho ym mis Awst. Trafod disgyblaeth yn y seiadau gyda John Popkin yn cynhyrfu'r dyfroedd trwy wrthwynebu Harris. Mynegodd Williams y farn fod Rowland yn wych yn y pulpud ond nad oedd drefnydd. Cyfaddefodd Rowland iddo weld eisiau Harris beunydd.

    Sandemaniaeth wedi dyfod yn bwnc llosg; safodd Williams yn ei erbyn yn ei gân 'Gwerthfawrogrwydd y Bibl'.

1764 Geni Sarah, chweched ferch Williams.

    Sasiwn Woodstock ym mis Mai. Cododd Harris hen gwestiwn arolygiaeth y seiadau; roedd Harris am i Rowland fod yn gyfrifol, ond roedd Rowland yn anfodlon. Taerodd Williams mai gan Harris yr oedd y ddawn i arolygu. Beirniadodd Popkin yr Eglwys er mwyn cythruddo Harris gan fod Harris am lynu wrth yr Eglwys ar bob cyfrif.

1765 Sasiwn Llansawel, 1 Ionawr. Traddododd Harris araith finiog i'r cynghorwyr, ond cymeradwyodd emynau Williams. Aeth yr ymgecru rhwng Harris a'r cynghorwyr ymlaen trwy'r flwyddyn: ni fynnai'r cynghorwyr gael Harris yn ben arnynt a gwelent ymlyniad Harris wrth Eglwys Loegr yn dramgwydd.

    (Mawrth) Pasio'r Ddeddf Stamp i godi arian i amddiffyn y trefedigaethau Americanaidd.

1765 Sasiwn Llangeitho, 7-8 Awst. Trafodwyd cyhoeddi argraffiad o'r Beibl. Beirniadodd Harris yr arfer o weinyddu'r cymun yn y tai cwrdd; daliai mai Duw a ddylai fod yn ben ond Rowland oedd y pen a'u bod yn sect ar wahân i'r Eglwys bellach. Honnodd Williams mai dilyn arweiniad yr Ysbryd oedd

1760   Siccrwydd ffydd, . . . Yr Ail Argraffiad.

1761   Marwnad y Parchedig Mr. Gryffydd Jones, Gweinidog
        Llanddowror, a Llandeilo-Fach; . . . yr hwn a fu farw . . . 1761, . . .

1762   Caniadau, (y rhai sydd ar y mor o wydr yn gymmysgedig a than, ac
        wedi cael y maes ar y bwystfil,——) i Frenhin y Saint, . . .

        Llythyr Martha Philopur at y Parchedig Philo Evangelius ei
        hathro . . .

        Pantheologia, neu hanes holl grefyddau'r byd; . . .

1763   Atteb Philo-Evangelius i Martha Philopur.

        Caniadau y rhai sydd ar y mor o wydr, &c. i frenhin y Saint
        . . . Yr ail argraphiad.

        Yr Hymnau a 'chwanegwyd [at arg. cyntaf Caniadau . . . y môr o
        wydr].
        Ffarwel weledig, groesaw anweledig bethau neu rhai hymnau o
        fawl i Dduw a'r Oen.

1764   Bywyd a marwolaeth Theomemphus, o'i enedigaeth i'w fedd.

        Caniadau y rhai sydd ar y mor o wydr, &c. i Frenhin y Saint
        Y drydedd argraphiad.

        Crwydriad dychymmyg i fyd yr ysbrydoedd; neu fyfyrdodau ar
        farwolaeth y Parchedig Mr. Lewis Lewis . . . yr hwn a ymadawodd
        a'r byd . . . 1764.

        Golwg ar deyrnas Crist . . . Yr ail argraphiad, . . .

        Hymnau newyddion, nad oedd yn un o'r ddau argraphiad cyntaf.
        [o'r 'Caniadau, y rhai sydd ar y mor o wydr'].

1766   Ffarwel weledig, groesaw anweledig bethau: . . . Yr ail ran.

        Hanes llwyddiant diweddar yr Efengyl, a rhyfeddol waith Duw, ar
        eneidiau pobl yn North America: mewn llythyr oddiwrth y
        Parchedig Mr Buel, . . . At yr hyn y chwanegwyd, can am
        werthfawrogrwydd y Bibl.

        Marwnad Anne Price, or Bronnydd, ym mhlwyf Llanfair ar y
        bryn . . . yr hon a fu farw . . . 1766, . . .

1767   Crocodil, Afon yr Aipht, wedi ei weled ar fynydd Seion: sef, cenfigen, wedi ei holrhain trwy'r byd a'r eglwys, . . .

1768   Hanes bywyd a marwolaeth tri wyr o Sodom a'r Aipht, . . .

1769   Ffarwel weledig, groesaw anweledig bethau: . . .
Y drydedd ran.

Galarnad ar farwolaeth Mr. W. Read; o Bont y Moel, yn ymmyl Pont y Pool: . . . yr hwn a ymadawodd a'r byd . . . 1769.

1770   Marwnad ar y Parchedig Mr. G. Whitffield, . . . Ynghyd a Llythyr Capten Jacobson, . . . ar achos ei farwolaeth.

Marwnad ar y Parchedig Mr. H. Davies . . . An English elegy on the Rev. Mr. H. Davies, Chaplain to the . . . Countess of Walsingham, who departed this life . . . 1770, . . .

1771   An Elegy on the Reverend Mr G. Whitefield . . . Chaplain to the . . . Countess of Huntington; who died . . . 1770, . . .

Gloria in excelsis: neu hymnau o fawl i Dduw a'r Oen.
Y rhan gyntaf.

Marwnad ar y Parchedig Mr. G. Whitffield . . . yr hwn a fu farw . . . 1770 . . . Ynghyd a Llythyr Capten Jacobson . . . ar achos ei farwolaeth.

Marwnad Wiliam Richard o Abercarfan, ym Mhlwyf Llanddewi-brefi; yr hwn a fu farw . . . 1770 . . . Ynghyd a Marwnad John Parry o Blwyf Tal-llychau; yr hwn a fu farw . . . 1770.

1772   Gloria in excelsis: neu hymnau o fawl i Dduw a'r Oen.
Yr ail ran.

Gloria in excelsis: or hymns of praise to God and the Lamb.

1773   Caniadau, y rhai sydd ar y mor o wydr, &c. i Frenhin y Saint . . . Y pedwarydd argraphiad, gyd â chwanegiad o hymnau newyddion . . .

Liber miscellaneorum, neu lyfr amrywioldeb, . . .

Marwnad er coffadwriaeth am Mr. Howel Harries, yr hwn . . . a ymadawodd â'r byd hwn . . . 1773, . . .

Rhai hymnau newyddion, a 'chwanegwyd at y pedwerydd argraffiad o'r Caniadau y rhai sydd ar y mor o wydr, &c.

1774   Antinomiaeth, bwbach y rhan ffurfiol o'r Eglwys Grist'nogol, . . . Ym mywyd y Parchedig Mr John [h.y. Joseph] Hart. . . . At ba un y 'chwanegwyd rhai hymnau ar fesur newydd.

          Aurora Borealis: neu, y goleuni yn y Gogledd, fel arwydd o lwyddiant yr Efengyl yn y dyddiau diweddaf, . . .

          Aurora Borealis: neu, y goleuni yn y Gogledd . . . Yr ail argraphiad.

          Marwnad, er coffadwriaeth am Hugh Wiliams, o Gornwal, ym Mhlwyf Llanfigan, yn Sir Frecheiniog, yr hwn a ymadawodd â'r byd hwn . . . 1774.

          Ychydig hymnau, ar fesur newydd.

1775   Aleluia, neu lyfr o hymnau: . . . Y pedwarydd argraphiad.

1776   Marwnad Dafydd John, o Bwll-y-March, yr hwn a ymadawodd â'r byd . . . 1776. Ac hefyd, Marwnad John Dafydd, o Benhenrhyw, ym Mhlwyf Llanwnio, yr hwn a ymadawodd â'r byd . . . 1776.

          Marwnad Mr. Evan Williams, o Faesgenffordd, yn agos i'r Garth, yn Sir Frecheiniog . . . a foddodd yn yr Afon Gwy . . . 1776 . . . At ba un y chwanegwyd Hymn, . . .

1777   Bywyd ffydd, wedi ei osod allan a'i gyflwyno mewn llythyr a gafwyd yn stydi y Parchedig Mr. Joseph Belcher, . . . At ba un y chwanegwyd, rhai gwersi gan y diweddar Barch. Mr. Killingstall.

          Ductor nuptiarum: neu, gyfarwyddwr priodas. Mewn dull o ymddiddan rhwng Martha Pseudogam, a Mary Eugamus, . . .

          Templum experientiae apertum; neu, ddrws y society profiad wedi ei agor o led y pen, . . .

1778   Galarnad Ann Pugh, o Blwyf Llangammarch, ar ol ei mab Rhys Pugh, yr hwn a ymadawodd â'r byd . . . 1778, . . .

1779   Berr hanes o'r pethau mwyaf hynod ym mywyd James Albert
        Ukawsaw Groniosaw, Tywysog o Affrica: fel yr adroddwyd ganddo
        ef ei hun. [Wedi ei gyfieithu gan W. Williams].

        Hanes troedigaeth ryfedd a hynod y Parchedig Mr Thomas
        Goodwin...Ynghyd a rhai hymnau, ar fesurau newyddion.

1780   Berr hanes o'r pethau mwyaf hynod ym mywyd James Albert
        Ukawsaw Groniosaw, Tywysog o Affrica: fel yr adroddwyd ganddo
        ef ei hun. [Wedi ei gyfieithu gan W. Williams]...Yr ail
        argraphiad.

        An Elegy on the much lamented death of Miss Eliza Price, daughter
        of the late G. Price, Esq. of Pigionsford, in the Parish of
        Llangyranog, Cardiganshire, who died...1780...Marwnad Miss
        Eliza Price, o Ryd-y-Colommenod...

        Marwnad ar farwolaeth Mrs Grace Price...o Watford, yn Sir
        Forganwg. Yn hon a ymadawodd â'r byd...1780, ...

1781   Bywyd a marwolaeth Theomemphus...Yr ail argraphiad.

        Marwnad Mr. Abraham Wood...a ymadawodd â'r byd ym Mis
        Awst, 1779. A marwnad Mrs. Margaret Wood...a ymadawodd
        â'r byd ym Mis Mai, 1781.

        Marwnad, ar farwolaeth Mrs. Grace Price...o Waterford...Yr
        ail argraphiad.

        Rhai hymnau newyddion,—ar fersurau newyddion:...

        Rhai hymnau newyddion...Yr ail argraphiad.

        Rhai hymnau newyddion...Y trydydd argraphiad.

1782   Galarnad ar farwolaeth Mari, gwraig John Jones, o Landilo-fach,
        yn Sir Forganwg, yr hon a fu farw...1781.—Ynghyd a Galarnad
        am John Philip, o Lwyngyfarthwch, yn agos i Lanelli...yr
        hwn...a fu farw o ddautu yr un amser.

        Rhai hymnau newyddion, ...

        Rhai hymnau newyddion...Yr ail argraphiad.

1783   Marwnad Llewelin Ddafydd, o Blwy-Llywel, yn Sir Frecheiniog, . . .

1784   Atteb i wr bonheddig, a geisiodd brydyddu senn, . . .

Marwnad ar farwolaeth y Parchedig Mr. Cristopher Basset, y iefangaf o Aberddawen yn Sir Forganwg . . . yr hwn a ymadawodd â'r byd . . . 1784, . . .

1785   Darluniad gras, a serchiadau natur; yn gweithio mewn siomedigaeth, ofn, galar a hiraeth, ym mhrofiadau Mrs. Margaret Lloyd . . . yn achos claddedigaeth mab bychan iddi . . . At ba un y chwanegwyd, Rhai gwersi ar farwolaeth John Evans, Pregethwr yr Efengyl, yr hwn a fu farw . . . 1784. A Rhai gwersi ar farwolaeth William John, o Llywele-Mawr, . . .

Myfyrdodau ar angau: neu, alarnad am y farwolaeth anghyffredin, a ddigwyddodd mewn amryw fannau o Gymru y blynyddau hyn, . . .

Myfyrdodau ar farwolaeth Thomas Rees, Esq; . . . o Llwyn-y-piod ym Mhlwy' St. Clears; yr hwn a gafodd ei symmud o'r byd hwn . . . 1785, . . .

1786   Immanuel: neu ddirgelwch dyfodiad Mab Duw yn y cnawd . . . gan James Usher . . . Newydd ei gyfiaethu . . . gan William Williams, . . .

1787   Marwnad ar y Parchedig Mr. William Davies o Gastell Nedd; yr hwn a ymadawodd a'r byd . . . 1787, . . .

Rhai hymnau newyddion, ar fesurau newyddion

Rhai hymnau newyddion, . . . [argraffiad gwahanol: LW5535]

1788   Marwnad Mrs. Mary Morice, gwraig Mr. David Morice . . . yr hon a gafodd ei symmyd o'r byd hwn . . . 1788. At ba un y chwanegwyd Rhai o fyfyrdodau Mr. David Morice, ar cyfryw achos.

1789   Marwnad Mrs. Catharine Jones . . . o Blwyf Trefddyn, yn Sir Fynwe; yr hon a ymadawodd â'r byd . . . 1789, . . .

1790   Marwnad Miss Susannah Prichard, . . . o'r Collenne, ym Mhlwyf
Llantrisaint, yn Sir Forgannwg; yr hon a ymadawodd â'r
byd. . . 1790, . . .

A Serious address, presented to the consideration of all charitable
and well-disposed Christians, for contributing some part of their
monied properties, to raise a small fund, to carry on Welsh Charity
Schools: upon a similar plan with that established by the
late. . . Griffith Jones, and continued by Mrs. Bevan. = Annerch
pryssur a difrifol, . . .

1791   Haleliua drachefn: neu dair rhan o'r hymnau gyfenwyd Ffarwel
weledig, groesaw anweledig bethau, . . .

Marwnad y Parchedig Mr. Daniel Rowlands, yr hwn a
ymadawodd â'r byd. . . 1790, etc.

Marwnad: y Parchedig Mr. Daniel Rowlands. . . Yr ail
argraphiad.

PANTYCELYN A'R PIWRITANIAID

gan Glyn Tegai Hughes

Efallai nad oes angen diffinio manwl. Os felly, gorau oll, gan fod dadlau brwd y dyddiau hyn ynghylch natur Piwritaniaeth. Er bod rhai yn mynd mor bell â hawlio nad oes fawr o ystyr i'r term o gwbl, y mae'r prif wahaniaethau rhwng haneswyr erbyn hyn yn cylchu o amgylch nifer o bwyntiau penodol: er enghraifft, union berthynas y 'Piwritaniaid' a'r Eglwys; natur eu hamgyffred o'r gyfundrefn gym-deithasol, yn enwedig yn deuluol; mesur eu Calfiniaeth, uchel neu ganolig; perthynas y to cyntaf Tuduraidd a'r ail, Stiwartaidd, a'r doldrymau rhyngddynt. Ac yna, yn islif cyson, eu cyfraniad i'r Werinlywodraeth ym Mhrydain, ac i antur y Tadau Pererin a sefydlu Lloegr Newydd yn y diffeithwch. [1]

Ciliodd yr hen ymdrechion i fwndelu cyfres o ddaliadau a'u galw yn Biwritaniaeth o flaen manyldra'r ymchwiliadau, ond, o ran hwylustod yn hytrach nag ysgolheictod, eithaf peth fydd rhoddi un cynnig arall arni, gan gofio'r perygl o gysylltu elfennau o gyfnodau gwahanol ac o lyfnhau y gwahaniaethau. Nid diffiniad felly, ond casgliad o nodweddion, gan gychwyn gyda'r rhai a enwir gan Williams ei hun yn *Pantheologia*.

Symbyliad cyntaf Piwritaniaeth (enw gwawd, wrth gwrs, ar y dechrau) oedd yr awydd i ddiwygio, i 'buro'r' eglwys o bob arferiad, defod neu drefn oedd yn sawru o Babyddiaeth, a diddorol gweld Pantycelyn yn gymharol glaear ar un amlygiad o hyn: 'Yr oedd cyndynrwydd, 'styfnigrwydd, a rhagfarn nid bychan yn perchennogi eu hysbrydoedd, trwy eu bod yn godde eu diswyddo, eu carcharu a'u taflu allan o'u bywioliaethau er mwyn peth mor ganolig a gwisg wen, clôg, cap pedwaronglog, a'r cyfryw beth nad oedd na da na drwg ynddynt o honynt eu hunain.' (t. 638.) Ond y mae'n tueddu i weld pwynt y Piwritaniaid yn eu gwrthwynebiad i nifer o ffaeleddau eraill yr Eglwys yn eu dydd. Y mae'n enwi naw beirniadaeth: 1. Honiad-au'r esgobion; 2. 'y titlau a'r swyddau o archdiaconiaid, deonau, chapterau, a graddau eraill yn perthyn i gathedrals, fel peth heb sylfaen o'r Ysgrythurau'; 3. 'Llywodraeth anghymmedrol y . . . cwrtau ysbrydol, megis wedi dynnu oddi wrth gyfraith canon y pab, ac nid o air Duw'; 4. 'Y ddyfodfa gymmysgedig a chyffredin o bob rhai i swpper yr Arglwydd' a'r 'eisiau o ddysgyblaeth dduwiol' i chwilio i gymhwysiadau y rhai sy'n dymuno bod o gymundeb cynulleidfa'r ffyddloniaid; 5. Gwrthwynebiad i rai ymarferion ac ymadroddion yn y Llyfr Gweddi; 6. Esgeuluso pregethu 'ac agor yr Ysgrythurau' . . . 'am hynny un o'u hachwynion mawr hwy trwy yr holl deyrnasiad hyn oedd fod cynifer o weinidogion mudion, a rhai ag amryw eglwysydd ac heb fod yn cyfaneddu yn eu plwyfau'; 7. 'Nid oeddent yn bodloni i amrywiol o ddyddiau gwylion, am eu bod heb sail o'r Ysgrythurau'; 8. Anfodlon ar ganu y gweddïau ac ar ddefnyddio 'offerynnau music, megis udgyrn, organs, a'r cyffelyb'; 9. Gwrthwynebiad i nifer o arferion seremonïol, megis arwydd y groes yn y bedydd, ynghyd â'r awgrym bod gosebion (tadau a mamau bedydd) yn gallu rhyddhau rhieni o'u cyfrifoldebau addysgol, penlinio wrth dderbyn y sacrament, ymgrymu wrth enw'r Iesu, y fodrwy yn y briodas (tt. 634-7).

Allanolion Piwritaniaeth yw'r rhain, ar y cyfan, ond y mae nifer o'r hanfodion hefyd yn dod i'r amlwg ynddynt: pwysigrwydd yr Ysgrythurau, pregethu, addysg deuluol a chymundeb cyfannol y ffyddloniaid. Sêl a manyldra sy'n nodweddu hyd yn oed yr allanolion, ac, fel yr awgryma Williams wrth gyfeirio at eu cyndynrwydd a'u hystyfnigrwydd mewn nifer o achosion, angerdd eu hymateb oedd yn eu gwahaniaethu oddi wrth eglwyswyr mwy cymedrol. Yn eu hawydd i ysgubo ymaith unrhyw ddefod neu arferiad oedd yn bygwth adfer Pabyddiaeth, yr Anghrist, fe ddaethpwyd i roddi pwyslais agos i fod yn ffanaticaidd ar astudio'r Ysgrythur ac ar bregethu'r gair fel moddion i ludio cwmni'r ffyddloniaid Protestannaidd at ei gilydd.

Ar wahanol adegau fe welir rhyw rwydwaith Piwritanaidd yn dylanwadu'n glir ar ardaloedd arbennig gan adael rhannau eraill o Brydain heb fawr o dystiolaeth i'r duedd; yna fe ddylid gwahaniaethu rhwng y rhai oedd yn ceisio diwygio'r Eglwys oddi mewn a'r lleill oedd yn ymwahanu, yn ymneilltuo (y mae nifer o haneswyr cyfoes yn gwrthod galw'r Ymneilltuwyr yn Biwritaniaid o gwbl).[2] Ond, pa amrywiaeth bynnag oedd yn eu hamgylchiadau a'u trefnyddiaeth, y mae hi'n deg dweud bod ganddynt, efallai fel pobl garismataidd y dyddiau hyn, ymdeimlad o fod yn perthyn i gymdeithas ddiwylliannol glòs, gyd-ddibynnol, estyniad o'r teulu. Ynddi fe aed ati i arolygu'n fanwl gynnydd ysbrydol yr aelodau, ac fe gawn unigolion yn eu dinoethi eu hunain yn ysbrydol mewn dyddiaduron a llythyrau yn ogystal ag ar gyhoedd. Crefydd unigolyddol er hynny, ar un wedd, gan y pwysleisid mai'r unig beth oedd yn cyfrif mewn gwirionedd oedd adenedigaeth bersonol. Ond ar yr un pryd fe amcanwyd at wthio safonau moesol llym y gymdeithas glòs ar y gymdeithas ehangach, drwy ddeddfwriaeth, drwy addysgu a chateceisio, drwy esiampl gweddi ac ympryd, ond yn bennaf drwy anogaeth pregethu a phamffledu. Ac felly fe ddaw chwaraeon, difyrrwch masweddus, halogi'r Sabbath, addurniadau personol a phob gwamalrwydd, anlladrwydd, gormodedd a diogi, o dan y lach. Roedd bywyd i'w gymryd o ddifrif, gan fod dyn yn gyfrifol i Dduw amdano.

Fe ddylid tanlinellu eto bod llawer o'r tueddiadau a'r nodweddion hyn i'w gweld i raddau mewn eraill, offeiriad a lleygwyr, a fyddai wedi ymwrthod â'r label Piwritan. Angerdd y sêl, difrifoldeb yr ymarweddiad, sicrwydd y broffes sy'n dynodi'r Piwritan: 'the sharp cutting-edge of an evangelical Protestantism.'[3] A sicrwydd cadwedigaeth, y profiad ysgytiol o dröedigaeth, yn gwarantu'r cyfan. Braidd na ellir dweud i anatomi tröedigaeth a sancteiddhad droi'n obsesiwn, weithiau gydag addefiad o bechodau arswydus gynt, dro arall gan ddisgrifio bywyd diddrwg didda mewn byd neu eglwys. Yn 1779 fe gyhoeddodd Williams gyfieithiad o hanes tröedigaeth y Piwritan enwog Thomas Goodwin (1600-79), 'lle dangosir', meddai, 'pa mor belled y gall serchiadau nattur, argyhoeddiadau cyffredin, cydwybod naturiol, a chrefydd hunan gyfiawn fyned, heb wir ras, adnabyddiaeth o Dduw, nac un egwyddor union o sancteiddrwydd.' Fe ddengys Goodwin iddo gael ei ddwyn i fyny ar aelwyd grefyddol, ac yna iddo ddysgu yng Nghaergrawnt sut i archwilio stad ei enaid. O bryd i bryd fe ddybiai ei fod wedi cael y gwir brofiad, ond wedyn fe lithrai'n ôl i ansicrwydd, i Arminiaeth ac apêl Ewyllys Rydd, neu i'w bechod nodweddiadol, bod yn fodlon ar ei lwyddiant. Yna fe glywodd bregeth a ddangosodd iddo mor amddifad o unrhyw deilyngdod yw'r dyn naturiol syrthiedig, ac nad yw harddwch ymddangosiadol ei gymeriad ond ffieidd-dra. Gras yn unig all ei gadw rhag disgyn i Uffern , ei wir haeddiant. Y mae Goodwin yn ei gymharu ei hun â bradwr sydd wedi derbyn maddeuant gan y brenin, a hwnnw wedyn yn ei godi i fod yn gyfaill a ffefryn. O ganlyniad y mae cyfrifoldeb arswydol arno, sef ymladd yn ddiddiwedd yn erbyn y pechod sy'n amharchu ei frenin, ac ymdrechu'n wastadol i ennyn mewn eraill y profiad sydd wedi ei ryddhau ef.

Y Thomas Goodwin hwn yw un o'r rhai a enwir yn llythyr olaf Pantycelyn at Thomas Charles ar y cyntaf o Ionawr 1791, lle enwa Biwritaniaid eraill hefyd: 'fe fu llyfrau Dr Goodwin, Dr Owen, Dr Gill, Marshall, Hervey, Usher ac eraill yn help i flaenlymu fy neall yn y gwirioneddau mawrion hyn', sef, 'gogoniant person Christ, a

breintiau mawrion Iachawdwriaeth.' Fe gyfeirir hefyd at Goodwin—
''sgrifennodd amrywiol o Lyfrau bywiol ac ardderchog mewn
Difinyddiaeth', yn ôl wynebddalen cyfieithiad Williams—yn nhroed-
nodiadau *Golwg ar Deyrnas Crist* ar bwnc o athrawiaeth ynghylch
person Crist. John Owen (1616-83) oedd un o awduron mwyaf tor-
eithiog a dylanwadol yr Annibynwyr, cyfaill i Cromwell ac am gyfnod
Is-Ganghellor Prifysgol Rhydychen. Bedyddiwr oedd John Gill
(1697-1771), yntau yn ddehonglydd ac ymrysonwr diflin ac awdur
wyth cyfrol o esboniadau ar yr Ysgrythur, a gweithiau fel *The Doctrines
of God's Everlasting Love to his Elect, The Doctrine of Justification by the
Righteousness of Christ, The Doctrine of the Saints Final Perseverance*, i
grybwyll rhai oedd ym meddiant Williams. Diau mai Walter
Marshall (1626-71) a olygir yma, fel yr awgryma Tudur Jones, ac nid
Stephen Marshall fel y tybiais gynt.[4] Yn ôl un rhestr, roedd ei *Gospel
Mystery of Sanctification* (1692) yn llyfrgell Pantycelyn. Nid Piwritaniaid
mo James Hervey (1713-58), awdur y gwaith blodeuog, ac anesboni-
adwy o boblogaidd, *Meditations among the Tombs* (1745 ff.), na James
Ussher (1581-1656), Archesgob Armagh, gŵr anghyffredin o ddysg-
edig a mawrfrydig, o ddaliadau Calfinaidd cadarn ond cymedrolwr ar
ffurflywodraeth yr eglwys.

Ceir cyfeiriadau eraill gan Williams at Biwritaniaeth a Phiwritan-
iaid. Yn ei ragymadrodd i argraffiad cyntaf *Golwg ar Deyrnas Crist*
(1756) y mae'n cyfeirio'n gymeradwyol at Gatechism y Gymanfa (sef
Westminster) a'r 'Ysgrifenwyr Puritanaidd er's saith ugain mlynedd
aeth heibio', hynny yw o ddechrau'r unfed ganrif ar bymtheg; ac fe
gyfeirir, efallai ychydig bach yn llugoer, deirgwaith at Richard Baxter
yn *Theomemphus* a'r marwnadau. Yna, ymhlith ei lyfrau, fe welir
gweithiau Piwritaniaid fel Thomas Adams, Joseph Alleine, Nicholas
Byfield, Richard Capel, Stephen Charnock, John Downame,
Matthew Henry, Thomas Manton, John Preston, Richard Sibbes a
William Twisse.[5] Fe sylwir mai Saeson yw'r rhain i gyd, a dyna
wirionedd y mater; mae'n rhaid ei fod yn gwybod am y Piwritaniaid
Cymraeg, ond anodd rhoddi bys ar unrhyw dystiolaeth o hynny.

Dyna ddigon, a mwy na digon efallai, i ddangos fel yr oedd y Piwrit-
aniaid yn gyffredinol yn lliwio awyrgylch meddwl Pantycelyn. 'Bro.
Wms. preached on Luke 7. 47 [y wraig â blwch o ennaint]; he showed
the difference between Xt. in the head and Xt. in the heart ... My
soul was inflamed with love in listening,' yw nodyn Howell Harris yn
ei ddyddiadur ar 11 Chwefror 1743; a'r ymgyrraedd at y profiad hwn
o Grist yn y galon sy'n nodweddu'r ysgytiad a roes y Piwritaniaid i

glaerineb mwyafrif eglwyswyr eu dydd (pobl 'Crist yn y pen'). Onid rhywbeth yn debyg a welai Williams yn digwydd yng nghynnwrf ei ddyddiau ei hun? Ac er mai ar agweddau eraill y byddwn yn sylwi o hyn ymlaen, y mae hi'n bwysig sylweddoli mai'r profiad o gariad achubol Crist sy'n goleuo pob cornel ac yn patrymu holl ymdeimlad ac ymarweddiad Williams, fel y Piwritaniaid.

O'r tu mewn i'r fframwaith hwn fe gawn ddilyn Pantycelyn ar hyd rhai llwybrau a balmantwyd eisoes gan Biwritaniaeth: yn ei ddefnydd o'r Ysgrythur, ei hunangofiannu ysbrydol adenedigol, ei ddelweddu pereriniol, ei obeithion hanner milflynyddol, ei ofal dros deulu'r ffydd. Nid yw hyn yn dihysbyddu'r pwnc, wrth reswm: fe ellid, er enghraifft, fynd ymlaen i ddangos sut yr oedd Williams yn adlewyrchu pwyslais arbennig y Piwritaniaid ar addysg; neu, ar lefel fwy arwynebol, fe ddylid sylwi arno'n mabwysiadu eu confensiwn o ddefnyddio enwau Lladinaidd (Prodigalus, Efangelius, Afaritius, Theomemphus), arferiad y bu Bunyan yn ddigon doeth i'w anwybyddu yn *Taith y Pererin*.

Priodol fydd rhoddi'r flaenoriaeth i'r Ysgrythurau. Gan eu bod yn Air Duw, a bod Duw yn Arglwydd ar amser a hanes, fe ddisgwylid i'r Beibl gyhoeddi gwirioneddau am amgylchiadau cyfoes, gan roddi arweiniad nid yn unig drwy brofiadau'r Iddewon ond hefyd drwy hanes y ddiadell Biwritanaidd neu Fethodistaidd. Y ddolen gydiol mewn esboniadaeth o'r fath yw teipoleg, athrawiaeth y cysgodion neu, a benthyg gair Bobi Jones, cysgodeg.[6] Yn yr ystyr gyfyng wreiddiol fe olyga ffurf o esbonio'r Ysgrythur sy'n cysylltu'r Hen Oruchwyliaeth a'r Newydd drwy ddangos bod personau, digwyddiadau, seremonïau, ac weithiau hyd yn oed elfennau o'r byd naturiol yn yr Hen Destament (y 'teip') yn rhagfynegi personau a digwyddiadau yn y Testament Newydd (yr 'antiteip'). Nid alegorïaidd mo'r dull. Fe gofir i Williams yn ei ragymadrodd i *Theomemphus* egluro: 'ni ellir ei alw yn alegori, am fod y personau yn wir ddynion'; a dyna hanfod y 'teip', sef ei fod yn cyfeirio at wir bersonau a digwyddiadau. Yn nehongliad Luther roedd cyfundrefn y cysgodion yn gyfyngedig i'r Ysgrythur, ond er bod Calfin yn cydnabod cyflawniad y teipiau yng Nghrist fe olygai ei amgyffrediad o'r Hen Destament a'r Newydd fel rhagluniad o'r eglwys ac o'r deyrnas ysbrydol i ddod ei fod yn agor cil y drws i esboniadaeth broffwydol, eschatolegol. Fe ruthrodd esbonwyr yr ail ganrif ar bymtheg yn bendramwnwgl trwy'r drws, yn enwedig felly'r Piwritaniaid, fel y gallai un o'u gelynion, William Sherlock, eu cyhuddo o 'jumbling metaphors, and Allegories, and

Types, and Figures, altogether, and proving one thing from another in a most wonderful manner'.[7] Eu bwriad oedd ymestyn y llinell hanesyddol broffwydol i gwmpasu eu cenhadaeth a'u hamgylchiadau nhw fel cynrychiolwyr cyfoes ewyllys Duw, gan gymhwyso, yn ôl yr Esgob Symon Patrick, 'all that concerned *Israel*, to Themselves; and all that concern'd the *seven accursed Nations*, or *Aegypt* and *Babylon*, to their Neighbours'.[8] Cyn mynd ymlaen i ystyried sut y mae Williams yn gwneud defnydd o deipoleg fe fydd yn werth nodi'r geiriau a roddir yng ngenau Mary yn y *Cyfarwyddwr Priodas*: 'Ystyria fod llawer yn camddeall yr Ysgrythur Lân o fethu deall troell-ymadroddion, troops [tropes], ffigurau, dychmygion, a hediadau'r prydyddion, . . . ac os bydd i ni ond [ei chymryd] ar ôl y llythyren, ni awn nid yn unig i gyfeiliornadau mawrion, ond hefyd ni gredwn bethau diystyr a disylwedd, ac a'u gwnawn hwynt yn sylweddol, lle nad oedd yr Ysbryd Glân yn meddwl ond am i ni eu credu hwynt yn gyffelybiaethol, neu gredu'r pethau arwyddoceid wrthynt.' Datganiad oedd hefyd yn agor y drws yn o lydan.

Yn sasiwn Llangeitho ar 22 Awst 1764 fe nododd Howell Harris: 'Mr Wm Wms preached shewing ye Saviour as ye type of all ye Type[s]', ac roedd y dull hwn o esbonio yn amlwg ar feddwl Pantycelyn mewn modd neilltuol iawn yn y blynyddoedd hyn. Y mae tros ddeugain pennill o *Golwg ar Deyrnas Crist* (1756) yn ymwneud â'r cysgodion, gan ddefnyddio hefyd y gair 'teip' mewn un man:

> Ac Isaac gawn yn eglur yn ei gysgodi ef,
> Ac yn bodloni marw wrth bur orchymyn nef,
> Ac yn cyfodi o farw i fyny fel i fyw,—
> Yn deip o atgyfodiad yr hwn eneiniodd Duw.

Roedd baich coed y poeth-offrwm ar gefn Isaac a'r groes ar gefn yr Iesu yn un o hoff enghreifftiau esbonwyr, ac fe gynhwysir prif gymeriadau eraill yr Hen Destament hefyd ym mhenillion Pantycelyn. Y mae un pennill yn casglu nifer o ffenomenau o'r byd naturiol at ei gilydd:

> 'R oedd dyfroedd Llyn Bethesda, a'r Manna melys, mân,
> Y niwl uwchben y babell, y nos a'r golofn dân,
> Y graig fawr a'u dilynodd, a'r dyfroedd ddaeth i ma's
> Yn gysgod eglur o fy Iesu mawr a'i ras.

Yn darawiadol iawn y mae ar yr un pryd yn gosod y bardd ei hun yn y ffrâm: '*fy* Iesu mawr', y cam cyntaf tuag at ddwyn aelodau'r seiadau i mewn i drefn rhagluniaeth hefyd. Mewn emyn o ddeugain pennill yn ail ran *Hosanna i Fab Dafydd* (1753) gyda'r teitl 'Crist yn ateb y Cysgodau, Arch Noah, Isaac, Jacob, Ysgol Jacob, Job, Joseph', fe restrir nifer helaeth o'r personau a'r digwyddiadau o'r Hen Destament sy'n rhagfynegi Crist ac fe barheir i ddwyn y presennol i mewn i'r estyniad hanesyddol (cofier mai amgyffred amser yn un llinell yr oedd yr Hebreaid): 'Fy Isaac yw, collodd ei wa'd', 'Ein Jacob mawr, plediodd â'm Duw', 'Môr pres wyt Ti sy'n llawn o ddw'r, / Ac yma yn siwr mi ymolchaf'. Ac fe geir yr un math o neges yn y gerdd 'Ateb i Wr Boneddig' (1784):

> Ddyn, darllen dyddiau Moses, boreuddydd t'wyniad gras,
> Gwel wres y dawnsio, a'r canu, 'n ol iddynt gario'r maes,
> Gorfoledd a llawenydd yn tori maes yn lli',
> A'u concwest ydoedd gysgod o'n concwest hyfryd ni.

Ond y marwnadau sy'n dangos orau sut y mae Williams yn cynnwys ei bobl ef yn y deipoleg estynedig. Y mae'r enghraifft gliriaf yn bur ddiweddar, sef ym marwnad Mrs Catherine Jones, o blwyf Trefddyn yn Sir Fynwy, a fu farw ar 10 Mawrth 1789:

> Mae'n cymeryd llyfrau Moses,
>   A'r cysgodau maith o'r bron,
> A'u cymhwyso mae yn gyson
>   Ar yr iachawdwriaeth hon;
> Mae'n deongli'r manau tywyll
>   Ag fu iddi gynt yn hir,
> Ac fe yfodd yn y diwedd
>   O honynt ddyfroedd gloew, pur.

Yn ei *Saints' Everlasting Rest* (1649) y mae Richard Baxter yn darparu rhestr o bedwar a deugain o bobl y gellir disgwyl eu cyfarfod yn y byd a ddaw, gan gynnwys cymeriadau Beiblaidd ond hefyd Luther, Zwingli, Calfin ac yn y blaen.[9] Dyna'n union sy'n digwydd yn y marwnadau: mae Mrs Grace Price, y Watford, a fu farw ym 1780,

> Gyda Cenic, Watts, a Harvey,
>   Whitfield, Luther fawr ei fri,
> Jerom, Cranmer, Huss, a Philpot,
>   A merthyron,—nefol lu.

Ac y mae marwnad y Parchedig William Davies o Gastell-nedd (1787) yn gosod y mater yn blaenach fyth:

Dyma'r modd, medd fy nychymyg,
  Y croesawyd ef i'r nef,
I blith miloedd o rai perffaith
  Ag oedd yn ei 'nabod ef;
Whitefield, Davies fwyn a Harries.
  A phregethwyr gwresog iawn,
Wedi gorffen ar eu llafur
  Er y cynnar hir brydnawn . . .

Yna 'fe gyfarfu â gwragedd serchog . . . Mrs. Watkins, Pal o'r
Dryslwyn, Prisi, . . . hoff Jane Jones o'r Bala draw'. Wedyn fe restrir
Abra'm, Isaac, Jacob, Joseph, Paul, Ioan, Pedr, Apolos, ac

Fe ga'dd weled Mrs. Edwards,
  O Abermeirig, gynhes, glyd,
A wnaeth ddefnydd o'i thalentau
  Hyd yr eithaf yn y byd;
Am ei rhyfedd garedigrwydd
  Yn lletya myrdd o saint
Yno'n derbyn mawr ogoniant
  Nad oes neb fynega ei faint.

Un gair arall am y cysgodion. O dro i dro fe geir yng ngwaith
Pantycelyn gyfeiriadau at y mil blynyddoedd, er enghraifft mewn
llythyr at Howell Harris ar 7 Rhagfyr 1745: 'is the Gospel preachd
thro the whole world as promised in ye Gospel by our Saviour himself
—no no all America as yet never herd such a thing—has ye great
Babilon [sef y Babaeth] fallen no no its time I hope is at hand—as ye
poor ignorant sinfull and reproachfull jews ben calld Rom 11 no but tis
certain to come has the Devil been bound for 1000 years Rev 19
I suppose not . . . [but] we have great reason to Expect these things in
short [h.y. mewn byr amser]—Dark cloud in the morning is no proof
ye Day is far—' [yntau'n dal i ganu yn o debyg ym 1771, 'Mi wela'r
cwmwl du yn awr ymron a ffoi']. Ond nid oedd ganddo hafal
ymlyniad at Filflwyddiaeth â nifer o Biwritaniaid, gan gynnwys yng
Nghymru Vavasor Powell a Morgan Llwyd, ac yn bendant nid yr un
sicrwydd (er mai'r un fyddai'r targedau):

Nid iw oes y byd ond wythnos
ar mawr sabbath sydd yn agos
Paratowch cyn dyfod trigain
Gwae'r Twrk, Cythrel, Cnawd, a Rhufain.

Gweithiau Morgan Llwyd (1899), I, 60

Efallai mai fel ôl-milflwyddiwr cymedrol y dylid ei ddisgrifio (sef y garfan oedd yn credu mai dilyn lledaeniad cyfiawnder drwy'r ddaear fyddai Ail Ddyfodiad Crist i deyrnasu am fil o flynyddoedd). Fe ymestynwyd teipoleg, i fesur helaeth drwy ddelweddau apocalyptaidd Llyfr Daniel a Datguddiad Ioan, i fod yn broffwydoliaeth o hanes seciwlar y byd hyd at ein dyddiau ni, ac fe aeth llawer o ddyfeisgarwch i'r gwaith ofer o geisio cysylltu digwyddiadau cyfoes Ewrop â dirywiad tybiedig Eglwys Rufain a Mahometaniaeth, yn ogystal â phenderfynu pa bryd y deuai'r Milflwyddiant. (Un o'r llyfrau mwyaf nodedig yn hyn o beth oedd *An Essay upon the Revelation of Saint John, so far as concerns the Past and Present Times*, 1706, gan William Whiston—gŵr y cyfeirir ato yn nhroednodiadau *Golwg ar Deyrnas Crist*—ac nid oedd y ffaith ei fod wedi cyhoeddi 1716 fel y flwyddyn dyngedfennol yn lleihau fawr ar ei ddylanwad yn y blynyddoedd ar ôl hynny.) Sut bynnag am hynny, fe gawn Williams yntau yn proffwydo'n deipolegol yn y traethawd bychan *Aurora Borealis*, 1774, a hysbysir yn drawiadol iawn yn is-deitl y *Liber Miscellaneorum*, 1773: '. . . y dyddiau hyn, pan mae (er i'r gaiaf oer a thywyll fyned heibio, ac i'r Haul ddyfod i artrefu y tu yma i'r Gyhydedd nes bywioccau holl lysiau'r maes a llanw'r Ddaear o flodau)—Etto, whynn aneirif yn tyfu ac yn peri i'r hwsmon trafferthus wangalonni o weled cynhaiaf Llawn; ond wrth godi ei ben ac edrych ar yr *aurora borealis*, arwydd y mil blynyddau yn agoshau, mae ef yn gorfoleddu mewn ydlan lawn.' Yn awr, y mae Williams yn ceisio profi bod yr arwyddion yn y nefoedd yn dangos nad yw dydd yr Ail Ddyfodiad ymhell ac fe wneir hynny mewn nifer o gymariaethau. Sylwn ar un yn unig, y lliwiau. 'Mae yn ddiau fod y glas, coch, gwyn, melyn a phorffor yn cysgodi dioddefaint y Meseia tan yr Hen Destament: darllenwch ond Ecs. xxviii a Lef. viii, cewch holl wisgoedd yr archoffeiriaid yno wedi eu gwneud o'r lliwiau hyn, sef aur, sidan glas, porffor, ysgarlet, a lliain main; eu gyd yn arwyddocáu clwyfau, cleisiau, a gwaed y Iachawdwr, ynghyd hefyd a diniweidrwydd ei fywyd . . .'. Y mae'r gymhariaeth yn un o glasuron teipoleg, sydd yma hefyd yn magu ystyr gyfoes a phroffwydoliaethol.[10]

Ond y brif deipoleg, yn enwedig yn emynau Pantycelyn, yw'r ecsodus. Roedd crwydriadau cenedl Israel wedi cael eu hystyried yn rhagfynegiant o fywyd y Cristion o rybuddion Paul ymlaen (I Corinthiaid 10. 1-12), ond y mae'r Piwritaniaid hefyd yn mynd yn ôl i'r alltudiaeth o Eden, y darlun cyntefig arswydus o ddieithriad dyn oddi wrth Dduw ac oddi wrth y byd o'i amgylch. (Efallai hefyd, fel yr awgryma Hunter, fod delweddau teithio yn cynhyrfu'n arbennig yn yr ail ganrif ar bymtheg, cyfnod y mordeithiau a'r darganfyddiadau newydd.)[11] Fe fanylir ar elfennau unigol cylchfyd y daith: y gaethiwed yn yr Aifft, tywyllwch yr Aifft (Ecsodus 10. 22), yr anialwch, y dŵr o'r graig, y Cyfamod, ac wrth gwrs yr Iorddonen a Gwlad yr Addewid. Dyma ddaearyddiaeth foesol Pantycelyn. Dechrau Rhagfyr 1743 fe glywodd Harris bregeth ganddo ar Ecsodus 25. 25: 'he spiritualized ye Israelite journey, there came very great Power indeed and there was great crying out'; ac y mae ei emynau cynnar yn nwy ran gyntaf *Aleluia*, o fewn blwyddyn i'r bregeth, yn cynnwys hanner dwsin ar y testun 'pererindod', tri ohonynt yn agor gyda'r llinell, 'Pererin wyf'. Y mae'r pennawd uwchben y chweched emyn o'r rhan gyntaf yn darllen: 'Yn cynnwys hiraethlon Ddymuniad y Cristion, i foliannu'r Arglwydd Iesu, am ei ddwyn, o'r Aipht, i Ganaan; o Gaethiwed i Rhydd-did', ac fe restrir gorsafoedd y daith yn fanwl:

> Fe 'm tynnodd I trwy Ddw'r a Than,
>   O'r dywyll *Aipht* y ma's;
> I'm cadw 'n lan rhag *Pharaoh* a'i Lu,
>   Agorodd Fôr o werthfawr Wa'd:
> Annwyl Iesu dygaist fi,
>   I'r Wledd sy' *Nghanaan* Wlad.

Yna fe gawn Sinai fryn, Manna'r Nef, bywiol ddŵr, yr anial, Pisga Fryn, Salem Dir ac yn y blaen.[12] Sylwer, gyda llaw, ar y Môr Coch fel teip o waed Crist, dehongliad cyffredin iawn ymhlith y Piwritaniaid: er enghraifft, y mae Thomas Taylor yn *Christ Revealed* yn cyflwyno Moses fel teip o'r Crist sy'n agor 'the way of the Red Sea to believers, giving the grace of baptism through the Red Sea of his blood.'

'Dïeithriaid a phererinion ar y ddaear' meddai'r Epistol at yr Hebreaid, ac y mae'r ddelwedd yn amlwg iawn ym mhregethau a myfyrdodau'r ail ganrif ar bymtheg a'r ddeunawfed ganrif. Teitl un o bregethau Daniel Rowland yn ei *Bum Pregeth*, 1772, oedd 'Happusrwydd y Duwiol, neu Newydd da i'r Pererinion'. Ac nid yw neb yn debyg o anghofio *Taith y Pererin*, llyfr, yng ngeiriau Saunders Lewis, a 'stampiodd ar ddychymyg Cymru ac ar fyfyrdod Williams . . . y symbol hwn [pererindod] o fywyd crefyddol.' Breuddwydiol ac alegorïol yw stori Bunyan, ac y mae lefelau eraill yn emynau Pantycelyn, ond fe esyd gyfeirnod sicr yn ei agoriad: 'As I walk'd through the wilderness of this world'. Yn naturiol ddigon yr oedd Piwritaniaid Lloegr Newydd yn ymwybodol iawn o beryglon yr anialwch. Y mae William Bradford, un o arweinwyr y Tadau Pererin, yn cyfeirio at 'a

hideous and desolate wilderness, full of wild beasts and wild men', ond
roedd peryglon ysbrydol yr un mor bwysig iddynt, fel y dengys un o
gerddi Anne Bradstreet lle mae'r pererin yn y nefoedd yn edrych yn ôl
ar

> his dangers past, and travailes done
> The burning sun no more shall heat
> Nor stormy raines, on him shall beat.
> The bryars and thornes no more shall scratch
> nor hungry wolues at him shall catch ... [13]

Yng Ngeiriadur Rhydychen fe ddyfynnir o'r Annibynnwr o Biwritan
Thomas Brooks (1608-80) fel a ganlyn: 'A wilderness-condition is ...
a condition of straits, wants, deep distresses and most deadly
dangers', ac roedd y brodyr Wesley hefyd yn glynu wrth y term. Y
mae hi'n werth dyfynnu o un o bregethau John: 'After God had
wrought a great deliverance for Israel, by bringing them out of the
house of bondage, they did not immediately enter into the land which
he had promised to their fathers; but "wandered out of the way in the
wilderness," and were variously tempted and distressed. In like
manner, after God has delivered them that fear him out of the bondage
of sin and Satan; ... the greater part of them wander, more or less,
out of the good way into which he had brought them. They come, as it
were, into a "waste and howling desert," where they are variously
tempted and tormented. And this, some, in allusion to the case of the
Israelites, have termed, "a wilderness state".' [14]

Dyma anialwch Pantycelyn. Yn ail ran *Ffarwel Weledig*, 1766, fe
welir emyn, nid un o'i oreuon, sy'n cysylltu'r daith drwy'r anialwch
â'r unigolyn ('fy enaid'), y ddynoliaeth ('ein taith'), a'r Gwaredwr:

> Mae ein taith i'r nefol fyd,
> Trwy anialwch mawr ei hyd;
> A bwystfilod ynddo'n llawn.
> Oll eu gyd yn greulon iawn;
> Iesu nid oes ond dy ras,
> Ddeil fy enaid trwyddo ma's.
>
> Daccw'r llew sy'n gwilio o hyd.
> Temtasiynau maith y byd;
> Tannu ei rwydau yn mhob man,
> Cwympo'r cadarn, cwympo'r gwan.

Ond sylwch beth sy'n digwydd yn un o'r emynau mawr (o drydedd ran *Ffarwel Weledig*, 1769); nid sgaffaldiaeth teipoleg yr ecsodus sy'n bwysig, ond yr hyn a adeiladodd Pantycelyn wrth ei ddefnyddio:

> Tyred Iesu i'r anialwch
>   At bechadur gwael ei lun,
> Gan-waith drysodd mewn rhyw rwydau
>   Rhwydau weithiodd ef ei hun;
> Llosg fieri sydd o'm cwmpas,
>   Rho fi sefyll ar fy nhra'd
> Moes dy law ac arwain trosodd
>   F'enaid gwan i dir ei wlad.

Yr un yw'r rhwydau, ond eu bod yn awr nid yn demtasiynau haniaethol ond yn rhan annatod o'i gymeriad ef ei hun: yr un ddibyniaeth ar yr Iesu am waredigaeth, ond y cyfarch yn awr yn uniongyrchol, yn ddirweddol: 'Tyred' ('Dere' mewn rhai emynau), 'rho', 'moes dy law'. Ac erbyn y trydydd pennill, er ein bod o hyd yn crwydro, y mae'r tirlun wedi newid, wedi ymgartrefu yng Nghymru yn ogystal ag yn yr Ysgrythur ac yn yr enaid:

> Mi anturia doed a ddêl
> Dreiddio trwy' afonydd dyfnion
> . . . .
> Fyth ni fetha 'gredo ynot,
> . . . .
> Mi a' 'mlaen, a doed a ddelo,
>   Graig a thylau ar dy ôl.

Dyma ni felly yn croesi afon Gwy yn hytrach na'r Iorddonen, ac yn dringo tyleau Sir Gaerfyrddin.

Y mae teipoleg yr ecsodus yn rhagdybio Gwlad yr Addewid, a'r arweinydd ar y daith: 'Arglwydd arwain trwy'r anialwch'. Canaan yw un o ddelweddau pwysicaf y Piwritaniaid ac nid yw llyfr Thomas Gouge,[15] *The Young Man's Guide through the Wilderness of this World to the Heavenly Canaan*, 1670, ond yr enghraifft fwyaf nodweddiadol o'r ffurf. Fe gawn ddisgrifiad hynod fasnachol o'u pwrpas mewn pennill gan Dafydd Jones Pontypŵl mewn cerdd ragarweiniol i'w efelychaid o Bunyan, *Pererindod Ysprydol, o'r Aipht i Ganaan, tan Rith Breuddwyd:*[16]

> Chwitheu sydd yn Bererinion
> Ar y ffordd tu a mynydd Seion,
> Prynwch hyn o Lyfr bychan,
> I'ch cyf'rwyddo tu a gwlad Canaan.

Yn Lloegr Newydd, er yr holl bwyslais ar anialwch, roedd tuedd yn y blynyddoedd cynnar cyn y dadrithio i uniaethu'r Ganaan ysbrydol â'r bendithion materol oedd i'w disgwyl dan y gyfundrefn dduw-lywodraethol. Nid llwyddiant i'r unigolyn, o angenrheidrwydd, ond sicrwydd y byddai'r anturiaeth yn ei chyfanrwydd yn ffynnu, a'r sicrwydd yn codi nid o esiampl cenedl Israel ond o'r gred mai estyniad o'r teipiau sydd i'w ganfod yn hanes y ddiadell, ac felly fe gysylltir manylion o bob math (y rhyfel yn erbyn yr Indiaid, er enghraifft) â'r llinell sy'n rhedeg o'r Ysgrythurau.[17]

Y mae Canaan Pantycelyn yn wahanol. Er cymaint ei ofal bugeiliol dros ei braidd, a welir mor glir yn ei adroddiadau ar y seiadau ac yn ei draethodau a'i farwnadau, ac er mor frwd ei ddiddordeb ym materion cyfoes ei ddydd, nid oes ond ychydig iawn o gyfeiriadau yn yr emynau at *gwmni*'r pererinion, na fawr ddim y gellid ei alw yn gymdeithasol. Yn ei lythyr at Harris, 7 Rhagfyr 1745, a ysgrifennwyd dan fygythiad yr Ymhonnwr 'Bonnie Prince Charlie' ac sy'n gweddïo dros 'King George and his peacable government', fe gyfeirir at 'the old generation that came from Egypt of immorality both ministers and people are murmuring and unbelieving and chuse rather to die in the wilderness of bondage and Darkness or return to Egypt of sin to ye old companions than venture or to fight for; conquer and possess the promised land of Xian liberty'. Ond personol yw'r emynau; gan amlaf, Pantycelyn a'i Grist yn unig sydd ynddynt. Hyd yn oed yn y cyfeiriadau at gwmni'r saint, y nodyn personol sydd amlycaf:

> Mi wela' fyrdd tan sêl
>   Fu yn ofni fel fy hun,
> 'Nawr wedi dringo creigydd serth
>   Eu gyd, trwy nerth yr Un
> . . . .
> Ynghyd â'r dyrfa faith
>   O'r dyfroedd ddaeth i'r lan:
> Cawn seinio anthem bur ynghyd
>   Yn hyfryd yn y man.

Ffarwel Weledig II

Fe atgyfnerthir y personol gan gyfeiriadaeth ofodol, leolol yr iaith:

> Wele'r Ganaan hyfryd wiw,
> Dyma'r ardal caf fi fyw—

Ffarwel Weledig III

Dacw'r hyfryd fan ca'i drigo

Y Môr o Wydr I

Dacw'r gwledydd hyfryd helaeth,
Roddwyd i mi yn etifeddiaeth

Ffarwel Weledig I

Dacw'r ardal, dacw'r hafan
Dacw'r nefol hyfryd wlad

Ffarwel Weledig III

Ac fe ellid lluosogi enghreifftiau; y ryfeddaf ohonynt efallai yw'r pennill sy'n dod ar ddiwedd emyn pur gymysglyd yn *Gloria in Excelsis*, emyn sy'n rhuthro o 'afon ar ôl afon', i 'donnau mawrion', 'cenllif coch' a 'llwybrau geirwon' cyn dal yn sydyn yn y ffrâm ddarlun hynod gorfforol a gweledol sy'n uno'r emynydd a'r saint:

> 'Rwyf fi'n caru'r pererinion
> 　Ar y tylau serth y sy,
> Ar eu traed ac ar eu dwylo,
> 　'N ceisio dringo fynu fry;
> 　　Ar fy neulin,
> Minnau ddof i ben y bryn.

Tebyg hefyd yw'r modd y cyferchir Crist, gyda'r awgrym cyson o gyffyrddiad corfforol:

> O Ffrynd troseddwyr moes dy law,
> A thyn fi draw i dre

Aleluia V

> O dere 'lawr, Dywysog nen,
> 　A thyn fy mhen i'n rhydd

Ffarwel Weledig III

['hwrdd wedi ei ddal erbyn ei gyrn
mewn drysni', Genesis 22. 13]

> Iesu cymmer fi'n dy gôl, rhag diffygio,
> Na'd fy enaid bach yn ôl, sy'n cyrwydro;
> Arwain fi trwy'r anial maith, aml rwydau,
> Fel na flinwyf ar fy nhaith nes myn'd adre'.

Rhai Hymnau Newyddion

Pen llanw'r disgrifiadau o'r berthynas â Christ yw'r delweddau sy'n tarddu o Ganiad Solomon. Y mae'r esboniad alegorïaidd ar y llyfr, sef y briodas rhwng Crist a'r Eglwys (neu weithiau Crist a'r enaid unigol fel rhan o'r Eglwys) mor hen ag Awstin ac Origen, ond yn yr ail ganrif ar bymtheg fe ychwanegir dehongliadau teipolegol sy'n caniatáu gweu y cyfan i mewn i gynllun proffwydol a hanesyddol, datblygiad yr Eglwys o'r cychwyn hyd at y dyddiau diwethaf. Bu cryn lawer o frwydro rhwng y ddau safbwynt, ac o'u cymysgu hefyd, ond y canlyniad ymhlith y Piwritaniaid oedd eu bod yn gallu cymhwyso'r Gân i'w hamgylchiadau personol drwy ganfod ynddi stadau'r bywyd ysbrydol a hanesyddol, pererindod yr etholedigion trwy helyntion a themtasiynau i'r sicrwydd deublyg o ogoniant milflwyddol y briodasferch, yr Eglwys, ac o'r berthynas orfoleddus gariadus rhwng yr enaid unigol a Christ. [18] Nid uniad cyfriniol mohono'n hollol i'r Piwritaniaid, ond yn hytrach adlewyrchiad o'r briodas Gristionogol. Yn ôl Richard Sibbes fe gawn 'a glorious Communion in heaven, when the marriage shall be consummated, but now the time of this life is but as the time of the contract, during which there are yet many mutuall passages of love between him and his Spouse, a desire of mutuall Communion of either side'. [19] Neu, yng ngeiriau Mary wrth Martha yn y *Cyfarwyddwr Priodas*: 'Bellach, wedi crwydro yn hir oddi wrth dy Briod ysbrydol, dere yn ôl at dy garodd yn well na neb is yr haul . . . Gwir undeb â Mab Duw rydd i ti yr un ysbryd tan y groes ag oedd ynddo ef ei hunan.'

Y mae nifer o emynau cynnar yn adleisio'n glir nodau Caniad Solomon:

> Lletya heno'm Prynwr prudd,
> Rhwng fy nwyfron, nes gwawrio'r dydd,
>   Fel pwysi o nefol fyrr:
> Y borau, cymmer fi'n dy law,
> Ni roddwn dro i'r Ganaan draw.
>   I weld p'radwysaidd dir.

Aleluia IV

Ond fe gawn yr un tant ymhen pymtheng mlynedd yn *Y Môr o Wydr* I (a braidd fel un o delynegwyr yr ail ganrif ar bymtheg, Cowley neu Herrick efallai):

> Tyr'd fy anwylyd, tyr'd i ma's,
> O dwrf y byd a'i ddwndwr cas;
> . . . .
> Awn i'r pentrefydd cyn hwyrhau,
> Lle mae terfysgau'r byd yn llai;

Cawn garu yno o awr i awr,
Nes gwawrio'r tragwyddoldeb mawr.

. . . .

O dere, Arglwydd, dere'n glau,
Mae 'nawr yn tynnu at hwyrhau;
Mae twrf a rhwysg y ddinas fawr,
Yn curo'm henaid bach i lawr.

A deng mlynedd ar ôl hynny, yn *Gloria in Excelsis*, uchafbwynt y dyhead am Grist yr anwylyd, ac am hapusrwydd y wlad tu draw i'r anial fynyddoedd:

> 'Rwy'n edrych dros y bryniau pell,
> Am danat bob yr awr,
> Tyr'd, fy anwylyd, mae'n hwyrhau,
> A'm haul bron myn'd i lawr.

Hanfod diwinyddiaeth y Piwritaniaid oedd y cwestiwn ingol o sicrwydd ynghylch pwy oedd i gael mynediad i'r Ganaan nefol, a beth oedd a wnelo hyn ag ymddygiad a chymeriad y Cristion yn y byd. Calfinaidd oedd daliadau y rhan fwyaf ohonynt ac fe boenid y rhai llai anhyblyg gan ganlyniadau athrawiaeth etholedigaeth. Os oedd dyn yn gwybod ei fod yn gadwedig sut bynnag, pa bwynt oedd mewn byw yn dda? Dyma Antinomiaeth, y gred nad yw'r ddeddf foesol yn rhwymo'r etholedigion, a flinai cymaint arnynt ac ar Williams. Un o'r gwŷr a roes y cynnig mwyaf effeithiol ar ddatblygu amrywiad Calfinaidd boddhaol oedd John Preston, mewn casgliad o bregethau, *The New Covenant* (1629).[20] Yn fyr, dyma'r ddadl: wedi i ddyn, drwy Adda, dorri'r Cyfamod cyntaf, Cyfamod Gweithredoedd, fe drefnodd Duw o'i wirfodd gytundeb newydd, Cyfamod Gras, i achub rhai drwy aberth Crist. Pa rai? Y rhai sydd i mewn yn y cyfamod, y rhai sydd yn credu. 'If you beleeve, it is certaine then, thou art within the Covenant', meddai Preston, 'if thou canst finde this now, that thou art able to take Jesus Christ, to take him as a Lord and Saviour, thou art able to beleeve all the Covenant of Grace, thou art by that put into the Covenant.'[21] Ac un cam ymhellach. Er nad oes unrhyw deilyngdod mewn dyn, ac er nad oedd yr etholedigion yn haeddu gwaredigaeth nac yn gallu ei ennill, roedd yn rhaid iddynt ymdrechu i'w ennill. Yr ymdrech sy'n eu sicrhau eu bod yn wir o fewn y cyfamod. Dyma, medd Christopher Hill, beth yw gadael i weithredoedd da ddod i mewn o'r newydd, trwy ddrws y cefn. Nid fy mwriad yw ceisio clymu Williams i'r union ddaliadau hyn, er iddo ddarllen

Preston (a Sibbes oedd yn cynnig yr un math ar athrawiaeth), ac er iddo yn *Golwg ar Deyrnas Crist* a *Theomemphus* drafod tipyn ar natur ac effeithiau Cyfamod Gras. Y mae Tudur Jones hefyd wedi dangos fel y bu i'r ddiwinyddiaeth gyfamodol neu ffederal hon flodeuo ymhlith y Piwritaniaid Cymreig.[22] Ond y pwynt sylfaenol yn y fan yma yw bod Pantycelyn yn gallu defnyddio patrymau athrawiaeth oedd yn lliniaru peth ar erwinder Calfin ei hun, ond heb aros (fel y gwna Orthocephalus yn *Theomemphus*) gyda'r syniadaeth gyfreithiol, gytundebol. Sylwer ar eiriau Preston eto: 'if thou art able to take Jesus Christ, to take him as Lord and Saviour'; ychwanegiad Pantycelyn at hyn yw ei gymryd fel 'anwylyd'.[23]

Roedd y Piwritaniaid yn pwysleisio'n gyson effeithiolrwydd pregethu fel moddion i gyhoeddi'r Cyfamod Gras ac i ddylanwadu ar reswm a theimlad er mwyn adfer y sawl oedd ar grwydr. Fe wnaed hynny yn achos Williams gan bregethu Howell Harris:

> Dyma'r boreu, fyth mi gofiaf,
>   Clywais innau lais y Nef;
> Daliwyd fi wrth wŷs oddi uchod
>   Gan ei sŵn dychrynllyd ef,

ac y mae'n gweld yr un effeithiau'n deillio hyd yn oed o ymdrechion trwsgl hen ffrind o gynghorwr, Dafydd John, Pwll-y-March, a fu farw ym 1776:

> Teimlad oedd ei nerth a'i fywyd,
> Awel nefoedd oedd ei rym;
> Heb i'r dwyfol wynt anadlu
> Fyth ni cherddai ei lestr ddim:
> Nid oedd rhwyfau yn ei berchen,
> Ond wrth rym yr awel bur
> 'R oedd e'n dwyn y seintiau trosodd
> Mewn i'r paradwysaidd dir.

Tebyg yw profiad Theomemphus wedi gwrando ar bregeth Efangelius:

> Na thawed haul na lleuad nac un o wellt y ma's
> Heb seinio clod yn rhywfodd i waredigol ras;
> Gras sydd yn gwneud yr aflan ffieiddiaf ddyn yn lân,
> Gras safiodd *Theomemphus* i maes o uffern dân.

O Iesu, pwy all beidio dy ganmol ddydd a nos?
A phwy all beidio cofio dy farwol ddwyfol lo's?
. . . .

ac yna:

Mae *Theomemphus* eto yn cofio am y lle
'R anadlodd ar ei enaid dawelaf wynt y ne';
Ac byth nid â ef heibio i'r glaslwyn hyn o go'd
Heb feddwl am y funud, a rhoddi i'w Arglwydd glod.

Ac enw newydd gantho 'n awr ar y weirglodd sydd, —
'Hon yw *Jehofa-jire*, man tynnodd Duw fi'n rhydd . . .'

'Jehofa-jire', fe gofir, oedd yr enw a roddodd Abraham ar y man lle
cafwyd yr hwrdd yn y drysni a'i aberthu yn lle Isaac: Genesis, 22. 14.
Dyma felly glymu profiad tröedigaeth yr unigolyn Theomemphus
(sylwer ar y newid o'r trydydd person i 'man tynnodd Duw *fi*'n
rhydd') â'r holl hanes ysgrythurol, yn ogystal â'r byd naturiol. Ond
cofier nad ydym fawr mwy na chwarter y ffordd drwy'r gerdd; y mae
crynodeb Pantycelyn uwchben rhai o'r penodau canlynol yn dangos
beth all ddigwydd wedyn: IX. 'Gelynion ysbrydol yn codi, ac yn peri i
Dduw ymguddio'; X. 'Yr anrhaith a wnaeth Rhyfyg, Hunan-dyb, a
Hyder Gnawdol yng nghalon *Theomemphus*, ac fel y daeth y Byd a'r
Cnawd, a lluoedd o elynion eraill i gael goresgyn ei holl enaid'; XI.
'Duw yn ymddiddan ag ef ei hun pa beth oedd i wneud i *Theomemphus*
wrthgiliodd, yn penderfynu ei fynnu yn ôl yn ddiatreg; cystuddiau yn
methu; ond . . . Duw yn danfon ei Ysbryd, yr hwn a'i goleuodd i
weled ei gyflwr . . . Myfyrdodau *Theomemph'* ar ei gyflwr':

''R wy' yn ffieiddio'm hymffrost a'm geiriau mawrion, hy, —
Ffydd, sicrwydd, addewidion, heb ddeall un o'r tri;
. . . .
'O dere, Iôr tragwyddol! mae ynot ti dy hun
Fwy moroedd o drugaredd nag a feddyliodd dyn;
Os deui at *Theomemphus*, a'i godi ef i'r lan,
Ei galon gaiff, a'i dafod, dy ganmol yn y man.'

Yna ym Mhennod XII y mae'n ei gael ei hun 'tan demtasiynau
cabledd' (fel Bunyan yn *Grace Abounding*, gyda llaw) ac yn XIII y mae
Satan yn ei 'demtio ef i gysgu' ac hefyd yn anfon Philomela i'w demtio
â chariad bydol, sy'n arwain y Dr Aletheius i'w gynghori yn hynod
anffeministaidd:

'Na osod un creadur yn uwch nag dylai fod,
'N enwedig un osodwyd yn is na gwryw erio'd . . . '

Teg dweud nad yw Williams ei hun yn ymddangos yn hollol hapus efo'r rhannau yma, fel y dengys troednodyn maith yn cyfiawnhau'r traethiad ar natur cariad bydol drwy ddangos bod angen y fath wersi ar y bobl ifainc. Gadawn *Theomemphus* yn y fan yna, ond nid heb helyntion eraill i ddod.

Nid rhyw un digwyddiad digyswllt yw tröedigaeth felly i Williams mwy nag i'r Piwritaniaid; cymharer yr hyn a ddywedwyd eisoes am Thomas Goodwin. Y mae tröedigaeth yn cydredeg â nifer o nodwedd-ion eraill: 'ffydd, sicrwydd ac addewidion' fel y dywed Theomem-phus, ond hefyd ofnau, anobaith a hunanymostyngiad. Yn ei hunan-gofiant y mae Thomas Goodwin yn enwi'r ddeubeth sy'n anhepgor yn nhrefn yr achub: argyhoeddiad dyn o'i bechod a'i brofiad o faddeuant. Y mae Cyffes Westminster a llawer o'r pregethwyr Piwrit-anaidd yn manylu ar hyn drwy ddiffinio pum gris yn y bywyd ysbrydol: etholedigaeth, galwedigaeth effeithiol, cyfiawnhad, sancteiddhad a gogoneddiad. Digon i ni efallai fydd sylwi ar ganlyn-iadau rhai o'r grisiau. Yn ôl Catecism Byrraf Westminster (dyfynnir o argraffiad 1802), 'Sancteiddiad yw Gwaith Ysbryd Duw, trwy ba un yr adnewyddir ni yn yr holl ddyn, yn ôl delw Duw, ac a'n nerthir ni fwy fwy i farw i bechod, ac i fyw i gyfiawnder', a'r 'doniau sydd yn canlyn . . . ydynt sicrwydd o gariad Duw, heddwch cydwybod, llawenydd yn yr Ysbryd Glân, cynnydd mewn gras, a pharhad hyd y diwedd.' Hynny yw, roedd sancteiddhad yn arwain y Cristion i gydnabod ei bechodau ac edifarhau, i ymdrechu'n fwy dyfal i fyw bywyd teilwng, ac i ddyfalbarhau er gwaethaf unrhyw amheuon a themtasiynau. 'So that, my beloved', meddai Preston yn y *New Covenant*, 'a godly man, he may be many times defiled with sin & uncleanliness, he may have his heart many times muddy and impure, he may have it clouded and overcast with passions and unruly affections, but yet it cleares up again, and he comes out of them all with more brightness, and with more clearness and pureness of heart.'[24] Yna yn y gogoneddiad, y gris olaf, fe symudid pob amheuaeth ynglŷn ag etholedigaeth, ond mater o ddadl oedd a fyddai hynny'n digwydd yn y byd hwn. Hawdd gweld pa mor bwysig yr oedd hi i'r Piwritaniaid i wybod yn iawn beth o'r gloch oedd hi ar yr enaid, ar ba ris yr oeddynt.

Er mwyn cynnal a chysuro'r saint yn y cyfnodau anobaith fe gafwyd llyfrau fel Richard Sibbes, *The Saints Cordialls* (1637), William Twisse, *The Riches of God's Love unto the Vessels of Mercy* (1603), John Downame, *A Treatise of Securitie* (1622) neu Thomas Brooks, *Holiness and Happiness* (1662), ac fe roddwyd cymorth yn y brwydrau ysbrydol gan weithiau fel Sibbes, *The Soules Conflict with it selfe, and Victorie over it selfe by Faith* (1635). Ond yr un mor ddylanwadol, os nad mwy, oedd cyfrolau i gyfarwyddo'r Cristion sut i adnabod ei gyflwr. Un ohonynt oedd *Dwys ddifrifol Gyngor i Hunan-Ymholiad*, trosiad Thomas Baddy yn 1713 o waith Thomas Wadsworth (1660): 'y nêb a fynne adnabod ei galon, sy' raid fod a'i lygad *o mewn*, yn oestad yn meddylio a'r ei *ddyn-o mewn*, er mwyn gweled pa fodd y mae ei galon yn sefyll *tuag at Dduw*'. Fe â ymlaen i esbonio'n fanwl 'y Rhesymmau o herwydd pa rai . . . ei bod yn ddyledus arnoch i'ch holi eich hunain', yna 'y Rheolau wrth ba rai y dylech holi eich hunain, i'ch mesur eich hunain', wedyn 'yr amser-oedd addas, a'r prydiau, a'r odfeûdd i'ch holi, a'ch profi eich hunain', ac yn olaf 'dangosaf i chwi ymmhâ fodd y gosodwch eich hunain at y Rheolau hyn, fel y galloch ddyfod i'r adnabyddiaeth o honoch eich hunain.' 'Hola', meddai, 'dy *galon*, dy *feddyliau*, dy *serchiadau*, dy *gariad*, dy *ofn*, dy *amcanion*, dy *eiriau*, dy *weithredodd* tuagat Dduw a Dyn; gwêl bôb congl.'[25]

Hunanymholiad, dyna'r rheidrwydd:

> Beth yw'r achos bod fy Arglwydd,
>   Hawddgar grasol yn pellhau,
> Neu yn guddiedig, neu yn gyhoedd,
>   Mae rhyw bechod yn parhau?
> . . . .
> Chwilia f'enaid gyrau'th galon,
>   Chwilia'r llwybrau maith o'u bron,
> Chwilia bob rhyw 'stafell ddirgel,
>   Sydd o fewn i gonglau hon; . . .
>
>   *Ffarwel Weledig*, II

Fe anogid y Piwritan i gofnodi'r chwilio mewn dyddiaduron preifat, gan sylwi'n fanwl ar weithredoedd a chymhellion, ar ddigwyddiadau teuluol a rhagluniaethol, ar demtasiynau a gwrthgiliad, ar ei weddïau a'i ddarllen. Fe wnaeth Harris hyn; fe ysgrifennodd Williams ei emynau a'i draethodau a *Theomemphus*. Oherwydd er mai preifat oedd y dyddiaduron fe gydnabyddid bod hunangofiannau ysbrydol yn gallu bod o gymorth i eraill ar eu taith. 'Fe redodd i fy neall fel y gwelwch', medd y rhagymadrodd i *Theomemphus*, 'ac wrth feddwl y gall fod yn fuddiol, mi a'i printiais . . . Mi feddyliais i mi fyn'd â Theomemphus trwy brofedigaethau neillduol,—gwrthgiliadau, ofnau, dychrynfâu cydwybod, cwympiadau, codiadau, caethiwed, cysuron, heddwch, rhyfel, llawenydd, gorfoledd, llwybrau gau, llwybrau union, temtasiynau oddiwrth gyfeillion, gelynion, yr eglwys a'r byd, gau athrawon, gau athrawiaethau, crefydd y deall, gau ymorphwysiadau, a holl demtasiynau'r serchiadau, sef caru, casâu, hyderu, tristâu, llawenhâu, yn union neu yn gau, ac amryw o ddrwg a da eraill, nad aeth y Bunyan hwnnw sy'n awr yn y nef â'i Gristion ef.' Ni ellid gwell restr o destunau hunanymholiad y Piwritan.[26]

Camgymeriad fyddai ei gadael hi yn y fan yna. Yr hyn sy'n taro rhywun wrth wylio'r Piwritaniaid yw'r tyndra rhwng yr hunanddirmyg a'r amheuon ar y naill law a'r cadernid meddwl ac ymarweddiad ar y llall, rhwng anobaith a gweledigaeth, rhwng dinodedd a gogoniant tragwyddol. Felly Pantycelyn: 'Dyma'r tlawd a'r llesga' erioed' (*Ffarwel Weledig* II); 'Dyma'r tlawd, a thyma'r truan,/Sydd er's trist flynyddau hir,/Ol a gwrthol yn ymddrysu/'Rhyd y dyrys anial dir . . .' (*Gloria in Excelsis*); 'Tan fy maich yr wyf yn gruddfan,/Baich o euogrwydd, baich o wae . . .' (*Gloria in Excelsis*). Ond ar yr un pryd yn gyfarwyddwr a disgyblwr cadarn yn y seiadau, yn burwr moesau a chystwywr drwgweithredwyr yn y traethodau, yn ddigon bydol neu lygadagored ar ei wely angau i restru'r cyferbyniadau rhwng yr 'hwy' maleisus, balch, siaradus, celwyddog, twyllodrus a'r 'ni' maddeugar, gostyngedig, ystyriol, gonest, geirwir (y llythyr olaf at Thomas Charles).

Ai confensiwn yw'r gwaddol Piwritanaidd hunanddarostyngol felly? Go brin. Onid yr hyn sy'n digwydd yn acnos Pantycelyn yw fod ei brofiad crefyddol-lenyddol yn cael ei foldio nid yn unig gan yr Ysgrythur ond gan y Piwritaniaid hefyd? Nid mater o ieithwedd yn unig yw hyn ond o awyrgylch meddwl; nid gostyngeiddrwydd ffug na gwag ymffrost yw pentyrru pechodau ond cyfle i garthu'r hunan drwy ei allanoli; nid techneg yw teipoleg, nid dyfais esboniadol ddefnyddiol, ond canfyddiad o Grist ynghanol yr arfaeth, a Williams a'i ddiadell ynghlwm yn y cynllun. Y mae 'fi' yr emynau yn llwythog o brofiadau dwy ganrif a'r 'fi', fel y gwelsom, sy'n bywhau, ond—a dyma'r rhyfeddod—drwy oleuni llachar y cynnwrf newydd fe deflir cysgodion y profiadau ar ryw gynfas enfawr nes bod Pantycelyn ei hun yn diflannu mewn ffigur mythig mwy nag ef ei hun.

NODIADAU

[1] Fe geir crynhoad defnyddiol o'r safbwyntiau diweddar yn Margo Todd, *Christian Humanism and the Puritan Social Order* (Caergrawnt, 1987).

[2] Basil Hall, 'Puritanism: the Problem of Definition', *Studies in Church History* ii (1965), 283-96.

[3] Patrick Collinson, *The Religion of Protestants* (Rhydychen, 1982), t. 485.

[4] R. Tudur Jones, *Saunders Lewis a Williams Pantycelyn* (Abertawe, 1987), t. 31; Glyn Tegai Hughes, *Williams Pantycelyn* (Caerdydd, 1983), t. 125.

[5] Nid wyf wedi enwi ond y rhai y gallaf deimlo'n bur sicr ohonynt. Gwelais y rhain i gyd yng nghasgliad Llyfrgell Trefeca yn y Llyfrgell Genedlaethol ac fe ellir eu holrhain yn ôl i lyfrgell Pantycelyn gyda rhyw fesur o bendantrwydd.

O'r rhestr a roddir gan Tudur Jones fel atodiad i'w ddarlith (gweler nodyn 4) y mae hefyd weithiau gan Thomas Brooks, Jeremiah Burroughs, William Fenner, Thomas Gouge a Vavasor Powell yng nghatalog llyfrau Williams (L1G Trefeca 752), ond ni ellir dibynnu ar hwn ac nid wyf eto wedi dod o hyd iddynt.

[6] Gweler Kathryn Jenkins, 'Williams Pantycelyn a'r Beibl', *Y Traethodydd*, cxliii, Rhif 608 (Gorffennaf 1988), t. 164. Y mae'r erthygl drwyddi yn haeddu sylw gofalus.

Ymhlith llyfrau Williams y mae un sy'n rhoddi syniad go dda o natur y teipiau, sef William MacEwen, *Grace & Truth; or, The Glory and Fulness of the Redeemer displayed. In an attempt to explain, illustrate, and enforce the most remarkable Types, Figures and Allegories of the Old Testament*, Llundain, 1786. Argraffiad diweddar yw hwn, yr wythfed, ond fe all enghreifftiau o'r cynnwys fod o ddiddordeb: Book I. TYPICAL PERSONS: 1. Christ and Adam Compared. 2. The history of Noah. 3. The history of Melchizedec. Ac yn y blaen hyd Jonah ym mhennod 14. Book II. TYPICAL THINGS: 1. The Vision of Jacob's ladder. 2. The vision of the burning bush. 3. The pillar of cloud and fire. 4. The manna in the wilderness. Ac ymlaen i'r sarff bres, y bwch dihangol, a'r anner goch. Book III. TYPICAL PLACES: 1. The law of the cities of refuge. 2. The tabernacle in the wilderness. Yna teml Solomon, gwlad Canaan a dinas Jerwsalem. Ymddengys bod un arall o brif lawlyfrau teipoleg yn ei feddiant, sef Thomas Taylor, *Christ Revealed: or the Old Testament Explained* (Llundain, 1635).

[7] William Sherlock, *A Discourse Concerning the Knowledge of Jesus Christ* (Llundain, 1674), t. 114.

[8] Symon Patrick, *A Continuation of the Friendly Debate between a Conformist and a Nonconformist* (Llundain, 1669), t. 2.

Y dyfyniadau o Sherlock a Patrick yn Mason I. Lowance, Jr., *The Language of Canaan. Metaphor and Symbol in New England from the Puritans to the Transcendentalists* (Cambridge, Mass., 1980), t. 14.

Fe gyhoeddwyd llawer iawn yn ddiweddar ar natur a dylanwad teipoleg. Yn ychwanegol at Lowance gweler: *Typology and Early American Literature*, gol. Sacvan Bercovitch ([Amherst], 1972); *Literary Uses of Typology from the Late Middle Ages to the Present*, gol. Earl Miner (Princeton, 1977); Paul J. Korshin, *Typologies in England 1650-1820* (Princeton, 1982); Karen E. Rowe, *Saint and Singer: Edward Taylor's Typology and the Poetics of Meditation* (Caergrawnt, 1986).

[9] Gweler Colleen McDannell a Bernhard Lang, *Heaven: a History* (New Haven a Llundain), 1990 (yr argraffiad clawr papur), tt. 173 a 378. Gellir ychwanegu bod Baxter yn cael ei wawdio gan rai o'i gyfoeswyr am gynnwys pobl fel Hampden a Pym ar ei restr. Ym Mehefin 1676, er enghraifft, fe bregethodd Jane, caplan Esgob Llundain, bregeth o gwmpas y testun fod Baxter wedi anfon 'as bad men to heaven as some that be in hell'. Gweler William M. Lamont, *Richard Baxter and the Millennium* (Llundain, 1979), tt. 105, 122, 142.

[10] Yn rhyfedd ddigon fe geir wedi eu rhwymo yng nghopi Williams o Nehemiah Rogers, *The Watchful Shephard* (Llundain, 1632), dwy ddalen (tt. 115-16 a 121-22 o lyfr nad wyf wedi ei olrhain) sy'n ymwneud â'r union deip hwn.

[11] J. Paul Hunter, *The Reluctant Pilgrim. Defoe's Emblematic Method and Quest for Form in 'Robinson Crusoe'* (Baltimore, 1966), t. 105.

[12] Mewn nodyn ar yr emyn hwn y mae Llewelyn Jones yn ei argraffiad diplomatig o *Aleluia* (1926) yn sylwi bod 'rhyw grybwylliad neu'i gilydd ar y daith o'r Aifft i Ganan . . . mewn dros 24 y cant o emynau Williams . . .'

[13] Gweler N.H. Keeble, *The Literary Culture of Nonconformity in Later Seventeenth-Century England* (Caer-lyr, 1987), tt. 280 a 326. Cerdd Anne Bradstreet yn *The Puritans. A Sourcebook of their Writings* (gol. Perry Miller a Thomas H. Johnson), argraffiad diwygiedig (Efrog Newydd, 1963), t. 579.

Yr un yw geirfa Samuel Mather, *The Figures or Types of the Old Testament* (Llundain, 1683), t. 200 (y mae'r ail argraffiad ar restr Llyfrau Williams ac i'w weld yn Llyfrgell Trefeca, ond gyda nodyn W.H. Powell 'Mason's Gift', sy'n codi amheuaeth yn fy meddwl, er y gall olygu bod y llyfrwerthwr Samuel Mason, aelod o Dabernacl Whitefield, wedi ei roddi i Williams): 'This World is but a Wilderness, an howling Wilderness, full of *Lyons* and *Leopards*, sins and troubles, Cant. 4. 8. full of fiery Serpents, and Scorpions, and Drought'. Gweler hefyd George H. Williams, 'The idea of the Wilderness of the New World in Cotton Mather's *Magnalia Christi Americana*', tt. 49-58 yn Cotton Mather, op. cit. Books I and II (gol. Kenneth B. Murdock), (Cambridge, Mass., 1977).

[14] Yn *Charles Wesley—a Reader*, gol. John R. Tyson (Rhydychen, 1989), t. 285.

[15] Dau lyfr gwahanol gan Gouge sydd ar restr llyfrau Williams ond fe gofir mai ef oedd prif ysgogydd yr Ymddiriedolaeth Gymreig ym 1674. Gweler ar Biwritaniaeth a Phererindod, Charles E. Hambrick-Stowe, *The Practice of Piety. Puritan Devotional Disciplines in Seventeenth-Century New England* (Chapel Hill, 1982), yn enwedig penodau 3 a 7, a J. Paul Hunter, *The Reluctant Pilgrim* (nodyn 11 uchod). Y mae'r bumed bennod drwyddi ('Metaphor, Type, Emblem, and the Pilgrim ''Allegory'' ') yn hynod werthfawr.

[16] Argraffiadau 1759 a 1774 yn unig a nodir yn *Libri Walliae* (3940 a 3941) ond y mae Gwilym Lleyn hefyd yn rhestru argraffiad ym 1758, heb enwi cyhoeddwr. Fe ddyfynnir yma o argraffiad 1774: Caerfyrddin, Ioan Ross.

[17] Fe geir ymdriniaeth o hyn gan Sacvan Bercovitch, 'Horologicals to Chronometricals: the Rhetoric of the Jeremiad', yn *Literary Monographs* 3 (Madison, 1970), tt. 1-124. Gweler hefyd Ursula Brumm, *American Thought and Religious Typology* (New Brunswick, 1970), yn enwedig tt. 50-51 sy'n dangos fel yr oedd Cotton Mather yn cyfrif John Cotton fel gwrthdeip Moses a John Norton fel gwrthdeip Joshua.

[18] Fe ddywedir bod dros bum cant o esboniadau ar Ganiad Solomon wedi eu cyhoeddi cyn diwedd yr ail ganrif ar bymtheg. Fe grynhoir llawer o'u dadleuon mewn llyfr gan John Gill, y gŵr a enwir yn y llythyr at Thomas Charles. Yr ail argraffiad oedd ym meddiant Williams: *An Exposition of the Book of Solomon's Song called Canticles* (Llundain, 1751). O blith y llu o astudiaethau a gyhoeddwyd yn yr ugain mlynedd diwethaf gellid enwi: Jeffrey A. Hammond, 'The Bride in Redemptive Time: John Cotton and the Canticles Controversy', *New England Quarterly* lvi (1983), tt. 78-102: Mason I. Lowance Jr, *The Language of Canaan* (nodyn 8), Barbara Kiefer Lewalski, *Protestant Poetics and the Seventeenth-Century Religious Lyric* (Princeton, 1979); Karen E. Rowe, 'Sacred or Profane?: Edward Taylor's Meditations on Canticles', *Modern Philology* lxxii (1974), tt. 123-38; George L. Scheper, 'Reformation Attitudes toward Allegory and the Song of Songs', *PMLA* lxxxix, 3 (1974), tt. 551-62; pob un a'i lyfryddiaeth helaeth.

[19] Richard Sibbes, *Bowels Opened: or, a Discovery of the Neare and Deare Love, Union and Communion betwixt Christ, and the Church, and consequently betwixt Him and every beleeving Soule* (Llundain, 1641), t. 130 (dyfynnir yn Lewalski t. 100). Y mae llofnod Williams yn un o lyfrau eraill Sibbes, *The Saints Cordialls*, 1637.

[20] John Preston, *The New Covenant; or the Saints Portion* (Llundain, 1630). Yr oedd copi yn llyfrgell Pantycelyn.

Yr ymdriniaeth arloesol ar y ddiwinyddiaeth gyfamodol, neu ffederal, yw un Perry Miller, 'The Marrow of Puritan Divinity' a gyhoeddwyd gyntaf yn *The Publications of the Colonial Society of Massachusetts* ond sydd i'w gael yn gyfleus, a chyda rhagair, yn ei *Errand Into the Wilderness* (Cambridge, Mass., 1956), tt. 48-98. Gweler hefyd grynodeb Derec Llwyd Morgan yn *Y Diwygiad Mawr* (Llandysul, 1981), Pennod 5 (yn werthfawr iawn hefyd ar Dröedigaeth). Teg dweud bod nifer o feirniaid diweddar yn gwrthwynebu dadansoddiad Miller, yn enwedig ei bwyslais ar yr elfen ffurfiol gytundebol. Fe drafodir hyn yn Charles Lloyd Cohen, *God's Caress*.

The Psychology of Puritan Religious Experience (Rhydychen, 1986), t. 283, gan restru'r erthyglau perthnasol. Am lyfryddiaeth gynharach gweler Bercovitch, 'Holologicals', nodyn 17 uchod.

[21] *New Covenant*, t. 390. Dyfynnir gan Perry Miller, *Errand*, t. 71.

[22] R. Tudur Jones, 'The Healing Herb and the Rose of Love: the Piety of Two Welsh Puritans', yn *Reformation, Conformity and Dissent. Essays in Honour of Geoffrey Nuttall*, gol. R. Buick Knox (Llundain, 1977), tt., 154-79.

[23] Y mae Gwili yn awgrymu bod Williams 'yn bur anwybodus am ddiwinyddiaeth, ar ddechrau ei yrfa gyhoeddus' ac, er iddo gymryd ochr Rowlands yn yr ymraniad, ei fod yn bur agos at Harris a'r Morafiaid yn ei bwyslais ar Grist a'i ddioddefiadau. 'Fel y Morafiaid, nid oedd gan Williams ddiddordeb anghyffredin yn Nuw fel Tad. Crist, mewn gwirionedd, yw ei Dduw': John Gwili Jenkins, *Hanfod Duw a Pherson Crist* (Lerpwl, 1931), tt. 166-7. Ond y mae hyn yn tueddu i anwybyddu'r elfen Grist-ganolog sy'n nodwedd unigryw o deipoleg. Holl bwynt yr athrawiaeth honno yw dangos Crist fel cyflawniad y teipiau. Gweler G.W.H. Lampe, 'Hermeneutics and Typology', *London Quarterly and Holborn Review*, 6ed gyfres, xxxiv (1965), 17-25.

Safle canolog Crist oedd prif nodwedd crefydd y Piwritaniaid i John Wesley: 'More particularly, they do indeed exalt Christ. They set him forth in all his offices. They speak of him, as those that have seen his glory, full of grace and truth. They sum up all things in Christ, deduce all things from him, and refer all things to him'. *Christian Library* (1751), IV, 105. Dyfynnir gan John A. Newton, *Methodism and the Puritans*, Cyfeillion Llyfrgell Dr Williams, 18ed Darlith, 1964.

[24] *New Covenant*, t. 248. Dyfynnir gan James D. Boulger, *The Calvinist Temper in English Poetry* (Yr Haag, 1980), tt. 94-5, llyfr mwy defnyddiol am ei enghreifftiau nag am ei ddadleuon.

[25] Dyfynnwyd o argraffiad Thomas Durston [1740], tt. 113 a 140. Ni allaf ddangos bod Williams yn berchen ar y llyfr ond fe fyddai'n syndod mawr os nad oedd yn ei feddiant yn Saesneg neu yn Gymraeg. Roedd copi o'r trosiad Cymraeg (1713) yn Llyfrgell Trefeca.

[26] Ceir y drafodaeth lawnaf ar hunanymholiad yn Owen C. Watkins, *The Puritan Experience* (Llundain, 1972). Gweler hefyd Patricia Caldwell, *The Puritan Conversion Narrative: the Beginnings of American Expression* (Caergrawnt, 1983).

PANTYCELYN A THRÖEDIGAETH

Meredydd Evans

Cyhoeddwyd astudiaeth ddisglair Saunders Lewis, *Williams Pantycelyn*, yn 1927. Y flwyddyn ganlynol, rhwng Ionawr a Mawrth, aeth J.G. Moelwyn Hughes i'r afael â'r gyfrol mewn cyfres o ysgrifau wythnosol yn *Y Brython*. Ym Mai yr un flwyddyn ymddangosodd y rheini mewn cyfrol dan y pennawd *Mr. Saunders Lewis a Williams Pantycelyn*. Yn honno mynnodd yr awdur mai ymdrech chwithig, aflwyddiannus oedd ceisio gosod trefn ar waith Williams trwy gymhwyso ato ddadansoddiad 'Y Ffordd Driphlyg', ac ymysg y dadleuon a gyflwynwyd ganddo haedda dwy ohonynt sylw arbennig:

> (*i*) Ond nid rhywbeth i gyrchu ato a'i sylweddoli ar *ddiwedd* yr yrfa'n unig ydyw undeb â Christ, ond rhywbeth sy'n ffaith heddiw yn hanes a phrofiad y sawl a gred.

Hynny yw, nid canlyniad disgyblaeth hir ac anodd myfyrdod cyfriniol mo'r undeb â Christ ond amod digonol iachawdwriaeth; sail y cyfiawnhad trwy ffydd a'r maddeuant pechodau a ddichon ddod â phechadur, ymhen amser, i gymod gwirioneddol â Duw.

> (*ii*) Nid cywir Mr. Lewis pan ddywaid mai gan Bantycelyn y cawn 'yr ymgais gyntaf i roi dosbarth ar brofedigaethau'r meddwl, a'u darlunio'n fanwl'. Rhoes Zingendorf (sic), John Owen, a Jonathan Edwards fwy nag un cynnyg ar hyn. Ac yn wir gwnaeth Calfin ei hun gais, fel y gwelir yn y *Catechismau*; ac ar gynllun ac yn ôl dull y rheiny yr elfenna Pantycelyn brofiadau a chyflyrau.[1]

Fel gŵr tra chyfarwydd â'r traddodiad diwinyddol Calfinaidd mynnodd Moelwyn, dro ar ôl tro yn ei drafodaeth, mai yng ngoleuni'r traddodiad hwnnw'n unig y gellir deall Williams yn iawn.

Yn anffodus ni ddatblygodd y dadleuon hyn yn fanwl a dichon mai dyna'r prif reswm pam na thalwyd i'w feirniadaeth y sylw oedd yn ddyladwy iddi. Hyd y gwn ni werthfawrogwyd ei grym ar y pryd nac mewn blynyddoedd diweddarach a bu'n rhaid aros hyd 1987 am atgyfnerthiad iddi.

Yn narlith R. Tudur Jones, *Saunders Lewis a Williams Pantycelyn*, y cafwyd hynny; er iddo ef, yn ddiamau, gyrraedd at safbwynt tebyg i un Moelwyn yn annibynnol arno. Hawdd deall hynny. Roedd un

peth yn gyffredin i'r ddau feirniad fel ei gilydd, sef eu gafael gadarn ar
egwyddorion Calfinaidd. Eithr nodwedd amlwg ar y ddarlith yw ei
bod yn cyflwyno'r dadleuon uchod (ymhlith rhai eraill) wedi eu llawn
ddatblygu a'u cynnal gyda thystiolaeth eang a gasglwyd o gyhoedd-
iadau'r diwinyddion Piwritanaidd yr oedd Williams yn fab ysbrydol
iddynt. Ar bwys y ddarlith hon, heb unrhyw amheuaeth, rhaid
ystyried gweithiau Pantycelyn o safbwynt pur wahanol i un Saunders
Lewis.

Mae hyn yn neilltuol wir am natur tröedigaeth grefyddol fel yr
ymdrinir â'r mater hwnnw gan Williams, a'r hyn yr anelir ato yn y
bennod hon yw cyfleu yn gyffredinol hanfod yr ymdriniaeth honno
gan ddilyn y cyfeiriad a osodwyd yn narlith R. Tudur Jones. Meddai
ef am y Piwritaniaid:

> Iddynt hwy yr oedd y bywyd ysbrydol i'w ddeall yng ngoleuni
> Rhufeiniaid 8, a'r elfennau arwyddocaol oedd Arfaeth, Galwad
> Effeithiol, Cyfiawnhau, Sancteiddio a Gogoneddu.[2]

Cyfansoddodd Williams un gerdd yn arbennig i ymdrin â thröed-
igaeth, sef *Bywyd a Marwolaeth Theomemphus*, a chanolir sylw yma ar y
gwaith hwnnw gyda'r amcan o ddangos sut yr amlygir 'trefn y cadw'
yn adeilwaith y gerdd.

Cyhoeddwyd *Theomemphus* yn 1764 ond ymddangosodd yr
hysbysiad cyntaf amdani yn *Ffarwel Weledig*, 1763. Teg gosod ei
chyfansoddi felly yng nghanol cynnwrf Diwygiad Llangeitho a
ffrwydrodd flwyddyn yn gynharach. Nid ymddengys i Williams
esbonio pam yn union yr aeth ati i gyfansoddi'r gerdd a damcaniaethu
yn unig a wneid ped elid ati i nodi rhesymau manwl. Eithr gellir
mentro dweud dau beth.

Yn gyntaf, erbyn 1762 aethai tua chwarter canrif heibio er pan fu ef
ei hun trwy bair tröedigaeth. Roedd hefyd wedi byw trwy ferw un
diwygiad nerthol. Profodd ynddo'i hun a gwelodd ym mywydau eraill
o'i gyfoedion gyfnewidiadau anghyffredin a pharhaol. Bu'n dyst hefyd
i gynyrfiadau a brofodd ymhen amser, ym mywyd rhai pobl, i fod yn
ddim amgen na thân siafins. Datblygodd y ddawn i'w archwilio'i hun
a dangosodd fedr arbennig, fel arolygwr seiadau, i esbonio i eraill beth
oedd yn digwydd iddynt, i'w cynghori, eu cysuro a'u rhybuddio. Er
tristwch mawr iddo gwelodd ddadfeilio o'r cydweithio cynnar rhwng
arweinwyr y diwygiad cyntaf a gwyliodd weithgaredd difaol cenfigen,
balchder, hunan-dyb a rhyfyg yn eu perthynas â'i gilydd. A thrwy'r
blynyddoedd cyffrous hyn treuliodd ei brentisiaeth lenyddol yn llunio

nifer sylweddol o emynau, yn cyhoeddi peth rhyddiaith ac yn cyfansoddi ei epig Gristnogol faith, *Golwg ar Deyrnas Crist*, 1756. Yn ddigamsyniol, roedd mewn sefyllfa arbennig o ffafriol i greu cerdd am dröedigaeth pechadur.

Yn ail, awgrymir yn y rhagymadrodd i'r gerdd ei fod o dan orfodaeth i'w sgrifennu. 'Fe redodd y llyfr hwn', meddai, 'allan o'm hysbryd fel dwfr o ffynnon, neu we'r pryf copyn o'i fol ei hun.' Ni olyga hyn i'r cyfan ddod yn ddiymdrech. Mae i'r gerdd adeilwaith gyffredinol gadarn sy'n ganlyniad cynllunio gofalus; nid rhywbeth ffwrdd-â-hi mohoni. Rhaid cofio iddo ddweud amdani yn ogystal: 'Fe redodd i fy neall fel y gwelwch: . . .' Grym y ddwy ddelwedd yw, yn hytrach, fod y gerdd yn mynnu dod i fod yn ei phwysau ei hun ac felly yn weddol ddi-dor. Nid ymddangos a wnaeth dros gyfnod hir o amser gyda phennod yn cael ei llunio'r mis hwn ac yna un arall ymhen rhai wythnosau. Gellir casglu mai felly y daeth *Golwg ar Deyrnas Crist* i fod, o leiaf os derbynnir tystiolaeth Thomas Charles: 'Astudiodd gymaint wrth gyfansoddi y gwaith hwn, yn benaf, fel yr effeithiodd yn niweidiol ar ei iechyd tra y bu byw.'[3] Ac ystyried un enghraifft yn unig, dangosodd Gomer M. Roberts yn *Y Pêr Ganiedydd*[4] mor ddygn y bu Williams yn pori yn llyfrau William Derham, un o boblogeiddwyr gwybodaeth wyddonol y cyfnod, tra'n llunio'r epig. Gyda *Theomemphus*, fodd bynnag, nid oedd angen am ddarllen cefndirol. Erbyn hynny roedd corff ei ddiwinyddiaeth yn ddiogel yn ei feddiant, ei feistrolaeth o'r Ysgrythurau yn llwyr, ei brofiad fel 'meddyg enaid' yn eang a'r angen am waith bugeiliol yn berffaith amlwg iddo. Mewn gair, roedd y defnydd wrth law iddo yn uniongyrchol; nid oedd eisiau iddo ond gosod ffurf ei ddychymyg creadigol arno. Hynny a wnaeth gan ddisgrifio'r cynnyrch fel prydyddiaeth ddramatig gyda Theomemphus ei hun yn brif gymeriad yn nrama cadwedigaeth pechadur. Hyn a wna'r gerdd yn gynhyrfus i'w darllen. Mae'n cyflwyno darn o fywyd sy'n llawn cymhlethdod a chyffro ac y mae'r nodyn rhagarweiniol am y prif gymeriad ei hun yn taro'r cywair llywodraethol i'r dim:

> Mi feddyliais imi fynd â *Theomemphus* trwy brofedigaethau neilltuol, gwrthgiliadau, ofnau, dychrynfâu cydwybod, cwympiadau, codiadau, caethiwed, cysuron, heddwch, rhyfel, llawenydd, gorfoledd, llwybrau gau, llwybrau union, temtasiynau oddi wrth gyfeillion, gelynion, yr Eglwys a'r byd, gau athrawon, gau athrawiaethau, crefydd y deall, gau ymorffwysiadau, a holl demtasiynau'r

serchiadau, sef caru, casáu, hyderu, tristáu, llawenhau, yn union neu yn gau, ac amryw o ddrwg a da eraill, . . .

Ystyried y tryblith hwn o brofedigaethau yn nhermau'r patrwm a ddisgrifiwyd gan R. Tudur Jones fydd y gwaith o hyn i'r diwedd. Ceir elfennau yr un patrwm, gyda llaw, yn Rhan 3, Pennod VI *Golwg ar Deyrnas Crist.*

Yr Arfaeth

Yn ôl Williams ni all fod, yn rhesymegol felly, unrhyw gyfyngiadau ar briodoleddau Duw: ei ddoethineb, ei allu, ei gyfiawnder, ei drugaredd, ei sancteiddrwydd. Yn bodoli ohono ei hun ni all dim effeithio arno; gweithreda yn gyson â'i natur ei hun; yn ôl ewyllys, felly, sy'n ddigyfnewid o dragwyddoldeb. Fel y bwriadodd i bethau fod, felly yn union y mae pethau ac un o'i fwriadau yw i rai o'r cread-uriaid dynol a grewyd ganddo etifeddu bywyd tragwyddol fel y byddont 'yn sanctaidd ac yn ddifeius ger ei fron ef mewn cariad'. Hyn fel amlygiad o'i benarglwyddiaeth. Pobl yw'r rhain a etholwyd yng Nghrist ac nad yw eu hetholedigaeth yn dibynnu o gwbl ar y mymryn lleiaf o haeddiant ynddynt eu hunain. Dyma Thomas Charles ar Etholedigaeth:

> Nid oes yr un rheswm paham y mae efe yn dewis y gwrthrychau, ond ei awdurdod a'i ewyllys. Y mae ganddo *awdurdod* i wneuthur hyny; a'r neb y *myno* y mae efe yn trugarhau wrtho.[5]

Dyna esiampl o iaith arfaeth ac fe'i defnyddir yn bur aml yn *Theomem-phus* drwyddi draw. I amgyffred cerdd Williams yn llawn rhaid dysgu peth ar yr iaith hon. Bellach sylwn arni ar waith.

Gwelir hynny ar unwaith yn yr ail bennill lle ceir cyfeiriad ymlaen at Theomemphus yn gwrando mewn dychryn ar bregeth gyntaf Boanerges:

> . . . Fel daliwyd ef tan Seina gan daran fawr ei grym,
> Lle daeth rhagluniaeth ddistaw ag ef heb ddeall dim.[6]

Hon yw'r rhagluniaeth sydd ar waith yn achos cadwedigaeth yr anghenfil o bechadur a ddisgrifir ym mhennod gyntaf y gerdd, a rhaid defnyddio gair fel 'anghenfil' yn y cyd-destun hwn gan fod gwahan-iaeth mawr rhwng cymeriadaeth Theomemphus yma ac yng ngweddill y gwaith. Yma dywedir amdano, er enghraifft, na lwyddasai i ddianc o ddinistr Sodom 'Oni buasai'r arfaeth wybod fod heddwch iddo i'w roi' (200); y buasai wedi boddi gyda Pharo yn y Môr

Coch 'Oni buasai'r arfaeth wybod fod bendith iddo'n stôr' (201); ac y
byddai wedi ei ddifa gyda Belsasar '. . . on' buasai'r arfaeth gre''
(201). Ac yntau mor gawraidd ei chwant mae'n methu'n lân â'i
fodloni ei hun ac ar un foment wan fe'i cawn yn meddwl am 'droi ei
olwg tua'r ne'/Heb wybod mai'r Jehofa rodd hynny ynddo fe' (203).
Ond, wrth gwrs, caledu ei galon a wna wedyn.

Daw'n amlwg oddi wrth hyn oll nad â chymeriad unigolyn
cyffredin yr ymdrinir ym mhennod agoriadol y gerdd. Rhaid aros am
hynny hyd nes down at ran olaf y bennod. Yno daw yn gymeriad
'naturiol' ac o hynny i'r diwedd gellir synio amdano fel person o'r
ddeunawfed ganrif. Cyfyd cwestiwn esthetig i'r golwg yma, bid siŵr,
ond am y tro awn heibio iddo a bodloni ar dynnu sylw at ragor o'r
cyfeiriadau at athrawiaeth arfaeth.

Gwelsom fod un ohonynt yn cyfeirio ymlaen at bregeth gyntaf
Boanerges ym Mhennod II. Dylanwadodd honno'n rymus ar Theo-
memphus ond ni chyffyrddodd o gwbl â rhai o'i gyfeillion. Gwir
iddynt glywed yr un geiriau yn union ag a glywodd ef ond:

> O ran lle na bo arfaeth yn gwneud y peth o'r blâ'n,
> Nid hyfryd sŵn Efengyl, nid bygwth uffern dân; . . . (208)

Dyma ochr arall i geiniog etholedigaeth felly. Y mae rhai na chânt eu
hachub byth. Bwriad Duw oedd, ac yw, achub nifer benodol o bobl ac
ni ddigwydd fod rhai o gyfeillion Theomemphus yn eu plith. Fe'u
gadawyd hwy i fynd eu ffyrdd eu hunain. Yn ei ddull didostur
resymegol arferol, meddai George Lewis:

> Y mae y gair etholedigaeth yn arwyddoccau bod rhai wedi eu gadael
> pan y mae eraill wedi eu dewis. [7]

Ceir cyfeiriad at etholedigaeth ym mhregeth Orthocephalus a nodir
mai yr arfaeth oedd pwnc canolog pregethu Schematicus yntau, ond
nid enghreifftiau o'r arfaeth ar waith a geir yma eithr, yn hytrach, *sôn*
am yr athrawiaeth; enghraifft gampus o fedr Williams wrth drin ei
ddefnydd. Arbenigrwydd y pregethwyr hyn yw traethu *ar* athrawiaeth
gan ddewis ymhyfrydu mewn saernïaeth syniadau yn lle dwyn
pechadur wyneb yn wyneb â'r Efengyl yn ei nerth. Crefydd y deall yw
eu crefydd hwy. Ar y llaw arall, dyma'r union beth a wneir ym
mhregeth Efangelius a phan yw ef yn ymdrin â'r arfaeth mae cywair y
pregethu'n wahanol:

> Newyddion o lawenydd orchmynnwyd roi ar lled,
> Can gwynfyd ar ôl gwynfyd fydd fyth i'r sawl a'u cred;

Newyddion rhad i ddynion, i Dduw newyddion drud,
Myfyrdod hen y Duwdod cyn gosod seilfaen byd.

Disgwyliad patriarchiaid o'r diwedd ddaeth i ben,
Y mwyaf bwnc o'r arfaeth dragwyddol uwch y nen;
Fe brynwyd dyn syrthiedig ag anfesurol bris,
Gwaed calon Duw ei hunan,—'wasnaethai dim yn is. (241)

Daw iaith arfaeth i'r amlwg hefyd pan yw Theomemphus yn troi at
ei gynghorydd ysbrydol, Dr Aletheius, wedi iddo gael ei aileni. Wrth
geisio deall beth yn hollol sydd wedi digwydd iddo caiff fod trefn y
cadw wedi ei dadlennu'n eglur iddo a bod ei gadwedigaeth ei hun yn
rhan o arfaeth Duw er tragwyddoldeb:

'R wy'n credu yn y ddyfais o wared dynol-ryw
Fel un sy'n ateb pwrpas anfeidrol, faith fy Nuw,
Ac yn gwneud pechaduriaid, rai gwanna', oll yn llawn
O heddwch, nerth a bywyd, a phob rhinweddol ddawn. (263)

Defnyddia'r cynghorydd yntau yr un iaith yn union pan yw'n gofyn
i'r newyddian yn y ffydd a yw 'Yn sicr i dy ethol i'r hyfryd, nefol
wlad?' (273) a'i ddisgrifio'n orfoleddus wedyn fel un 'a gawd gan
arfaeth rad!' ac fel gŵr 'tan gadwedigol nod' (274).

Fel y pwysleisir eto yn nes ymlaen rhybudd pennaf Dr Aletheius i
Theomemphus yw nad yw ond prin gychwyn ar daith flinderog a
thymhestlog ryfeddol. Gwir iddo, fel pechadur, gael ei achub, ond
pechadur ydyw o hyd ac yn bechadur y bydd yn rhaid iddo dreulio'r
hyn sydd weddill o'r bererindod yn y byd. Buan y daw, druan, i
sylweddoli hynny a rhan o ddagrau pethau yw y gall hyd yn oed y gred
fod ei gadwedigaeth yn amlygiad o arfaeth Duw ddod yn faen
tramgwydd difrifol iddo. Yng ngrym ei sicrwydd daw'n ddigon
rhyfygus i farnu '. . . nad oedd lle i golli o'r etholedig un' (287) a thry
ei fendith yn felldith iddo. Fe'i caiff ei hun yn cael ei gamarwain gan
iaith arfaeth. Mae'n ei chamddehongli a thrwy hynny'n agor y drws i
leng o ysbrydion aflan.

Ond cyn mynd â Theomemphus i ganol uffern ei brofedigaethau
mae Williams ei hun yn neilltuo cyfres o benillion (291) i sicrhau'r
darllenydd na wyrdroir bwriad Duw yng nghadwedigaeth ei blentyn.
Emyn i'r arfaeth a gawn yma, yn cynnwys y pennill adnabyddus a
grymus:

Gwaredu'r saint o uffern a phechod drwg ei ryw,
O safn y bedd ac angau, a'u dwyn i fynwes Duw;

A'u harwain tros fynyddau a drysni anial syth,
A grea nef y nefoedd yn gân heb ddiwedd byth.

Adleisir hyn yn ddiweddarach (293-5) pan bortreadir Duw yn ymddiddan ag ef ei hun ynghylch gwrthgiliad Theomemphus. Mae'r arfaeth yn anorchfygol.

Ond fel y gwelwyd Theomemphus yn camddehongli'r arfaeth, gwelwn hefyd, ar ddechrau chwarter olaf y gerdd, fod ambell garfan yn y gwahanol sectau Cristnogol yn gwneud yr un peth. Dyma'r Antinomiaid (y gwrth-ddeddfwyr) sy'n mynnu bod y bwriad dwyfol, fel yr amlygir hwnnw yng nghadwedigaeth person, yn codi'r person hwnnw uwchlaw gofynion y gyfraith foesol. Fe'u personolir gan Williams yng nghymeriad Jesebel sy'n pyncio'n herfeiddiol fel hyn:

'D wy'n 'studio mo'r gorch'mynion, 'r wy'n treulio'm dyddiau 'ma's
Wrth gredu im harfaethu, a chredu im gael gras;
A byw mewn hyfryd gariad, os galla' i, â phob sant,
A dweud fo yn fy meddwl, a gwneuthur fo arna' i chwant. (356-7)

Eithr yn yr un cyd-destun cawn olwg ar yr arfaeth wir ar waith yn cadw Theomemphus rhag syrthio i grafangau chwantus Jesebel. Mae'r arfaeth yn ddigyfnewid.

Y mae eto'n aros ddau gyd-destun yn y gerdd lle gwelir Duw yn dwyn ei fwriad i ben yn achos cadwedigaeth dynion. Ceir y cyntaf yn hanes y berthynas rhwng Theomemphus ac Iratus. Wrth i falais Iratus gael ei bentyrru arno temtir Theomemphus i ymddwyn yr un mor faleisus tuag ato yntau ac nid yw'n llwyddo i wrthsefyll y demtasiwn honno. Ond daw gras y nef i'w argyhoeddi y dylai faddau i arall fel y maddeuwyd iddo yntau a chaiff nerth i wneud hynny. Dyna'r pryd hefyd y gwelir fod Iratus wedi ei arfaethu i 'Gael myned o'i genfigen a'i falais gas yn rhydd' (367). Cawn yr ail gyd-destun yn achos Theomemphus yn gweddïo ar i Dduw ei fendithio â chymar gymwys. Gofyn am briodas gyda'r 'arfaeth ddigyfnewid, dragwyddol iddi'n sail' (373) ac fe gafodd un, gan ddysgu yr un pryd mor ddyrys a dirgel yw troeon rhagluniaeth:

Ac felly *Theomemphus*, er gweddïo ohono i'r nef,
Ac er i'r Mawredd wrando ar ei erfynion ef,
Nis cafodd ef a geisiodd, sef rhinwedd o bob rhyw,
Ond cadd yr hyn oedd orau i'w ddwgyd ef at Dduw. (373)

Ac o ddarllen am Philomede, y wraig a roddwyd iddo, mae cydym-deimlad dyn yn rhwym o fod gyda Theomemphus druan. Dim ond cawr o sant, fel y bu unwaith yn gawr o bechadur, a allai ystyried honno fel 'rhodd didranc arfaeth'!

A chrynhoi hyd yma: ni ellir osgoi'r amlygrwydd a ddyry Williams yn ei gerdd i athrawiaeth yr arfaeth yn ei pherthynas â chadwedigaeth dyn.

At hyn gellir ychwanegu fod lle i gredu iddo ddehongli ei dröedigaeth ei hun yn yr un ffordd. Roedd yr athrawiaeth yn un fyw iddo, yn llunio ei brofiad. Un o nodweddion amlwg *Golwg ar Derynas Crist* yw'r enghreifftiau mynych o ganu personol sy'n britho'i thudalennau, a phan yw Williams, yn ail ran Pennod IV, yn ymdrin â gofal rhagluniaeth dros ddynion, yn neilltuol, fe'i cawn yn canu fel hyn:

> Fy enaid, dwed pwy ddiben, pwy feddwl, pwy barto'd
> Oedd ynot yn yr amser y'th alwyd gynta' erio'd?
> Trwy foddion annhebygol y denwyd fi yn* ffôl
> Mewn amser annhebygol i alw ar dy ôl.   [*'un' yn argr. 1756]

> Yr arfaeth oedd fy esgor, fe ddaeth dy drefen lân
> Yn ddiarwybod imi â'r moddion yn y blâ'n;
> Pob peth yn ffitio'r diben gylch-ogylch tan y nen,
> Mab Cis, yn lle asynnod, ga's coron ar ei ben. (108)

Cofier i'r alwad allanol ar ffurf pregeth ddod i Williams trwy gyfrwng person ifanc, Howell Harris, nad oedd yn offeiriad ordeiniedig ac a bregethai ar y pryd y tu allan i furiau eglwys. Nid oedd ym mryd Williams chwaith i wrando pregeth ac yntau ar ei ffordd o'r coleg i'w lety, mae'n debyg. Cael ei ddal yn ddirybudd a wnaeth. 'D oes ryfedd iddo ei gyffelybu ei hun i Saul pan aeth hwnnw i chwilio am asynnod ei dad a diweddu ei daith trwy gael ei urddo yn frenin cyntaf Israel gan Samuel. Cyd-ddigwyddiad? Lwc? Nid felly yng ngolwg Williams:

> 'D oes lwc nac anlwc, ffortun, anffortun tan y nen,—
> Onid rhagluniaeth rasol sydd arnynt oll yn ben?
> 'D oes dim o siawns neu ansiawns yn digwydd is y rhod,
> Ond trefen faith rhagluniaeth yw'r cwbwl sydd yn bod. (115)

Galwad Effeithiol

Yn unol â'r traddodiad diwinyddol a etifeddodd Williams, gwelai Ddyn fel creadur â'i dueddfryd yn llwyr yng nghyfeiriad drygioni. Pren â'i ogwydd yn barhaol tua'r ddaear ydoedd. Adnod a ddyfynnid yn aml gan Williams a'i gymrodyr oedd honno sydd i'w gweld yn chweched bennod Genesis: 'A'r Arglwydd a welodd mai aml oedd

drygioni dyn ar y ddaear, a bod holl fwriad meddylfryd ei galon yn
unig yn ddrygionus bob amser.' Ac yr oedd hyn yr un mor wir am yr
etholedig ag am y colledig rai.

Nid na allai y rhai terfynol golledig, o bryd i'w gilydd, ymddwyn yn
weddol ddesant, cael peth gafael ar y gwirionedd a mwynhau rhyw
radd ar ddedwyddwch daionus. Onid oedd ambell weledigaeth
ysbrydol, yn ôl Calfin, wedi dod hyd yn oed i ran rhai o'r hen athron-
wyr paganaidd? Ni adawodd Duw ei hun, chwaith, yn ddi-dyst yng
nghalonnau'r cenhedloedd. Ond trwy ddylanwad yr Ysbryd Glân
arnynt yn unig y bu hyn yn bosibl.

Am yr etholedigion, plant digofaint oeddynt hwythau wrth
naturiaeth, yn anabl ohonynt eu hunain i gyfrannu dim at eu
hiachawdwriaeth. Yng Nghrist y Cyfryngwr yn unig y gorweddai eu
gobaith a thrwy ddod i undeb ag ef, ar sail gwaith yr Ysbryd Glân, y
cyfiawnheid hwynt ac y dechreuid ar y gwaith o'u sancteiddio.
Galwad arnynt i ddod at Dduw yng Nghrist oedd yr Efengyl fel yr
amlygid hi yn yr ysgrythurau sanctaidd a deuai'r alwad hon at
ddynion yn gyffredinol, yn fwyaf arbennig trwy weinidogaeth y gair.
Ond y mae hefyd, ac y mae'n rhaid bod er iachawdwriaeth dyn, alwad
arall, galwad ysbrydol. Honno yw'r alwad wirioneddol effeithiol sy'n
gweddnewid pechadur yn gyfan gwbl. Er hwylustod gellir gwahan-
iaethu rhyngddynt gan alw'r naill yn allanol a'r llall yn fewnol: un yn
alwad *ar* bechadur a'r llall yn alwad *ynddo*.

Ym Mhenodau II-V o *Theomemphus* ymdrinir â'r alwad allanol. O
ganlyniad, try'r adran o gwmpas nifer o bregethau ynghyd ag ym-
atebion Theomemphus iddynt. Yma fe'i cawn yn dechrau llusgo ei
ffordd trwy fwlch yr argyhoeddiad. Dyma gyfnod ei baratoad ar gyfer
tröedigaeth.

Prif swyddogaeth pregeth gyntaf Boanerges yw tynnu'r cen oddi ar
lygaid Theomemphus a'i gael i'w weld ei hun fel yr hyn ydyw mewn
gwirionedd sef person sy'n weithredol elyniaethus i Dduw ac yn wrth-
rych, felly, i ddigofaint cyfiawn. O angenrheidrwydd ei natur y mae
Duw yn casáu anghyfiawnder. Ar ei ochr ef, Theomemphus, daw
euogrwydd am bechodau a gyflawnwyd ac ofn cosbedigaethau uffern
i'w barlysu ond daw hefyd i'w enaid egin ffydd ac edifeirwch. Dysg
weddïo a daw yn oleuach yn ei Feibl. Gwelwn yn eglur fod ffydd yn
egino ynddo wrth ystyried ei ofyniad ingol:

O! Iesu! pwy wyt, Iesu? a oes rhyw ras yn stôr?
Mae'n rhaid ei fod, os ydyw yn llawer lled na'r môr; ... (209)

Hynny yw, mae'n dechrau troi ei olygon i gyfeiriad iachawdwriaeth. Daw iddo ymwybyddiaeth annelwig ei bod yn rhaid iddo wrth Gyfryngwr, bod angen arno am gymorth rhywun y tu allan iddo'i hun. Ffydd wan yw hi ar y pryd ond ffydd, serch hynny.

Yn dilyn cynnwrf a dryswch ei ymateb i'r bregeth gyntaf caiff ei demtio i ymlacio. Sigla pendil ei gyflwr seicolegol o'r naill eithaf i'r llall a chadarnheir y duedd i ymlonyddu, i hepian yn ddiymadferth, yn sŵn pregethu cysurlon a meddal Seducus—gwrthymateb sy'n amlygu egwyddor seicolegol a fynegwyd yn eglur gan William James:

> There are only two ways in which it is possible to get rid of anger, worry, fear, despair, or other undesirable affections. One is that an opposite affection should overpoweringly break over us, and the other is by getting so exhausted with the struggle that we have to stop—so we drop down, give up, and *don't care* any longer ... Now there is documentary proof that this state of temporary exhaustion not infrequently forms part of the conversion crisis. So long as the egoistic worry of the sick soul guards the door, the expansive confidence of the soul of faith gains no prescence. But let the former fade away, even but for a moment, and the latter can profit by the opportunity, and, having once acquired possession may retain it. Carlyle's Teufelsdröckh passes from the everlasting No to the everlasting Yes through a "Centre of Indifference".[8]

Ond tynnir Theomemphus o'r 'canol difaterwch' hwn gan ail bregeth Boanerges, sydd ag iddi'r un amcan â'r bregeth flaenorol ganddo, ond ei bod, y tro hwn, yn llawer mwy llym yn ei chymhwysiad o'r gyfraith foesol. Ei honiad canolog yw mai 'ysbrydol yw'r gyfraith'; hynny yw, nid mater o weithredu allanol, cyhoeddus yn unig yw cyflawni'r gyfraith ond mater o weithredu yn ogystal, o gymhellion pur. Rhaid i'r weithred fod yn iawn a'r cymhelliad fod yn dda. A sylwer, yn arbennig, fod lle llawer amlycach yn yr ail bregeth hon i Iesu. Rhyw brin gyfeirio ato fel 'Prynwr drud' a wneir yn y bregeth gyntaf. Ar Dduw fel 'Brenin' a 'Barnwr' y canolir sylw yno. Eithr yma seilir y sylwadau allweddol yn gyfangwbl ar ddysgeidiaeth Iesu fel y ceir hi yn y Bregeth ar y Mynydd, a chymhwysir egwyddorion y Bregeth honno yn ddiarbed gan Boanerges. Canlyniad hyn yw dwysáu argyfwng ysbrydol Theomemphus. Caiff ei wasgu fwy a mwy i'r gongl. Daw i wybod rhagor am ofynion cyfraith Duw ond 'heb 'nabod un dim am Iesu Grist' (225); ac y mae'r gwahaniaeth hwn rhwng gwybod am Iesu ac adnabod Crist yn wahaniaeth creiddiol.

Daw hyn yn fwyfwy amlwg i Theomemphus wrth wrando ar bregethwyr eraill—er enghraifft, Orthocephalus a Schematicus. Yr hyn a amlygir iddo, wedi iddo wrando arnynt, yw nad trwy gredu athrawiaethau y gwaredir pechadur, boed yr athrawiaethau hynny mor uniongred ag y mynnir:

> Ond O! ni thâl i minnau, pe gwypwn oll i gyd,
> 'D yw gwybod yn argraffu un gronyn ar fy mryd;
> Prawf wyf am gael o'r cyfan, prawf o faddeuol ras
> A'm gwna i y dyn dedwydda' a rodiodd daear las. (234)

A'r argyhoeddiad a ddaw iddo wedi iddo glywed yr Armin ymroddedig, Arbitrius Liber, yn traethu yw nad trwy ymdrech foesol chwaith y daw gwaredigaeth i bechadur, ni waeth faint o ddyletswyddau a gyflawnir ganddo. Gwendid sylfaenol Arbitrius Liber yng ngolwg Theomemphus oedd nad oedd erioed wedi ''nabod ei euogrwydd a'i wendid mawr ei hun' (238). Ni feddai ar ddawn hunanymholi.

Gellir casglu mai swyddogaeth bennaf pregethau y tri chymeriad hyn yw dangos i Theomemphus y pethau *na ddylai* ymddiried ynddynt. Eithr erys un bregeth arall ar ei gyfer, a byrdwn honno yw 'holl egwyddorion gras'. Ym mhregeth Efangelius, yn hollol briodol, y cawn yr Efengyl yn ei phurdeb.

Cnewyllyn y cyfan yw yr apêl, 'Cred yn yr Oen'. Ond sylwer fod yr apêl hon, hithau, wedi ei hamgau mewn athrawiaethau. Craffer ar hyn. 'Nôl traethu'r athrawiaethau hyfrytaf hyn ynghyd': dyna fel y dewisodd Williams ddisgrifio pregethu Efangelius. Ni chredai ef y gellid hepgor athrawiaeth ond daliai, yn hytrach, fod y profiad cadwedigol wedi ei drwytho ag athrawiaeth; fod amgyffred a theimlo ac ewyllysio wedi eu hieuo ynghyd ynddo. Athrawiaeth affeithiadol, dyna'r athrawiaeth arwyddocaol; un ddirfodol fyw nid haniaethol farw.

Ar boen gorsymleiddio a gorhaniaethu gellir crynhoi cynnwys athrawiaethol rhan gyntaf pregeth Efangelius (ac yno y mae'r athrawiaethau i'w cael yn bennaf) o dan dri phennawd. Yn gyntaf, y mae'r iachawdwriaeth yn cael ei chynnig i'r sawl sydd, *ar y pryd*, yn gaeth i bechod. A dyfynnu o bumed bennod Llythyr Paul at y Rhufeiniaid: 'Eithr y mae Duw yn canmol ei gariad tuag atom; oblegid, a nyni eto yn bechaduriaid, i Grist farw trosom ni.' Un o eiriau allweddol y bregeth yw 'credu' a golyga credu, yn y cyswllt hwn, fod dyn yn ei weld ei hunan 'yn eisiau oll i gyd'. Gorwedd ei unig obaith y tu allan iddo'i hun. Rhaid yn gyntaf ei ddiddyfnu o'i hunanymddiriedaeth. Yn ail, yng Nghrist yn unig y ceir y cyflawnder o addewidion a rhinweddau a ddichon gyfarfod â holl anghenion pechadur. Yn drydydd, trwy ddod i gymundeb personol â Christ y daw i ran y pechadur yntau yr addewidion a'r rhinweddau hyn y mae arno eu hangen. Undeb â Christ yw sail ei iachâd a dadelfennir yr undeb hwnnw yn nhermau person yn caru person arall: 'Mae caru yn un â chredu'. Enw arall ar y caru hwn yw 'ffydd'.

Dyma'r sefyllfa felly. 'Mi ges', medd Theomemphus, 'oleuni newydd yn awr o ganol nef'. Datguddiwyd dau beth yn arbennig iddo. Ac yntau wedi cael clywed yr Efengyl, o'r diwedd, yn cael ei phregethu, gŵyr mai'r wir ddamnedigaeth i berson fel efe yw honno sy'n dod, nid o dorri'r gyfraith foesol, ond o wrthod 'credu dim yn Iesu'. Gŵyr hefyd mai credu yn yr Iesu hwnnw'n unig a egyr ffordd gwaredigaeth iddo. Eithr ei broblem ingol yw ei fod yn methu'n llwyr â'i osod ei hun i gredu yng Nghrist. Daw i weld mai anghrediniaeth, hynny yw, anabledd i ymddiried yn y Duw a ddatguddiwyd yn Iesu, yw gwreiddyn ei drueni. Bellach mae'n *gwybod am* drefn y cadw ond yn ffaelu ag ymollwng i *ddod yn rhan* ohoni:

> A heddiw yw'r dïwrnod, truenus yw y nod,
> Y gwelais anghrediniaeth o mewn im gynta' erio'd;
> Mi welais fil o feiau tan *Foanerges* fawr,
> 'R wy'n gweld nad oes ond credu a'u tyr hwy oll i lawr.
> . . . .
>
> Tr'o ofon yn fy nghalon, p'odd galla' i lawenhau?
> Amhosib imi garu heb imi erioed fwynhau;
> A gwnelwyf hynny wnelwyf, 'd oes dim fodlona'r Tad
> Nes mynd i maes o'm hunan a chredu yn y gwa'd. (250)

Er ei gwyched felly galwad 'allanol' a fu'r alwad ym mhregeth Efangelius. Nid galwad effeithiol mohoni. Bellach, rhaid talu sylw i hyn.

Yn hanner cyntaf Pennod VI y dechreuir disgrifio honno a dyma foment ddramatig y dröedigaeth mewn gwirionedd; tymp yr ailenedigaeth.

Rhaid manylu peth ar y dilyniant penillion a geir o waelod 251 drosodd i 252. Rai dyddiau wedi iddo fod yn gwrando ar Efangelius yn pregethu disgrifir Theomemphus yn rhodio'n unig mewn coedwig ar lan afon ac yn myfyrio, mae'n amlwg, ar gynnwys y bregeth a glywsai; ar ei pherthynas â'i gyflwr adfydus ei hun. Cwyd ei lef mewn gweddi a daw i ymwybod â chyfyngder na ddaethai i'w ran erioed o'r blaen. Caiff ei wasgu i'r llawr mewn ymdrech gyndyn, reddfol, i lynu wrth yr ymddiried sydd ynddo yn ei alluoedd ei hun. O'r diwedd, ac yntau yn eithaf gwres y frwydr, fel ar ffin gwallgofrwydd, 'Danfonwyd gair i waered'. 'I waered', sylwer. A sylwer hefyd mai gair ar ffurf athraw-iaethol iawn ydyw:

> *'Ha! fab, mae'th holl aflendid 'n awr wedi eu maddau i gyd,*
> *Mae aberth wedi ei ffeindio, fe gafwyd perffaith iawn,*
> *Am bob rhyw fai fu ynot fe roddwyd taliad llawn'.*

Yn y cyfwng eithaf hwn daw'r athrawiaethau a bregethwyd gan Efangelius yn fyw iddo, yn wironeddol arwyddocaol i'w gyflwr. Mae'r alwad allanol gynharach honno yn awr ar fin cael ei thraws-gyweirio i fod yn alwad ysbrydol, effeithiol. Ond nid yn ei phwysau ei hun chwaith. Yr hyn a achosir ganddi ar unwaith yw ymdeimlad o dangnefedd disgwylgar. Mewn hunanymson barna Theomemphus fod rhywbeth mawr i ddigwydd. Ac yn hollol ddisymwth, daw i'w ran:

> Ac erbyn â llefaru daeth nerthoedd nefoedd fawr
> Fel afon lawn, lifeiriol i'w galon ef i lawr;
> Ni ddeallodd ac nis clywodd erioed o'r blaen gan ddyn
> Yr hyn a ga's ei deimlo yr awron ynddo ei hun. (252)

Nid gwybod am drefn yr achub o bell a thu allan iddo'i hun yw hi yn ei hanes erbyn hyn; yn hytrach, caiff ei hun yn rhan o'r drefn honno. Nid amgyffred sefyllfa bosibl y mae yn awr ond dod yn brofiadol ohoni. Pwysicach na datgan hyn, fodd bynnag, yw pwysleisio mai *ei gael ei hun* yn rhan o'r drefn y mae'r pechadur arbennig hwn. 'Nerthoedd nefoedd fawr' a ddug hyn i fod. Daeth neges Efangelius yn sylfaen i ffydd. Mae'r alwad o'r diwedd yn alwad effeithiol.

Y mae mwy i ddefnyddio'r gair hwn na hawlio fod yr alwad dan sylw yn un sy'n gweithio, neu yn llwyddo: dyna ergyd arferol y gair i ni erbyn heddiw. Wrth gwrs *fod* yr alwad yn gweithio ond yr hyn i ganoli sylw arno yw mai Duw Ysbryd Glân yw achos yr alwad; achos yn yr ystyr o fod yn gynhyrchydd tröedigaeth. Yn athroniaeth y cyfnod defnyddid 'effeithiol' mewn ymadrodd megis 'achos effeithiol' fel gair cyfystyr â 'gweithredydd' (*agent*). Felly yng ngwaith John Locke, a ddadleuai fod y syniad sydd gennym am achos unrhyw beth neu ddigwyddiad yn gwreiddio yn bennaf yn yr ymwybyddiaeth sydd gan bob person ohono'i hun fel un sy'n medru gweithredu ac effeithio, neu ddylanwadu, ar y byd o'i gwmpas. Er enghraifft, rwy'n ewyllysio symud fy llaw i droi'r llwy yn y cwpan ac wele'r llwy yn symud. A'r ystyr weithredol hon oedd ym meddwl Jonathan Edwards, yn ddiamau, wrth gyfeirio at 'God's operation as the efficient cause of faith'.[8]

Yr Ysbryd Glân, felly, sydd ar waith yn cynhyrchu ffydd yn Theomemphus. Nid penderfynu ohono'i hun i ymddiried yng Nghrist y mae ond ei gael ei hun yn ymddiried ynddo. Rhodd iddo ydyw ei ffydd yng Nghrist, nid unrhyw beth y gall ef ei hun ymffrostio yn ei gylch. Ymhellach, nid trwy i'r Ysbryd Glân atgyfnerthu neu fywiocáu priodoleddau a berthyn iddo yn barod y galluogir ef i ymddiried yng Nghrist; hynny yw, nid gweithredu trwy ail achosion y mae'r Ysbryd. Yn hytrach, gweithio yn uniongyrchol, yn ddigyfrwng, a wna, ac y mae'r effaith a gynhyrchir ganddo yn un barhaol. Gweithgaredd anorchfygol yw ei weithgaredd ef:

> · Ond effaith ydyw'r cwbwl, ac anorchfygol ras
> Sydd gynta'n dal pechadur a'i dynnu o'i feiau 'ma's?
> Ac Ysbryd y Goruchaf, ac nid doethineb dyn
> Sy'n cadw'r effaith yma yn gwbwl iddo ei hun? (378)

Rhaid gafael yn gadarn mewn un ffaith am dröedigaeth pechadur fel y gwelai Williams y peth, sef mai gweithred oruwchnaturiol oedd yn ei hanfod. Dyna pam na ellir cyfieithu ei ddisgrifiad ef o'r ffenomen *yn gyflawn* mewn termau seicolegol.

Ceisiodd Saunders Lewis wneud hynny mewn dull disglair ryfeddol yn ei bennod 'Troedigaeth Llanc' ond ni ellir derbyn ei rydwythiad seicdreiddiol ef fel dehongliad boddhaol o feddwl Williams. Sylwer ar yr elfen ganolog yn ei ddadansoddiad:

> Trefn achub dyn yw rhoi iddo garwr fel y dener ef allan o'i Narsisiaeth, a'i droi tuag at wrthrych a fodlona ei holl natur.[10]

Dalier ar yr honiad mai cael ei ddenu oddi wrth bechod y mae Theomemphus. Wrth natur, carwr ydyw, ond ei felldith hyd yma yw ei fod yn mynnu caru gwrthrychau annheilwng. Yr ateb i'w chwant anniwall fydd cyfeirio ei nwydau at wrthrych a all eu bodloni'n llwyr. Yn anffodus iddo ni all ewyllysio gwneud hyn. Ond fe ellir ei demtio, fe ellir ei ddenu. Galwer arno i edrych ar Grist ac fe allgyfeirir holl rym ei nwydau:

> Edrych, neu yng ngair Dante, troi'r nwyd tuag at y gwrthrych, dyna'r cwbl trwy ras Duw y mae'n rhaid i'r dyn ei wneud. Try edrych yn gyffroad, y nwyd yn deffro ac yn ymestyn at fodlondeb na wyddai amdano gynt. 'Amhosib imi garu' medd Theomemphus, ond eisoes fe ddyhea am garu, fe fynn garu. At hynny yr ymdry ei natur megis blodeuyn at yr haul.[11]

Mynegir y dyhead dwfn hwn gan Theomemphus mewn gweddi, lle
mae'n peidio â phob ewyllysio ac ymdrechu, a chan agor ei feddwl i
'awgrymiadau gweddi' troir 'ei nwyd a'i fryd tuag at Grist'.
Diamau fod esboniad fel hyn yn esboniad posibl ar dröedigaeth
pechadur ond nid yw'n aralleiriad llawn o'r hyn a geir yn
Theomemphus. Mae ynddo elfennau sy'n anghydnaws â hynny. Er
enghraifft, yr awgrym fod yn natur Theomemphus ddichonoldeb i
ymateb i'r cariad a amlygir ym mherson Crist: fel blodyn yn ymagor i
gynhesrwydd yr haul y mae yntau'n ymagor i wres cariad dwyfol.
Anodd, onid amhosibl yn wir, yw cysoni'r honiad heulog hwn â'r
olwg a gymerai Williams a'i gyfoedion ar y 'dyn naturiol': y portread
hwn ohono'i hun gan Theomemphus, dyweder, *wedi* iddo glywed a
deall neges Efangelius:

> Mi wela' feiau newydd na welais i o'r blâ'n,
> Rhai nad yw'r byd yn weled, yn haeddu uffern dân;
> 'D wy'n credu dim yn Iesu, 'd wy'n caru dim o Dduw,
> A thyna wreiddiau pechod amrywiol iawn eu rhyw. (250)

Ymhellach, nid yw'r cais i ddehongli gweddi Theomemphus mewn
termau cyffelyb i dermau 'hunanawgrymu' Emile Coué yn argy-
hoeddi o gwbl (a chaniatáu mai dyna a wneir, wrth gwrs). Fel gwaedd
dyn ar ddarfod amdano y disgrifir gweddi Theomemphus gan
Williams ei hun:

> Fe waeddodd ar ei liniau fel yma tua'r ne',
> Ochenaid 'n ôl ochenaid yn codi ynddo fe
> Fel ton 'n ôl ton yn dyfod o'i galon drom i'r lan,
> Anghredu yn gwneud ei ysbryd yn egwan iawn a gwan, . . . (251)

ac *wedi* iddo ei gael ei hun mewn cyflwr tangnefeddus y mae'r truan yn
ymson ag ef ei hun yn ailadroddus. Mwy arwyddocaol yw na thelir
sylw yn y dadansoddiad i bwyslais cyson Williams ar natur oruwch-
naturiol tröedigaeth ei arwr. 'O ddedwydd awr y'm ganed', medd
Theomemphus, gan ychwanegu fod y dedwyddwch hwnnw yn un
'Nas ceir mewn un creadur ag sydd tan nefoedd Duw'. Yn hollol.
Dedwyddwch creadigaeth newydd ydyw, creadigaeth gwaredigol ras.
Gwir fod Saunders Lewis yn defnyddio'r ymadrodd 'trwy ras Duw'
yn un o'r dyfyniadau blaenorol ond barnaf nad yw'r gras hwnnw yn
cyfateb i'r hyn a eilw Williams yn waredigol ras.[12] Y gras hwn sy'n
gwneud gwahaniaeth ym mywyd pechadur:

> Yn gosod cyfraith newydd i reoli'r nwydau 'gyd,
> 'Sgrifennwyd yn y galon gynt yn nechreuad byd; . . .

Hynny yw, yr hyn a wneir gan yr Ysbryd Glân yn nhröedigaeth pechadur yw dechrau adfer y ddelw a osodwyd ar Adda yn Eden gynt:

> . . . Gwneud deddf y ddraig yn chwilfriw, bob iota fach o'r bron,
> Ag oedd yn llwyr reoli o'r blaen y galon hon.

> A thyma'r gyfraith rasol sy'n gyflawn yn rhyddhau
> O angau du a phechod, ac ofon cas a gwae;
> Deddf ysbryd bywyd ydyw, ei llais nefolaidd clywn
> Yn trefnu a rheoli'r creadur oll o'i mywn. (*GDC*, 164)

Cyfiawnhau

Sail ffydd yw'r dystiolaeth a geir yn y Beibl a chyfleir y dystiolaeth honno i ddynion trwy amrywiol foddion, ond gweithgaredd grymus yr Ysbryd Glân a dry'r dystiolaeth yn ffaith ym mywyd y cadwedig. A'r hyn y mae'r Beibl yn dyst iddo yw'r datguddiad unigryw o Dduw yng Nghrist. Y Crist croeshoeliedig yw unig wrthrych ffydd waredigol:

> Gwêl ar y croesbren acw gyfiawnder mawr y ne',
> Doethineb a thrugaredd yn gorwedd mewn un lle,
> A chariad anfesurol yn awr i gyd yn un,
> Fel afon fawr, lifeiriol yn rhedeg at y dyn. (245)

Swyddogaeth arbennig credu, neu ffydd, yw dwyn pechadur i'r fath berthynas â Christ fel bod y rhagoriaethau a berthyn i'w Waredwr yn dod i berthyn iddo yntau hefyd; nid, bid siŵr, i'r un graddau ond yn ôl yr un ddelw, serch hynny. Felly, er enghraifft, ym mwlch tröedigaeth mae Duw yn cyfrif i berson euog, sy'n haeddu ei gondemnio, y cyfiawnder a berthyn i Grist. Mae'n ei drin fel pe na bai yn bechadur. Dyma'r cyfiawnhad sydd trwy ffydd:

> Mae'r addfwyn Oen fu farw ers tro ar Seion fryn
> Trwy'r Eglwys fawr gatholig 'n awr am egluro hyn,
> Fod ynddo fe gyfiawnder, doethineb mawr, a grym
> Nas tâl i'r nef nac uffern byth i'w wrthsefyll ddim.

> Cyfiawnder wisg yr euog, cyfiawnder olch pob stain
> Pe duai fel y porffor fod fel y lliain main;
> Cyfiawnder wna'r Ethiopiaid, y duaf, cas eu rhyw,
> Fu'n olrhain pob rhyw bechod fel eira gwyn ei liw. (241)

Mewn un pennill cryno cawn Williams yn cyfleu dwy wedd gyffredinol ar y ffydd sy'n cyfiawnhau. Ar y naill law, golyga nad ar gyfrif

unrhyw haeddiant o du'r pechadur y maddeuir iddo. Ar y llaw arall
datgenir mai trwy ffydd y genir dyn drachefn:

> Nac edrych ar amodau fyth fyth o'th fewn dy hun,
> Trwy gredu daw amodau, mae gras wrth gredu 'nglŷn;
> Y funud gynta' y credost yw'r funud byddi byw,
> Wrth gredu yng Nghrist yn unig cai weld gogoniant Duw. (242)

Sylwer yn neilltuol ar y datganiad fod ffydd ac ailenedigaeth ynghlwm
â'i gilydd. Cytunai Williams â Thomas Charles pan fynn y gŵr
hwnnw ddweud am ffydd gadwedigol: '. . . mae yn gysylltiedig â'r
ffydd hon, *gyfnewidiad cyflwr*, anian, a bywyd.'[13] Yn wir, aethai y ddau
ymhellach na hyn, fel y sylwodd Lewis Edwards mewn ysgrif ar ddiw-
inyddiaeth Williams, trwy ddal fod ffydd, yn rhesymegol, yn syl-
faenol.[14] Trwy ffydd y gweithredir undeb â Christ a thrwy undeb â
Christ y daw'r bywyd newydd i fod. Fel y gwelir yn eglur ym mhregeth
Efangelius nid galwad ar rai sydd eisoes wedi penderfynu dechrau
byw yn fucheddol yw galwad yr Efengyl. Nid oes unrhyw amodau
ynglŷn â hi chwaith. Er enghraifft, nid yw'n amod angenrheidiol ar
gyfer y cyfiawnhad i'r pechadur fod yn edifeiriol; hynny yw, nid *trwy*
edifeirwch, na thrwy unrhyw weithred na chyflwr ar bechadur, ond
trwy ffydd:

> Yn ddwl, yn ddall, yn dywyll, yn aflan oll i gyd,
> Ffieiddiaf un genhedlwyd erioed o fewn y byd!
> Dwed wrth y Brenin addfwyn, "O! gwna drugaredd llawn
> I aflan ddyn heb amod, i aflan ddyn heb ddawn." (243)

> Mae'r ffynnon yn agored, dewch, edifeiriol rai,
> Dewch chwithau yr un ffunud sy'n meddu 'difarhau;
> Dewch gafodd galon newydd, dewch chwithau na cha's un,
> I olchi pob budreddi yn haeddiant Mab y Dyn. (247)

Yn rhan gyntaf pregeth Efangelius gosododd Williams ddilyniant o
benillion yn ymdrin â ffydd ac ymysg nifer o bethau a ddywedir
ganddo yno ar y pwnc mae dau beth y cyffyrddwyd yn fyr â hwy eisoes
ond sy'n haeddu eu pwysleisio ymhellach.

Yn gyntaf, cysylltir ffydd yn arbennig gan y pregethwr â thynnu
person o dywyllwch i oleuni, trosiad sy'n arwyddocáu fod y person
dan sylw yn dod i ddeall pethau'n well. Yn y weithred o ollwng gafael
arno'i hun mae'r pechadur yn cael ei afael ynddo gan Grist ac yn ei
'weld' mewn goleuni hollol newydd:

> . . . Dy ffydd a ddengys iti yn glir Galfaria fryn,
> Pob eilun sydd yn cwympo yn y goleuni hyn. (243)

Hynny yw, nid llam rhyfygus i dywyllwch dudew yw ffydd, nid ymgais ddryslyd i gredu yr hyn sydd yn afresymol. Yn hytrach, y mae'r sawl yr ysgogir ffydd ynddo, trwy ddylanwad yr Ysbryd Glân arno, yn amgyffred ac yn croesawu y dystiolaeth am Grist sydd yn y gair. Ffydd ddeallus, seiliedig ar wybodaeth wrthrychol, yw'r ffydd waredigol, ac yn neall yr hyn a ddatgelir am Dduw yng Nghrist caiff pechadur ei drwytho hefyd â thuedd angerddol i ymrwymo iddo ac i ymddiried ynddo yn llwyr am gynhaliaeth ac arweiniad.

Yn ail, mae ffydd yn esgor ar fywyd newydd. Yn yr uno â Christ ceir dechrau ar y puro ar gymhelliad a buchedd sydd wedyn yn treiddio trwy weddill bywyd y credadun. Peth unwaith ac am byth yw'r ailenedigaeth ond gweithred barhaol, gynyddol yw'r puro neu'r sancteiddio:

> Sancteiddrwydd efangylaidd a rhyfedd fanol sydd
> Fel trysor yn guddiedig yn egwyddorion ffydd;
> Fel credost byddi sanctaidd, os â dy ffydd yn wan
> Fe dderfydd dy gasineb i bechod yn y man. (243-4)

Fel y byddo grymuster y ffydd felly hefyd y bydd graddfa y buredigaeth. Trwy ffydd y cyfiawnheir ac mewn ffydd y purir. Nid yw hyn ond ffordd arall o ddweud mai Crist sydd yn cyfiawnhau (unwaith ac am byth) ac Ef hefyd sydd yn sancteiddio (yng nghwrs bywyd cyfan).

Sancteiddio

Yng ngweddill y gerdd (y rhan helaethaf ohoni, o gryn dipyn) portreadir Theomemphus yn symud trwy lu o dreialon i gyfeiriad y perffeithrwydd gogoneddus a ddichon berthyn i greadur o ddyn. Ac y mae un amod hanfodol o'i du ef, os yw i lwyddo, sef ei fod byth a beunydd yn ymchwilio i'w brofiadau ei hun er profi eu dilysrwydd, gan droi o bryd i'w gilydd, fel y bo galw, at archwiliwr a all fod yn fwy cymwys nag ef ei hun i wneud y gwaith. Fel y gweddill o'i gyfoedion efengylaidd gwyddai Williams yn burion am fedr dyn i'w dwyllo ei hun ac am ddawn Satan (fel y gwelai ef bethau) i ymrithio yn angel goleuni. Nid digon i'r credadun ryfeddu at y cyfnewidiad ynddo; rhaid gofalu ei fod yn un parhaol. Swyddogaeth chwilio profiadau, yn y seiat a thu allan iddi, oedd sicrhau hyn.

Ymdriniwn, i ddechrau, â'r angen hwn am ymchwilio profiadau. Aiff Williams i'r afael o ddifrif â'r mater am y tro cyntaf yn ei gerdd trwy gyflwyno hanes Abasis, y gŵr nad oedd i'w grefydd sylfaen safadwy. Yn nhermau dameg yr heuwr dyma'r had a syrthiodd ar 'y creigleoedd, lle ni chawsant fawr ddaear'. Portread yw hwn o ddyn a daniwyd gan awydd a sêl i ddilyn Iesu, a gefnodd ar fywyd aflan ar unwaith gan ymroi i wasanaethu ei eglwys, a oedd yn llawn hyder o ran cred ac a orfoleddai yn hynny gyda'r rhai mwyaf gwresog eu hysbryd. Cafodd ddechreuad rhwydd i'w daith ac ni phrofodd na gofid na threial o unrhyw fath. Ond roedd 'yn ddieithr i ffydd' ac, o ganlyniad, yn ddieithr i Grist. Adnabod rhywfaint ar Iesu, ie, ond heb adnabod y Crist. Ochr arall yr un geiniog oedd, wrth gwrs, nad oedd yn ei adnabod ei hun:

> Nis trôi ef fyth ei olwg i'w galon ddu i lawr
> Mwy nag yr edrych ofnus i waelod pydew mawr,
> Ond credu i'w eu maddau beth bynnag oedd y pla,
> A bod o'i fewn, oddi allan, bob peth yn awr yn dda. (257)

Crefydd deimladol, frwd, yn unig oedd crefydd hwn; crefydd nwydus, llawn o dân; a phan ddaeth ar draws y gantores efengylaidd Phania (a gafodd, fel yntau, ei thanio gyntaf o dan ddylanwad pregeth Efangelius) dargyfeiriodd ei nwyd a'i wres ati hi:

> Fe gafodd wraig o'r diwedd, ei grefydd rodd e' 'bant,
> Ac enw gŵr ddaeth arno,—fe gollodd enw sant. (259)

Deifiol o graff. A chyffelyb oedd hi yn hanes Athemelion yntau, yn gynharach. Dargyfeirio ei sêl at sect a wnaeth hwnnw.

Eithr daliwn ar ddau beth yn achos Abasis. (*i*) Gall crefyddwr ymddwyn yn ganmoladwy heb fod yn Gristion. (*ii*) Heb hunanymholi ni ellir byw yn Gristion.

Cadwodd balchder Abasis ef rhag ymchwilio iddo'i hun a rhag troi am gymorth at archwiliwr profiadol. Nid felly Theomemphus. Aeth ef at un o stiwardiaid y Seiat, Dr Aletheius, a gofalodd Williams leoli'r sgwrs rhwng y ddau ar gychwyn proses sancteiddio ei arwr. Mae dwy ran i'r sgwrs honno, sef y cateceisio, fel y cyfryw, a'r cynghori terfynol gan y stiward.

Trwy'r cateceisio sefydlir fod Theomemphus yn hollol sicr o natur ddwyfol yr alwad. Yn waelodol sicr hefyd ei fod yn dragwyddol gadwedig er y gall y sicrwydd hwnnw amrywio o ran cadernid, o bryd i'w gilydd. Cyffyrddir yn aml â newydd-deb y bywyd a ddaeth i'w ran a'r gwahaniaethau rhwng yr hyn sydd a'r hyn a fu. Er enghraifft, lle'r oedd ei fywyd gynt yn hunanganoledig, canolwyd y bywyd newydd ar ogoneddu Duw ym mhopeth. Newydd, eto, yw ei agwedd at y gyfraith y bu'n arswydo rhag ei bygythiad ddyddiau a fu ond sydd bellach yn bleser hyfryd iddo. Ymhellach, y mae'r cymhelliad i edifeirwch yn y bywyd newydd yn wahanol iawn i'r hyn ydoedd yng nghyfnod y paratoad. Ddoe, edifeirwch ydoedd er mwyn osgoi cosb ac, o ganlyniad, yn hunanol ei natur. Heddiw edifarha oherwydd ei wrthuni yn dianrhydeddu Crist:

> Nag e; digofaint dwyfol am bechod sydd yn dod
> Oedd gwraidd pob galar chwerw o'r blaen oedd ynwy'n bod;
> Yr awron gweld im bechu yw 'ngofid a fy nghri,—
> Im bechu yn erbyn Iesu fu farw trosof fi. (271)

Ac edifeirwch creadigol yw hwn, sylwer, yn 'pereiddio dyletswyddau' ac yn hollol wrthwyneb i'r hen un a oedd yn ei wanhau at gyflawni gweithredoedd da. Edifeirwch sancteiddiol ydyw yng ngwir ystyr y gair, yn arwain at gynnydd ysbrydol.

Mater arall o bwys a gyfyd yn y cateceisio yw'r angen am ddatguddiadau cyson o Grist i'r pererin ar ei daith, angen a bwysleisir hefyd ar gychwyn Dialog V yn *Drws y Society Profiad*. Gyda Dr Aletheius yn pwyso ar Theomemphus i ddweud beth a wna pan ddaw euogrwydd am bechod i'w lethu yr ateb a ddyry'r olaf iddo yw ei fod yn erfyn am 'ddatguddiad newydd' o Grist. Fel y gwelsom, peth unwaith am byth oedd yr ailenedigaeth ond rhaid i'r undeb â Christ barhau. Crist yw ffynhonnell cyfiawnhad a sancteiddrwydd: 'yr hwn a wnaethpwyd i ni gan Dduw', medd Paul, 'yn gyfiawnder ac yn sancteiddrwydd.' Mewn tywydd garw ni all dyn fyw ar hen dystiolaeth yn unig.

Byrdwn y cyngor a roddir i Theomemphus yw iddo gofio bod ganddo ffordd garegog iawn i'w thramwy a phwysleisir yn gyson ei fod yn dal yn bechadur er iddo brofi cyfnewidiad diamheuol. Fe gaiff y bydd iddo elynion allanol (crefyddwyr parchus yn amlwg yn eu plith) ond peryclach o lawer na'r rheini yw'r gelynion sydd o'r tu mewn iddo. Yn ei gryfder y gorffwys ei wendid pennaf. Dyna wers y mae i'w dysgu yn fuan iawn.

Ei hanes yn ymdrin â themtasiynau yw gweddill y gerdd ac o hanner olaf Pennod VII hyd ddiwedd Pennod XII cawn olwg ar ei gwymp a'i adferiad cyntaf. Yna, ym Mhenodau XIII-XIV, fe'i cawn yn profi ail gwymp ac adferiad, y tro hwn yn achos ei garwriaeth â Philomela, a ddilynir gan ymgysegriad o'r newydd i'w Arglwydd. Y mae, bid siŵr, wahaniaethau arwyddocaol rhwng y ddwy sefyllfa ond perthyn iddynt yn ogystal batrwm sydd yn gyffredin, un y gosodwyd ei sylfeini yn y cateceisio a'r cynghori blaenorol. Bodlonir yma ar amlinellu'r patrwm hwnnw fel yr amlygir ef yn y sefyllfa gyntaf. Mae pedair gwedd arno: y demtasiwn; y gwrthgiliad; yr adferiad; y cynnydd ysbrydol.

(*i*) Wedi iddo ymadael â Dr Aletheius cawn Theomemphus mewn cyflwr heulog a hyfryd, yn llawn gorfoledd a brwdfrydedd, gyda'r hen ddyddiau tywyll, bygythiol wedi eu hanghofio'n llwyr. Ond fel yn achos y cythraul hwnnw yn y ddameg a ymlidiwyd o'r tŷ a lanhawyd ac a ddaeth yn ôl iddo yng nghwmni saith cythraul gwaeth nag ef ei hun, felly hefyd yn hanes Theomemphus. Ac yntau'n tybio ei fod wedi ei lanhau mae'n dechrau ymfalchïo yn hynny a chaiff ei lorio yn ddisymwth gan hunan-dyb (magl y gŵr cyhoeddus ei ddoniau sy'n ei fesur ei hun yn ôl barn pobl eraill am ei werth); rhyfyg (gwendid y sawl sydd mor siŵr o'i gadwedigaeth nes tybio nad oes fai a all ei ddamnio); a hyder cnawdol (pydew segurdod, moethusrwydd, hunanfoddhad a chwmnïaeth ddrwg). Er holl newydd-deb ei fywyd daliai elfennau o'r hen ddyn ynghlwm wrtho:

> Hwy'n llechu yn ei galon mewn dirgel fannau ynghudd
> Yng nghonglau bach adenydd ei gariad ef a'i ffydd;
> Ac nid oedd yn ei feddiant un o rasusau'r nef
> Nad oedd rhyw gymysg natur yn glynu wrtho ef. (280)

Roedd Philo-Evangelius yntau yn fyw i hyn ym myd y credadun. 'Mae cymysg yn y cyfan is yr haul' oedd ei eiriau wrth Martha Philopur pan ddaeth honno ato i geisio ei gyfarwyddyd.[15]

(*ii*) O dipyn i beth gwelwn Theomemphus yn gwrthgilio. Mae'r anian newydd a blannwyd ynddo yn ei dröedigaeth yn llesgáu a'i gyneddfau'n colli'r min a'r bywiogrwydd a'u nodweddai'n gynharach:

> Cans gyrrodd Hyder Gnawdol a Balchder cas yn un
> Ei ddeall a'i synhwyrau i gysgu yn gytûn,
> Ei ewyllys a'i serchiadau fe dynnwyd 'ffwrdd eu grym,
> Cydwybod rowd i hepian yr hyn oedd waeth na dim. (287)

Cyll ddawn hunanymholiad ac, o ganlyniad, gras edifeirwch, a phan ddaw euogrwydd i wasgu arno cais rwymo'r ellyll hwnnw yn ebargofiant. Aiff yn foesol swrth a dyry'r syrthni hwnnw gyfle i gnawd a byd gael gafael arno. Cyn bo hir mae'n dyheu am feddiannau ac yn ysu am ferch—a gwaddol dda gyda hi!

(*iii*) Ond cyn i'r pethau hyn ddod i'w ran o gwbl mae'r arfaeth yn ymyrryd â'i gynlluniau. Daw arno felldithion tebyg i rai Job gynt ond er eu llymder ni lwyddant i'w symud i gyfeiriad Duw. Yr Ysbryd Glân yn unig a ddichon ei ysgogi i hynny. A cheir cychwyn ar yr ysgogiad angenrheidiol trwy ddeffro a bywiocáu ei gydwybod. Fel hyn y traidd goleuni trwy ei gyneddfau i gyd gan beri iddo ganfod ei gyflwr yn eglur a chreu edifeirwch gwir o'i fewn. Mae'n dechrau ei gyfannu ei hun. Adferir iddo ddawn hunanymchwilio. Gwêl iddo bechu yn wirfoddol a thrwy hynny ddianrhydeddu'r Iesu. Dylifa'r euogrwydd y tybiodd iddo lwyddo i'w gladdu gynt drosto yn ddylif nerthol a gwêl ei fod yn awr yn llawn haeddu digofaint Duw. Ni ŵyr b'le i droi. Fe'i llethir gan anobaith. Mae ei ffydd ar fin diffodd: ''D wy'n teimlo, nid wy'n credu un iot o eiriau Duw'. (303) Ac nid yw pregeth Orthodoxus am haeddiant Iesu yn cyffwrdd dim ynddo, er ei bod yn llawn o 'athrawiaeth nef'. Yn hytrach, dyfnhau ei drueni a wna a dyma'r cyfle i Satan weithio ar ei anobaith a'i ofn o golli ffydd. Daw iddo feddyliau cableddus, a'r mwyaf cythreulig ohonynt oll, sef 'Ryw sgrech yn erbyn Iesu, ryw sgrech yn erbyn gras'. (305) Mae ar fin gwerthu Crist, fel y gwnaeth Judas gynt. Wyneb yn wyneb â damnedigaeth mae'n gweddïo ar i Dduw roi iddo 'ryw funudau o garu Gwaredwr mawr y ne'', a daw'r ateb iddo mewn llwyr ryddhad o'i ofnau arswydus. Gweithredodd Duw:

> Am hynny fe ataliodd ysbrydion mawr eu grym,
> Fe'u rhwymwyd, fe'u gorthrymwyd fel na allent ddrygu dim;
> Fe drodd y nef o'i wyneb, distewodd uffern fawr,
> Fe gododd gwawr felysaf ar *Themomemph'* yn awr. (307)

(*iv*) Gyda chael ymwared o'i argyfwng cawn Theomemphus yn tyfu mewn gras a nodir arwyddion y cynnydd ysbrydol hwn yn rhan olaf Pennod XII. Er enghraifft, fe'i argyhoeddir nad yw cwymp derfynol oddi wrth ras yn bosibl i'r cadwedig; mai diben y treialon a ddaeth i'w ran oedd ei geryddu yn hytrach na'i rwystro rhag etifeddu bywyd llawn; mai gwag yw addunedau dynion a bod yn rhaid wrth 'ras effeithiol' nid yn unig i droi pechadur o gyfeiliorni ei ffyrdd ond hefyd i'w arwain bob cam o'r ffordd tua'r bywyd. Dysg ostyngeiddrwydd. Daw'n fwyfwy hunanfeirniadol. Datblyga yn gynghorydd ysbrydol medrus a saif fel tyst disglair 'tros gadwedigol ras' yn ei ardal.

Dyna fframwaith gyffredinol cwymp ac adferiad credadun. Nodwyd ei fod i'w weld yn hanes carwriaeth Theomemphus a Philomela ond o ddiffyg gofod rhaid mynd heibio i'r sefyllfa honno a throi, yn fyr, at y temtasiynau sy'n weddill.

Un o'r rheini, a honno'n un athrawiaethol, y cyffyrddwyd â hi yn gynharach yn y gerdd yw Antinomiaeth. Yng nghafael Rhyfyg gwelwyd Theomemphus yn tybio y medrai godi uwchlaw gofynion y gyfraith. Yn awr neilltuir Penodau XV a XVI yn gyfangwbl i drafod yr au-athrawiaeth hon a phersonolir hi yng nghymeriad Jesebel, gwraig a oedd, yn ôl Williams, yn 'gysgod rhagorol' o'r cyfeiliornad.

Nid fel athrawiaeth ddiwinyddol ag iddi nifer o benawdau penodol, fodd bynnag, y cyflwynir hi yma. Gofalodd Williams wneud hynny'n hollol eglur mewn troednodyn hir. Amheuai, yn wir, a oedd yn briodol i'w disgrifio fel athrawiaeth o unrhyw fath. Mynnai fod y gair 'Antinomiaeth' mor benagored ac amwys ei ystyr fel nad oedd obaith gosod ffiniau diffiniad arno. Serch hynny, credai fod un nodwedd gyffredinol y gellid ei disgrifio'n gymwys fel nodwedd antinomaidd, sef yr honiad y medrai'r cadwedigion, yn gyson â'u proffes Gristnogol, 'fyw ar ôl holl flys, chwantau, moethau, a phleserau'r cnawd o fewn rhydd-did yr Efengyl'. Yn gyffredinol, yr hyn yw Antinomiaeth, yng ngolwg Williams, yw 'bywyd croes i Efengyl Duw'.

Try'r sgwrs rhwng Theomemphus a Jesebel, felly, o gwmpas y dehongliad cywir o ryddid Cristnogol. Daliai hi fod person a arfaethwyd i'w achub, ac a achubwyd trwy'r cyfiawnder sydd yng Nghrist, bellach yn rhydd o alwadau'r ddeddf arno. Rhyddhad o oruchwyliaeth Moses yw achubiaeth i Jesebel. Mynnai Theomemphus, ar y llaw arall, fod rhyddid Cristnogol yn golygu nid yn unig ddihangfa o gaethiwed pechod ond hefyd ymgysegriad i fywyd sanctaidd. Negyddol hollol yw syniad Jesebel am ryddid. Caiff y 'na' a'r 'ie' eu pwyslais priodol gan Theomemphus. Achos llawenydd iddo ef yw ei fod yn ceisio byw yn ôl y ddeddf.

Trafodaeth academaidd braidd yw hon ac nid oes arlliw o argyfwng temtasiwn ar y sefyllfa. O gymharu â'r tyndra sydd ynglŷn â'r ddwy demtasiwn flaenorol mae'r awyrgylch yma yn un ymlaciol, rwydd, a go brin yr argyhoeddir neb fod Theomemphus mewn perygl o gael ei lorio gan Jesebel. Rhyw bennill a hanner yn unig a neilltuir i ddisgrifio egwyl ei demtiad a'i waredigaeth ac nid oes unrhyw arwydd o dyfiant mewn gras, oni fernir fod hynny i'w weld yn y ffaith ei fod yn fyw iawn i'r llygredd moesol sydd i'w gael ym mhob cangen o eglwys Crist.

Mae'r demtasiwn o berthynas i ymddygiad maleisus a chenfigennus Iratus tuag ato yn un llawer llymach. Ac ystyried ei fod ef ei hun yn wrthrych anhaeddiannol maddeuant mor rhyfeddol, sut y mae, yn awr, i ymddwyn wyneb yn wyneb ag ymosodiadau cïaidd cymydog arno? 'A maddau i ni ein dyledion fel y maddeuwn ninnau i'n dyledwyr': sut y mae i weddïo'r geiriau hyn yn ddidwyll gyda'r fath ddicllonedd yn cael ei ddangos tuag ato? Cysoni proffes ac ymddygiad: sefyllfa ffrwydrol yn sicr.

Methu ag ymdrin â hi a wna Theomemphus yn ei nerth ei hun. Palla'r grasusau Cristnogol megis amynedd, tosturi, dioddefgarwch, cariad pur, a daw llid, dialedd, malais a chenfigen i'w disodli. Ond yna, â'r holl serchiadau a nwydau grymus hyn ar fin gorlifo'i enaid, daw llef ddistaw, awdurdodol oddi uchod a'i ddal: 'I mi y perthyn dial, os oes dial i fod', medd Duw. 'Pwy a ŵyr yr hyn a arfaethais i ar gyfer Iratus? Dy le di yw maddau iddo gan gofio mai fel y mae o yrŵan y buost tithau ddyddiau a fu.' Yn rhinwedd y nerth a ddug y llef iddo maddeua Theomemphus i'w erlidiwr maleisus, gan weld 'yn olau', chwedl yntau, ei bod yn rhaid i sant, hyd yn oed, '. . . gael gras o ganol ne'/Bob munud ynteu natur sydd sicir gadw ei lle.' (368) Y 'bob munud' hwn yw'r ymadrodd allweddol.

Eithr y gwirionedd efengylaidd a ddaw yn rhan newydd o'i gynhysgaeth ysbrydol (gwedd ar y sancteiddio cynyddol arno) yw 'ehangder cariad ffydd'. Adleisir yma, yn wir, yr hyn a glywodd gynt yn ail bregeth Boanerges:

> Câr dy elynion cyndyn, gwna ddaioni yn ddi-drai,
> Gweddïa dros y rheini ag sy'n dy wir gasáu; . . . (221)

ond yn awr, flynyddoedd yn ddiweddarach, y daw llawn oblygiadau yr anogaeth yn berffaith eglur iddo. Mae'r cariad Cristnogol, *agape*, yn llawer helaethach nag *eros* (serch) a *philia* (yr ymrwymiad cytbwys i deulu a chyfeillion):

> O! dysg fi garu yn annwyl heb ragfarn, heb nacâd
> Bob un ag sydd yn perthyn i'r dwyfol, nefol wâ'd,
> Heb lynu wrth sect nac enw, na phynciau nac wrth ddyn,
> Ond pur gyffredin gariad at seintiau Duw yn un.

Cariad o fewn y teulu ysbrydol, *philia*, yw hwn ac yn llawer mwy anhunanol na chariad rhwng bachgen a merch, *eros*, ond mae cariad sydd eto yn ehangach:

> A charu'r annuwiolion, a'u hargyhoeddi'n fwyn,
> A thirion, hyd y gallwyf, eu beichiau trymion ddwyn;
> Anghofio pob ymddial, a glynu wrth drugarhau,
> A rhoi fy hun i garu ac felly fyth parhau, . . . (371)

Dichon mai fel prawf ymarferol ar y cariad hwn y bwriadodd Williams inni ystyried hynt priodas ei arwr â Philomede. Yn sicr nid oes yma unrhyw demtasiwn sy'n cyrraedd ei hanterth mewn argyfwng dramatig. Os oes temtasiwn ynghudd yma o gwbl ni all fod onid awydd dirgel o du Theomemphus druan, o bryd i'w gilydd, i gefnu ar y wraig annynad a roed iddo! Yn wir rhaid cydnabod mai amrwd a thrwsgwl yw'r ymdriniaeth hon o le priodas mewn bywyd Cristionogol ac nid yw ryfedd yn y byd i Williams, flynyddoedd yn ddiweddarach, ailafael yn y mater yn feistrolgar yn *Ductor Nuptiarum: neu Gyfarwyddwr Priodas*. Serch hynny mae'r ymdriniaeth bresennol yn achlysur i Theomemphus dyfu'n ysbrydol drwy gael ei argyhoeddi mai'r cariad puraf posibl yw cariad at Dduw ac mai pennaf ddyletswydd dyn yw ei ddyletswydd i'w Grëwr a'i Waredwr. Ar un ystyr mae cariad Duw yn ddifaol:

> Rhaid oedd pob tân i'w buro, rhaid oedd ei gael e' 'gyd
> I maes o bob creadur a welwyd yn y byd. (376)

Gyda Theomemphus wedi cyrraedd at weledigaeth mor ysbrydol ysblennydd â hon (gweledigaeth arswydus i feidrolyn) nid yw ymhell o gyrraedd y radd uchaf bosibl o sancteiddhad yr ochr hyn i'r bedd.

Erys un prawf arall iddo ei wynebu, prawf yn awr angau. Cyn dod at hwnnw, fodd bynnag, rhaid sylwi ar yr ymdriniaeth ym Mhennod XIX, ymdriniaeth bwrpasol i rannau cynharach o'r gerdd, yn sicr, ond nid un sy'n syrthio'n hapus i'w lle yma. Nid oes demtasiwn o unrhyw fath ynghlwm wrth y sgwrs rhwng Theomemphus ac Academicus. Y cwestiwn a drafodir yn y bennod yw pa mor berthnasol i bregethwr efengylaidd yw hyfforddiant academaidd a swyddogaeth Theomemphus yw amddiffyn y safbwynt nad oes unrhyw werth i ddysg, yn y cyd-destun arbennig hwn, onid yw wedi ei thrwytho â gras. Dadl sydd yma, nid temtasiwn. Mae'r adran yn bwysig o safbwynt deall beth yn union yw agwedd Williams at ddysg academaidd a pherthyn arwyddocâd neilltuol, yn ddi-os, i'r gwahaniaeth sydd wrth wraidd yr holl drafod, sef hwnnw rhwng Gwybodaeth Gyffredinol a Gwybodaeth Gadwedigol, ond mater ymylol yw yn y rhan benodol hon o'r gerdd. Nid oes i'r trafod gyswllt dirfodol â phrofiadau sancteiddhad Theomemphus.

Pan ddaw angau i'w gyfarfod, fodd bynnag, caiff ei ysgwyd unwaith yn rhagor hyd at seiliau ei fod a'i demtio i amau a yw, wedi'r cyfan, yn gadwedig. A yw fy ffydd yn ddigonol? A wyf yn wir edifeiriol? Tybed nad wyf, hyd yn oed yn yr oriau olaf hyn, yn fy nhwyllo fy hun? Dyma'r ymholiadau a ddaw i'w ddychryn yn awr. Gŵyr na all bwyso ar yr hen brofiadau hyfryd gynt ac yn sicr gŵyr na all ddilyn anogaeth Athrodicus iddo i apelio at ei weithredoedd da a'i safle anrhydeddus mewn byd ac eglwys. Ond, unwaith eto, fel droeon o'r blaen, daw gerbron ei feddwl yr 'addewid rad o ras':

Wel acw'r wy' am gyrraedd, i glwyfau Mab y Dyn
A goncrodd Angau'n hollol wrth ddiodde' angau ei hun; ... (397)

A chyda hynny daw iddo sicrwydd y bydd iddo yntau gael ei atgyfodi i ogoniant trwy atgyfodiad ei Waredwr:

'R wy' finnau'n teimlo'm hysbryd yn 'maflyd yn y gair,
'R wy'n teimlo pwys fy enaid ar 'aned gynt o Fair;
Mae ei enw e'n perthyn imi, Iachawdwr dynol-ryw,
A'm henw i iddo yntau, colledig, am gael byw. (397)

'D oes genny'n awr ond credu mai geirwir yw Duw'r nef,
Ac fyth na chollir sillaf o'r geiriau ddwedodd ef;
Bydd atgyfodiad imi trwy haeddiant dwyfol wa'd,
Ac yno cai'm digoni â delw bur fy Nhad. (398)

Gogoneddu

Ni ellir meddwl am gymhwysach llinell i gyfleu y cyflwr o ogoneddiad credadun na llinell glo y pennill blaenorol: digoni â delw y Tad. Tu draw i angau y digwydd hynny, bid siŵr, ond y mae'n waith y dechreuir arno yr ochr yma i'r bedd. Cofiwn eiriau Efangelius yn gynharach yn y gerdd pan yw'n canmol yr 'iechydwriaeth gyflawn':

Mae dechrau ei llawenydd, ac y mae dechrau ei hedd
O fewn y rhai crediniol yr ochor yma i'r bedd;
Ond y mae ei pherffeithrwydd, a'i thegwch mawr a'i grym
I'w eu mwynhau mewn amser bo'r ddaear yma yn ddim. (244)

Penllad y broses o sancteiddio yw gogoneddiad ac er na neilltuir unrhyw ddilyniant o benillion yng ngherdd fawr Williams i ganu am ogoneddiad Theomemphus ('yn represento Cristion', chwedl y rhagymadrodd) mae'r peth i'w synhwyro, fel pe'n islais cân, trwy'r prydyddu ar ei hyd, yn arbennig felly o eiliad y dröedigaeth ymlaen. Mor briodol yw mai yn un o benillion olaf y gerdd y mynegir paradocs y gogoneddu hwn sy'n bodoli yma a thu draw i'r bedd yr un pryd:

Mi gwela' hi'n awr yn olau fel gwelais hi o'r blâ'n,
Disgynnodd ar fy enaid y dwyfol, nerthol dân;
'R wy' eisoes ym Mharadwys, wel taro, Angau, 'n awr!
Rhan ohonwy' â i'r nefoedd, a rhan ohonwy' i'r llawr. (398)

Ceisiwyd dangos mai yng ngoleuni categorïau diwinyddol Calfiniaeth gymhedrol y mae inni ddeall a gwerthfawrogi yn iawn gerdd Williams am dröedigaeth pechadur. Ond rhaid ychwanegu ar y diwedd fel hyn na fwriadodd erioed i'w ddarllenwyr dybio fod tröedigaeth pob pechadur yn meddu'r un nodweddion yn hollol â thröedigaeth ei arwr arbennig ef. Fel yn achos Jonathan Edwards yn Adran II ei *A faithful narrative of the surprising work of God in the conversion of many hundred souls* . . . (1736) mynnai Williams hefyd fod cryn amrywiaeth i'w gael yng nghwrs tröedigaethau gwahanol gredinwyr.

Bu cyfnod yr argyhoeddi o bechod, o'r deffroad cyntaf hyd at ennyd yr aileni, yn un maith a dychrynllyd yn hanes Theomemphus, ond byr, ac felly cymharol ddibrofedigaeth, a fu yn hanes Pleno-Pax a Fenusta (213); Pisteumus yn ogystal (223). Drachefn, pan ailanwyd Theomemphus roedd hynny, iddo ef, yn brofiad hollol annisgwyl, mor ddramatig o annisgwyl yn wir fel y cofiai weddill ei oes yr union fan a'r funud y daeth i'w ran. Eithr nid felly y bu yn hanes Philadelphus (213-14 a 255). 'O radd i radd' y daeth iachawdwriaeth i'w ran ef a bu'n ddigon ffodus i fynd 'i mewn i deyrnas nef/Heb wybod nemawr arall ond am ei gariad ef'.

Eto i gyd, er yr holl amrywiaeth yn nhröedigaethau'r cadwedigion o ran lleoliad, hyd, dwyster a gwefr, yr un yw'r patrwm diwinyddol sydd yn eu gwneud yn ddealladwy inni, yn ôl Williams. Mynnai nad oes amrywiad yn nhrefn y cadw.

NODIADAU

[1] J.G. Moelwyn Hughes, *Mr. Saunders Lewis a Williams Pantycelyn* (Penbedw, 1928), t. 15, 76.
[2] R. Tudur Jones, *Saunders Lewis a Williams Pantycelyn* (Abertawe, 1987), t. 15.
[3] *Trysorfa*, Cyf. II, 1809-13, tt. 447-8.
[4] Gomer Morgan Roberts, *Y Pêr Ganiedydd II* (Aberystwyth, 1958), tt. 149-53.
[5] *Geiriadur Ysgrythurol*, y seithfed argraffiad (Wrecsam, 1885), t. 582.
[6] Gomer Morgan Roberts (gol.), *Gweithiau William Williams Pantycelyn I* (Caerdydd, 1964) t. 197. At dudalennau'r argraffiad hwn y cyfeirir yn y testun.
[7] George Lewis, *Drych Ysgrythurol: neu Gorph o Ddifinyddiaeth* (Caerlleon, 1797), t. 52.
[8] William James, *The Varieties of Religious Experience*, argraffiad Longmans, Green & Co. (Llundain, 1928), t. 212.
[9] *The Works of Jonathan Edwards II*, argraffiad The Banner of Truth Trust, (Caeredin, 1974), t. 545.
[10] Saunders Lewis, *Williams Pantycelyn* (Llundain, 1927), t. 130.
[11] Ibid., t. 133.
[12] Awgrymaf fod yr ymadrodd 'trwy ras Duw', yn ystyr Saunders Lewis iddo, yn golygu rhywbeth fel 'yn ôl trefn rhagluniaeth gyffredinol', yn wrthwyneb, felly, i ragluniaeth gadwedigol.
[13] *Geiriadur Ysgrythurol*, t. 399.
[14] *Yr Arweinydd: Misolyn at wasanaeth Eglwysi ac Ysgolion Sabbathol y Methodistiaid Calfinaidd yng Ngogledd a Deau Ceredigion*, Cyf. III, Rhif 28, Ebrill 1878.
[15] Garfield H. Hughes (gol.), *Gweithiau William Williams Pantycelyn II* (Caerdydd, 1967), t. 13.

PANTYCELYN A'I GYNULLEIDFA: YR EMYNYDD A MIRANDUS

Derec Llwyd Morgan

Agoraf hyn o lith gyda darlleniad o emyn a gyhoeddodd Williams Pantycelyn yn nhrydedd ran *Ffarwel Weledig*, 1769, emyn sydd ar yr olwg gyntaf yn fynegiant o'i awydd i beidio â rhoi dim ystyriaeth i bethau natur, cnawd a byd:

> Gorchudd ar dy bethau mawrion
>   Yw teganau gwag y byd;
> Cadarn fur rhyngof a'th ysbryd
>   Yw'm pleserau oll i gyd;
> Gad im gloddio trwy'r parwydydd
>   Tewon trwodd at fy NUW,
> I gael gweld trysorau gwerthfawr
>   'Fedd y ddaear ddim o'u rhyw.
>
> N'ad fi daflu golwg cariad
>   At un gwrthrych is y rhod,
> Na gwneud gwrthrych i fy ngobaith
>   O greadur sydd yn bod:
> Cadw 'ngolwg wan i fyny
>   Yn syml atat ti dy hun,
> Heibio barch, ac heibio amarch,
>   Heibio i ddaear, heibio i ddyn.
>
> Gad fi ganfod a diystyru
>   'R holl greadigaeth faith i gyd,
> Yn y nefoedd ac yn uffern,
>   Yn y moroedd, yn y byd,
> Fel yn hollol analluog
>   Wneuthur da neu niwed im,
> Nes bo rhain yn cael eu danfon
>   Trwy'th gydsyniad a dy rym.
>
> Wrth fy ochor bydd i'm harwain,
>   Ymhob drysni rho dy law,
> Gad im aros tan dy gysgod,
>   Cafod yma, cafod draw.

Atat 'rwyf yn ffoi am noddfa
Rhag y drygau sydd o'm hôl;
Cymer fi, Dywysog Bywyd,
Dwg fi yn dy ddwyfol gôl. [1]

Y mae'r ystyr yn weddol amlwg, ac agwedd Williams Pantycelyn at bob peth creëdig yn weddol amlwg: ei ddymuniad yw cael diystyru'r cyfan sydd, cael byw bywyd nad effeithir arno, er da nac er drwg, gan nac aur nac arian na chwmni pobl na chymhendod deall na dôl nac adeilad na cheinder llun na lliw; ei ddymuniad, yn hytrach, yw cael cadw'i olwg yn unig ar yr Arglwydd a mynd yn niwedd amser, sef pan ddinistrir y greadigaeth, i'w gôl. Breuddwyd, wrth gwrs. Dyhead dignawd na all y cnawdol mo'i wireddu byth, hyd yn oed y cnawdol dychweledig. Ond y mae Williams yn ei fynegi gydag angerdd un sy'n credu'n llwyr y gall y dymuniad hwn gael ei wireddu a dod yn brofiad iddo. Mesur yw hynny nid yn unig o gryfdwr ei ffydd ond hefyd o nerth ei ddawn fel bardd. Ond yn ystod ei yrfa fe gyfansoddodd y bardd hwn hefyd lawer o weithiau sy'n rhoi pwys mawr ar y Cread, ar ei adnabod yn ei holl rannau ac ar ei stiwardio er budd ei holl bobloedd, mewn llyfrau mor wahanol i'w gilydd â *Pantheologia* a *Drws y Society Profiad*, ac eraill. Edrych ar y paradocs hwn yr wyf i'n bwriadu'i wneud yn yr ysgrif hon, edrych eto ar yr hen wrthgyferbyniad bywiol rhwng deniadau'r nef a dyletswyddau'r ddaear.

Y ffaith fod cynifer o blygion i ganfas fawr ei feddwl yw un o'r rhesymau paham y clodforwn Williams Pantycelyn mor aml, a phaham y gosodwn ef yn uwch na llenorion eraill ei gyfnod ei hunan a chyfnodau eraill, gan ei ystyried, yn wir, yn un o Gymry mawr yr oesoedd. 'Dynion,' meddai'r Groegwr gynt, 'sy'n gwneud y ddinas.' Y mae gennym oll ein dinas. Ac wrth glodfori yn awr un o bensylfaenwyr dinas y Gymru Fodern, y Gymru Fethodistedig Gymraeg yr ydym yn y dwthwn hwn yn dystion i'w dadfeiliad, rhaid nodi cyn dim y byddai ef, William Williams o Bantycelyn, yn datgan yn gyntaf peth nad dynion a'i creodd hi, ond Duw. A'i chreu—a defnyddio ymadrodd y mae arno flas hen ddiwinyddiaeth—drwy offerynoliaeth y Diwygiad Methodistaidd y dyddir ei ddechreuad yn 1735.

Tân nefol yn bywhau pentewynion oerion oedd y Diwygiad hwnnw i Williams, fel i Howell Harris a Daniel Rowland, fel i'w hanesydd cyntaf, Robert Jones Rhos-lan, awdur pwerus y llyfr mytholegol *Drych yr Amseroedd*. Y mae rhai o hyd a wêl y Diwygiad megis yn y *Drych*, ambell hanesydd mewn print yn ogystal â rhai cannoedd (onid miloedd) o efengyleiddwyr a dybiant, yn gyfeiliornus, eu bod yn etifeddion Pantycelyn a'i deip. Os felly, os Duw a greodd y Diwygiad, yn rhesymegol ac yn rhagluniaethol rhaid dal mai Ef hefyd a greodd y dirywiad. (Yr oedd Williams o hyd ac o hyd yn cydnabod mai llaw Duw a lywiai bopeth, ond y caem yn y nefoedd ar ddiwedd amser esboniad ar bob gweithred ragluniaethol a oedd yn annealladwy i ni ar y ddaear.) Eithr ar ôl cael dweud mai peth oddi uchod oedd y Diwygiad Methodistaidd, byddai Williams Pantycelyn yn fwy na pharod i gydnabod rhan dynion ynddo, neu, a defnyddio'r hen air defnyddiol yna eto, offerynoliaeth dynion. Yn achos ei dröedigaeth ef ei hun ym mynwent Talgarth yn 1737, offerynoliaeth Harris; yn achos ei brifiant fel bugail a meddyg-enaid yng nghyniweirfa Llan-geitho ac yn seiadau Sir Gaerfyrddin a Cheredigion, offerynoliaeth Rowland (nid yn ddiachos y galwodd y ddau yn 'dad'); a phe baem yn cario'r ymarferiad cymdeithasegol hwn i'w eithafion, gallem ddweud yn achos effeithlonrwydd ei lenyddiaeth (nid y llenyddiaeth ei hun, ond ei heffaith ar eraill) mor bwysig oedd offerynoliaeth John Ross Caerfyrddin, Rees Thomas Llanymddyfri, a sawl argraffydd arall.

Wrth lunio hanes y ddinas, ynteu, wrth lunio hanes pa ran bynnag o'r etifeddiaeth ddwyfol a dynol sydd dan sylw gennym, llunio yr ydym ddarlun o gydblethiad meddyliau, profiadau, darganfyddiadau a gweithredoedd dynion—*rhai* dynion. Yn achos y Diwygiad Methodistaidd, cydblethiad meddyliau a phrofiadau &c. Harris, Rowland, Williams, Morgan John Lewis, Howell Davies, Peter Williams, James Beaumont, Griffiths Nanhyfer, John Richard Llan-samlet, a myrdd eraill. Yn bennaf, y tri cyntaf a enwyd. Ystrydeb bellach yw dweud mai Harris oedd cychwynnydd a phrif drefnydd y Diwygiad, mai Rowland oedd ei gyd-gychwynnydd a'i brif bregethwr, ac mai Williams oedd ei brif fardd a'i brif lenor; ond y mae'n wir, er hynny. Y drafferth gydag ystrydebau yw ein bod yn cymryd eu cynefindra'n ganiataol. Anaml iawn, er enghraifft, yr ystyriwn ba mor anodd, hyd yn oed i'r herfeiddiol Harris, oedd cyfrwyo'i geffyl (pan oedd ganddo geffyl) a throi ei ben parth â Chastell-nedd neu Bontypŵl neu Ba-le-bynnag i bregethu'n nerthol Rad Ras Crist gerbron torf yr oedd rhan ohoni yn wastad yn watwarus ac ambell un ynddi weithiau'n ddynleiddiol. Cenhadaeth arswydus oedd y genhadaeth honno. Faint o ystyriaeth a roesom i'r rhwygiadau posibl yn enaid Rowland, yr hwn, ac yntau'n offeiriad plwyf yn yr Eglwys Sefydledig, a hyfforddwyd i ufuddhau i'w hawdurdod hier-archaidd, ond a ddymunai'n aml er hynny rodio'n rhydd, mor

beryglus-rydd â Harris, i bregethu i bawb? Na ddibrisiwn effaith
ergydion ei esgob arno. A phan ddywedwn mor rhwydd am Williams
mai ef oedd genau'r Diwygiad, a ydym yn ystyried pa mor ddyfeisgar
a synhwyrfain, ie, a chymhellgar a chyrhaeddgar ar yr un pryd, y
mae'n rhaid i'r llenor newydd llwyddiannus fod? Nid yw'n syn mai
ychydig o lenorion felly sydd. Yn achos Williams, fel y caf ddangos yn
y man, yr oedd eisiau iddo fod yn ddigon synhwyrfain i weld ac i fynegi
awydd ysbrydol, preifat ei bobl, ac yn ddigon cymhellgar i'w hannog
i fod yn fydol-gyfrifol. Ond mae'n rhaid i ni gofio bob amser gyda'r
llenor mawr hwn fod cydblethiad ei feddwl a'i brofiad yn gymhleth-
gyfoethog. Nid gwaith syml oedd gwaith Williams.

Yr oedd Harris, Rowland a Williams yn ddynion athrylithgar a
ddechreuodd ymarfer eu doniau mawrion o fewn ychydig flynydd-
oedd i'w gilydd, rhwng 1735 a 1743. Yn 1735 y cafodd Harris ei
dröedigaeth (a Rowland, mae'n debyg), a dechreuasant bregethu neu
gynghori ar led yn fuan wedyn; yn 1743 y cyhoeddwyd cyfrol gyntaf,
fechan Pantycelyn. Heddiw, a ninnau'n gyfarwydd â llyfrau llwythog
yr Athro R. Tudur Jones a'r Athro Geraint H. Jenkins ar hanes y
cyfnod rhwng 1660 a 1730, ni fyddai neb call yn honni'n Rhoslannol
mai gwawr wedi gwyll oedd dechrau'r Diwygiad, bod y Gymru gyn-
Fethodistaidd yn ddu gan anwybodaeth a dihidrwydd ysbrydol, a'i
bod, toc wedi 1735, yn fendigedig olau—na, nid fel yna y mae dynion
yn gweithio, hyd yn oed dynion Duw, ac nid fel yna y mae gwir
ddiwygiadau'n gweithio. Er hyn, er cymaint llafur Eglwyswyr selog
ac Anghydffurfwyr cydwybodol Oes Elis Wyn (os caf ei henwi fel yr
enwodd R.T. Jenkins hi unwaith), y mae'n rhaid cydnabod bod cyd-
ymdrech newydd y Methodistiaid ifainc wedi esgor ar gyfnod
gwahanol iawn yn ein hanes fel Cymry. Y mae newid ym mhob
parhad, oes, wrth gwrs, ei newidiaeth yw dynameg pob math ar
fywyd, ac yn sicr nid yr un un oedd Cymru 1730 a Chymru 1660. Ond
yn Nhrefeca a Llangeitho a Phantycelyn canol y ddeunawfed ganrif yr
ydym yn ymwneud â newid llawer mwy, llawer egrach, llawer mwy
dramatig, na'r newidiaeth ddirwynol, arferol honno. O 1740 ymlaen,
ac i fwy graddau o 1762 ymlaen (sef blwyddyn Diwygiad Llangeitho,
blwyddyn yr Ail Ddiwygiad fel y'i gelwir weithiau), y mae rhannau
helaeth o Gymru, o ran profiad ysbrydol, o ran cyffro cymdeithasol,
ac o ran dirnadaeth a dychymyg, yn ddiwygiedig mewn gwirionedd.
Ystyr hynny yw bod degau o filoedd o *bobl* Cymru yn ddiwygiedig
mewn gwirionedd—wedi cael profiadau crefyddol rhyfedd, wedi
myfyrio arnynt mewn seiat ar ôl seiat, ac o'u plegid wedi adeiladu

iddynt eu hunain fywyd newydd yng Nghrist. Erbyn diwedd y ddeu-nawfed ganrif yr oedd y Methodistiaid hyn wedi hen gynefino â'u hunaniaeth newydd; yr oeddynt yn gymharol gysurus yn eu hunan-lywodraeth sasiynol (yn ddigon cysurus ynddi i'w defnyddio'n greulon i ddiarddel un o'u gweithwyr gorau, Peter Williams), ac er nad oeddynt yn barod eto i dorri'r llinyn a'u cysylltai â'r Hen Fam, Eglwys Loegr, yr oeddynt eisoes wedi rhoi bywyd newydd i'r Hen Sentars.

O safbwynt hanesydd ein diwylliant, y mae'n rhaid dweud mai'r rheswm amlwg am lwyddiant diamheuol y Diwygiad Methodistaidd yw llenyddiaeth Williams Pantycelyn. Symleiddio pethau'n ormodol a chamddehongli pethau'n anachronistig y byddem pe dywedem mai gweithiau 'hwyedig', chwedl Canu Heledd, oedd pregethau Harris a Rowland ('hwyedig' yn yr ystyr eu bod gan mwyaf yn llafar ac ar drugaredd y cof), a'u bod am hynny yn anghofiedig. Na, diwylliant llafar i gryn raddau oedd diwylliant y Cymry o hyd; a pha'r un bynnag, prin yr anghofiai eu cynulleidfaoedd, pa mor dymherus a chyffrous bynnag y bônt, graidd eu negesau hwy. Pa mor amryw-iaethol bynnag fo testunau pregethau Rowland a pha mor fanwl bynnag ei bennau, yr un oedd ei neges sylfaenol. Harris yr un modd: ymffrostiai lawer yn y ffaith ei fod wrth bregethu yn gadael i'r Arglwydd ei arwain (agorai ei Feibl ar hap, a phregethu ar yr adnod y glaniai ei fys arni), ond heb os yr un oedd ei neges sylfaenol bob gafael. Pregethu'r achubiaeth yng Nghrist a wnaent ill dau— pregethu'r pechod a oedd yn ein hanalluogi rhag adennill dim o Eden, y Farn a'n hwynebai onid edifarhaem, a'r Arglwydd Grist a fu farw tros y rhai a gredai ynddo ac a'i carai—a'u pregethu gydag arswyd a nerth nad oedd anghofio arnynt. Nid gormodiaith ofer sydd ym Marwnad Pantycelyn i Harris pan ddywed ei fod fel un 'yn y daran' ac

> yn saethu oddiyno allan
> Fellt ofnadwy iawn eu rhyw;

ac nid gormodiaith ar ei ran yw dweud y cofiai'i wrandawyr affeithiedig ef trwy'u hoes:

> Gwerin fawr o blant pleserau
> Y pryd hynny gafodd flas
> Ag nad â tra fyddo anadl
> O'u hysbrydoedd ddim i maes.[2]

Ac nid am gynnwys a gwefr y pregethu'n unig y cofient ef, O, nage, eithr am mai *trwyddo ef* y dychwelwyd hwy. Megis y dychwelwyd myrdd o Gymry eraill trwy Rowland. Am hynny yr oeddynt yn 'Bobl Harris' ac yn 'Bobl Rowland'. Ond y pwynt yr wyf i'n ceisio anelu ato yw hwn, sef eu bod nhw i gyd yn Bobl Pantycelyn. Rhwng 1735 a 1750 Harris a Rowland oedd yn denu'r cynulleidfaoedd ac yn dal y bobl. Aeth hi'n ddrwg rhyngddynt wedyn, ac yn gymharol ddrwg ar y Diwygiad: trigolion Cymuned Trefeca o hynny ymlaen oedd mwyafrif Pobl Harris; a phan ail-ddechreuodd rowndio yn 1763 cysgod o'r hen Harris ydoedd. Am Rowland, cafodd weld Diwygiad 1762 yn dwyn myrddiwn o'r newydd i'r seiadau, cafodd eu croesawu i'r Capel Newydd yn Llangeitho yn eu lluoedd, cafodd ymweld â bröydd rhai ohonynt (weithiau yng ngharej un o'i noddwyr cyfoethog), cafodd agor a chysegru eu capeli, cafodd dyfu'n Dad yr Asosiasiwn. Tad a oedd fel yn ei ieuenctid yn denu ac yn dal. Eithr y gŵr drwy'r blynyddoedd a fynegai eu meddyliau tros y Methodistiaid, y gŵr a roddai iddynt enwau ar eu profiadau, ac a'u galluogai gan hynny i'w llwyr feddiannu, oedd William Williams Pantycelyn.

Fel y gwelsom, yn 1743 y cyhoeddodd ei waith cyntaf. O hynny tan 1758 cyfansoddodd a chyhoeddodd lawer o emynau eraill, rhannau newydd i'w *Aleluia* (1743), *Hosanna i Fab Dafydd* a *Rhai Hymnau a Chaniadau Duwiol*. Yn ystod y blynyddoedd tanbaid a thyngedfennol rhwng 1762 a 1779 cyfansoddodd a chyhoeddodd gorff mawr o lenyddiaeth iachus y byddai unrhyw lenor yn unrhyw le yn falch ohoni, o'i gwir a'i gwefr a'i graen a'i gwybodaeth. Emynau *Caniadau (y rhai sydd ar y Môr o Wydr)* yn 1762, rhwng 1763 a 1769 tair rhan *Ffarwel Weledig, Groesaw Anweledig Bethau*, ac yn 1771 a 1772 dwy ran *Gloria in Excelsis*. Yn 1764 ail argraffiad *Golwg ar Deyrnas Crist*, ei fyfyrdod dysgedig hir ar natur y greadigaeth, ei gwerth a'i diben, a *Bywyd a Marwolaeth Theomemphus*, epig hir arall, y tro hwn ar natur tröedigaeth. Yn 1762 a 1763 (eto) cyhoeddodd ei lyfrynnau rhyddiaith cyntaf, *Llythyr Martha Philopur* ac *Atteb Philo-Evangelius*, llyfrynnau'n ymdrin â chyflyrau seicolegol yr achubedig, y feirniadaeth gyfoes a wynebent, a'u rhan yn hanes Cristionogaeth yr oesoedd. Yn 1767 cyhoeddodd *Hanes Tri Wŷr o Sodom a'r Aipht*, modelau o dda a drwg, arweinlyfr cymdeithasol ac eglwysig. Yn 1774 cyhoeddodd *Aurora Borealis*, llyfr apocalyptig yn yr hwn y mae'n priodi ei olwg ar hanes y Diwygiad diweddar ac ail ddyfodiad Crist i'r byd. Yn 1777 *Drws y Society Profiad* a *Cyfarwyddwr Priodas*, y naill yn ddadansoddiad o swyddogaeth a threfn a buddioldeb y seiat a'r llall yn ddarluniad o ddwy briodas dra gwahanol i'w gilydd. Ar ben hyn lluniodd rhwng 1762 a 1779 rannau

Pantheologia, math ar encyclopaedia ar grefyddau'r byd sydd hefyd yn ddisgrifiad o'i rannau, ei bobloedd a'u harferion. Ac ar ben hynny wedyn lluniodd nifer o gyfieithiadau o lyfrau diwinyddol a chofiannol, a cherddi unigol, yn ogystal â marwnadau i'w gyd-Fethodistiaid enwog ac anenwog.

Y mae cynnyrch aruthrol Williams (ac nid yw'r rhestr hon o deitlau yn ddim ond rhan ohono) yn tystio yn y lle cyntaf i'w ffydd fawr ef mewn llenyddiaeth ac yng ngwerth llenyddiaeth. Ni luniodd yr un Cymro o'i flaen gymaint o ddeunydd, ac ni chafodd yr un Cymro o'i flaen gynulleidfa mor niferus i apelio ati ac i ddarparu iddi. Na'r un Cymro ychwaith gynulleidfa a oedd mor eiddgar am ei gân—oblegid, o'r dechrau un, deallodd y seiadwyr fod awen Williams yn awen a fynegai'u profiadau hwy; deallodd yntau fod disgwyl iddo ef fod yn llais i'r llu. Os oes coel ar yr hanesyn a edrydd Robert Jones Rhos-lan am y modd y daeth Williams yn fardd y Diwygiad, gallwn dderbyn fod y sasiynwyr a ddarganfu ei ddawn wedi dweud wrtho am 'ddefnyddio ei dalent er gogoniant i Dduw a lles ei eglwys'. Hanner canrif yn ddiweddarach y mae ef ei hun yn nodi fel y bu iddo drwy'i yrfa 'adeiladu eraill'.[3] Yr wyf i o'r farn ei bod yn deg dweud mai llenydda ar ran ei bobl a wnaeth ym mhopeth a wnaeth. Ac i ŵr o athrylith anghyffredin nid oedd hynny bob amser yn hawdd. Nid y gwaith ysgrifennu oedd yn anodd, ond cael ei gynulleidfa i weld ei werth.

Er yn llenor ar ran ei bobl, ffolineb fyddai tybio na chafodd y bardd ardderchog hwn a gyfansoddodd y fath gasgliad gwefreiddiol o gerddi profiadol-delynegol ddim gwefr ei hun wrth eu creu; a ffolineb mwy fyth fyddai tybio nad o'i brofiadau ef ei hun y cododd y rhan fwyaf ohonynt—o'i brofiad neu o'i ddychymyg, neu o'i brofiad dychmygus. Ond o nodi'r hyn a ddywedodd am lawer o'i emynau, byddai'r un mor ffôl tybio nad oedd yn ystyried ei gynulleidfa wrth iddo'u cyfansoddi ac wrth iddo'u cyhoeddi. Oni bai fod ganddo gynulleidfa gyd-deimladol go brin y byddai wedi rhoi oes hir i bapur ac inc. Byddai'r dychweledigion, o gael emynau yn ei gasgliadau nad oeddent yn gweddu i'w profiadau, yn cwyno wrth Williams—yn cwyno, er enghraifft, am fod emynau'r rhannau cyntaf o *Aleluia* 'cuwch [= cyfuwch] o ran sicrwydd ffydd, hiraeth am ymddatod, llawenydd ysbrydol, ynghyd â choncwest ar elynion' fel na allai pawb eu canu. (Hiraeth am ymddatod a geir eto yn yr emyn a ddyfynnwyd ar ddechrau'r ysgrif hon.) A'i ateb ef i'r gŵyn hon? Lluniwyd yr emynau hyderus hyn, meddai (a chofier ein bod yn awr yn 1758 ym mlynyddoedd oerion yr Ymraniad ac yn edrych yn ôl ar fore'r

Diwygiad), 'nid cymaint am fod yr *ARGLWYDD* yn cadw fy enaid fy hun mewn hwyl weddol yr amser hynny, ond yn bennaf am fod yr ysbryd hynny wedi cael ei dywallt yn ehelaeth iawn ar dduwiolion at wasanaeth pa rai yn bennaf y cyfansoddwyd hwy'. Mae'r cymal olaf hwn yn gwbl allweddol. Fel bardd ei bobl yr oedd yn ei ystyried ei hun. Am yr emynau a ysgrifennodd rhwng 1758 a 1762, a'r Ymraniad yn hir ac oer, emynau oedd y rhain, ebr ef eto,

> ag y mae yr yspryd ag sydd yn rhedeg trwyddynt wedi['i] addasu at dymherau ysprydol rhai ag sydd wedi cyfarfod ag amryw brofedigaethau, croesau, a chystuddiau o maes, ac aneirif gystuddiau yspryd ac ymdrechiadau o mewn; dynion, meddaf, sydd wedi myned tan dywyllwch, culni, anghrediniaeth, a'r cyffelyb; rhai a drafodwyd o lestr i lestr (cyflwr ag y mae aneirif o broffeswyr y dyddiau hyn yn ei adnabod) heb ddim ganddynt i ymffrostio ynddo, ond yn eu gwendid, ac yn y Iechydwriaeth fawr yng Ngwaed yr OEN.[4]

Mewn un emyn y mae'n delweddu'r profedigaethau mewnol ac allanol hyn fel hyn:

> Dau ryw aeaf maith a chwerw
>   Drefnodd f'Arglwydd imi yn un,
> Temest' oer yn fy meddyliau,
>   Ac oddi allan yn gytûn:
> Dwy farwolaeth
> Drefnodd gras i mi fynd trwy.

Nid y *fi* hunanol yw'r *fi*, ynteu, nid bob amser ac o raid, ond *fi* gynrychioliadol yn aml. *Fi* bardd y bobl. A charai'r bobl eu bardd yn aruthrol, gyda chariad beirniadol weithiau (fel y gwelsom yn awr), ond gyda chariad brwd bob amser.

Yr oedd yntau'n eu caru hwy hefyd, yn eu symledd, eu hawydd a'u hiraeth. A chyn i mi symud ymlaen i sôn am agwedd arall ar ei lenyddiaeth, mi hoffwn nodi bod cryn wahaniaeth rhwng y ffordd y mae Williams Pantycelyn yr emynydd yn trin ei gynulleidfa a'r ffordd y mae Williams Pantycelyn yr 'awdur arall' yn trin ei gynulleidfa. Wrth drafod emynau'u profiadau, wrth drafod y profiadau sy'n eu tynnu tua'r nef neu'r profiadau sy'n eu llesteirio rhag cyrraedd, y mae'n dyner wrthi. Yn y rhagymadrodd i *Aleluia* 1758 y mae ei bryder yn fawr tros 'y rhai gwannaf, a'r llesgaf, ac sydd yn fyd o amheuaeth'. Y mae hefyd yn cyfarwyddo'r athrawon neu'r stiwardiaid hynny sy'n rhoi emynau allan i ganu i fod yn sensitif i dymer eu cynulleidfaoedd, i beidio â rhoi allan saith neu wyth o wersi lle byddo tair yn ddigon, neu

wersi uchel o sicrwydd a mwynhad i dyrfa fo yn gwadu'r cyntaf heb brofi
mo'r ail, neu wersi o ddiolch am ras a maddeuant i rai nad yw yn ceisio,
nac yn cael y fath beth.

Am hynny, meddai, fe ddylai arweinydd y gynulleidfa 'fod yn
gydnabyddus yn gyffredin pa fath yw y bobl', a rhoi hymnau i maes
'ag a fo yn perthyn fwyaf addas i'w cyflyrau'. Yn yr un modd yn y
rhagymadrodd i *Caniadau (y rhai sydd ar y Môr o Wydr)*, 1762, dywed
nad oes yn y gyfrol 'ond 'chydig *Hymnau* nas gall y gwanna yn yr
Eglwys i'w canu'.[5]

Drwy waith Williams fe gafodd miloedd ar filoedd o Gymry'r
ddeunawfed ganrif afael sicr ar rywbeth na chawsent mohono hebddo,
sef gafael ar adnabyddiaeth gyfoethog iawn iawn o'u perthynas
galonnog â Christ, ar y meddwl a'r darfelydd dyrchafol hwnnw sy'n
boddhau'r synhwyrau. Rhoddodd ef, y pleserus synhwyrus un, i
ddegau o filoedd yn ei oes ei hun (ac i gannoedd ar gannoedd o filoedd
rhwng y dydd hwnnw a'r dwthwn hwn) synnwyr o Grist a phleser yng
Nghrist na phrofwyd mo'u tebyg yn ein llenyddiaeth ni. Pan ddarllen-
af farddoniaeth urddasol lwythog Cynddelw Brydydd Mawr, byddaf
weithiau'n ceisio dychmygu sut ymateb oedd iddi yn y llys lle'i
darllenid. Yr un fel gyda chywyddau carlamus coeth Dafydd ap
Gwilym. O'u clywed, gan mor rhyfeddol oeddynt, gwallt pwy na safai
ar ei ben? gwaed pwy na lifai o'i ruddiau? A meddyliwch,
meddyliwch, nid mewn llys na lle y clywid ac y cenid emynau
Williams Pantycelyn, ond mewn seiat brofiad neu ar gae mewn cyfar-
fod pregethu, yn ddiweddarach mewn sasiwn fawr, cannoedd yno
ynghyd, yn canu ac ar yr un pryd yn meddiannu'r meddwl oedd
ynddynt. Ni ddyfynnaf ond un:

>   IESU, IESU, 'rwyt ti'n ddigon,
> 'Rwyt ti'n llawer fwy na'r byd,
>   Mwy trysorau sy'n dy enw
> Na thrysorau'r India 'gyd:
>   Oll yn gyfan
> Ddaeth i'm meddiant gyda'm DUW.
>
>   Y mae gwedd dy wyneb grasol
> Yn rhagori llawer iawn
>   Ar bob peth a welodd llygad
> Ar hyd wyneb daear lawn:
>   Rhosyn Saron
> Ti yw tegwch nef y nef.

Tarian gadarn yw dy enw
Pan bo'r gelyn yn nesáu;
Angau ei hunan sydd yn ofni,
Angau sydd yn llwfrhau.
    Ti goncweraist,
'Does ond canu 'nawr i mi.

Nis gall fy enaid, er ei gyrraedd,
Fyth i geisio cyrraedd mwy
    Nag sydd wedi ei roi ynghadw
Yn y dwyfol farwol glwy':
    Cariad, cariad
Nad oes dyfnder iddo'n bod.

Dyma'r beger gyfoethogwyd,
A'r carcharwr wnaed yn rhydd,
    Ddoe oedd yn y pydew obry,
Heddiw yma'n canu'n rhydd:
    Nid oes genny'
Ddim ond diolch tra fwy' byw.

Ceisiwch, ceisiwch ddychmygu eich bod yn seiadwr Methodist ddwy ganrif a chwarter yn ôl, yn cael yn newydd o'r wasg y penillion poethlym hyn i'ch dwylo—i borthi'ch enaid oll. Y fath brofiad gwir ofnadwy! Y fath arswyd wir fendigaid! A'r fath rym gweld a dirnad a deall a roddai i chi! Y fath fynegiant yn rhodd! Ni all yr hanesydd syniadau wneud dim ond ebychnodi. Barddoniaeth sy'n fynegiant delweddol o rywbeth ysbrydol anodd iawn ei ddiffinio mewn modd arall, dyna a roes Williams i'w bobl, a'i rhoi'n hael.

Nid mor hael ac nid mor rhwydd yw ei agwedd tuag ati wrth roi i'r un gynulleidfa lenyddiaeth a oedd yn ymdrin yn bennaf â phethau'r byd a'r bywyd hwn, y 'gwrthrychau is y rhod' chwedl yr emyn a ddarllenwyd ar y dechrau. Williams yr arweinydd addysgol ydyw hwn, Williams yr ysgolor. Mewn llawer o'i 'lyfrau eraill', yr hyn y mae Williams mewn ffordd yn ei wneud, yn ail hanner y ddeunawfed ganrif, yw cyflawni (yn gwbl anymwybodol) lawer o'r breuddwydion a freuddwydiodd y dyneiddwyr yng Nghymru'r Dadeni Dysg ddau can mlynedd ynghynt. Os oedd yn anymwybodol o'i le yn yr olyniaeth ddyneiddiol, gwyddai i'r dim fod yr hyn y ceisiai ei wneud yn debyg i'r hyn y ceisiodd rhai o'r Piwritaniaid Seisnig ei wneud; eithr yn hanes ein dysg a'n diwylliant ni'r Cymry, gan na chawsom ddysg Gymraeg drwy'r Piwritaniaid, olynydd gwŷr y Dadeni yw Williams.

Un o brif ddyheadau'r dyneiddwyr oedd sicrhau dysg yn y Gymraeg, gwneud ein hiaith hynafol ni yn gyfrwng gwybodaeth newydd o bob math. Y mae Williams yn trafod hanes, hanes gwleidyddiaeth, hanes masnach a hanes crefydd mewn rhannau o *Pantheologia*, yn ogystal â hanes cyfoes yn *Crocodil, Afon yr Aipht*, yn rhai o'r marwnadau, ac yn *Atteb Philo-Evangelius*. Y mae'n trafod gwyddoniaeth, cosmoleg ac anatomeg yn *Golwg ar Deyrnas Crist*, meddygaeth a chosmoleg yn *Galarnad ar Farwolaeth Mr. W. Read; o Bont-y-Moel, yn ymyl Pont-y-pool*, ac yn defnyddio'r gwyddorau newydd yn wybodus wrth lunio trosiadau a chymariaethau, megis (er enghraifft) yn y gymhariaeth sydd ganddo i ddarlunio dawn yr holiedydd da yn y seiat: 'fel Syr Isaac Newton wrth ychydig o ffigiwrau rownd a thri-chornelog yn deall holl droeadau sêr a phlanedau, felly yntau wrth air neu ddau a gaffo o ben dyn syml yn dyfod i ddeall ei holl galon ef, ac yn ei dodi allan i'r holl gymdeithas'. Yn ei lyfr ar y seiat, fel yn ei lyfr ac yn ei gerddi am briodas, fel yn ei bortreadau o Afaritius, Prodigalus a Ffidelius, y tri wŷr o Sodom a'r Aifft, fel yn ei bortread o Mirandus yn rhagymadrodd *Pantheologia*, y mae'n trafod cymdeithaseg—er, wrth reswm, ni wyddai ef mo'r gair. Ac er mai sail ddiwinyddol sydd i *Theomemphus* fel i'r emynau, i gryn raddau gweithiau yn ymwneud â seicoleg ydynt. Hanes, gwyddoniaeth, cymdeithaseg, seicoleg, dyna'r meysydd y mae'n eu trin. Ac y mae'n eu trin yn Gymraeg, yn frwd, yn fywiol ac yn ddiamau dda. Mae'n wir nad edmygai Lewis Morris ddim o'r Methodistiaid, a phrin fod y breuddwydiwr epig gan Goronwy Owen wedi rhoi copi o epig gyntaf Williams Pantycelyn yn y trwnc a gariai'i dipyn eiddo i America. Ond bid a fo am hynny. Yr oedd gan yr awdur hwn nad oedd ganddo ddim gwybodaeth am y Gogynfeirdd na dim diléit mewn llunio geirfâu fwy o hawl na neb i'w weld ei hun, pe dymunai, fel etifedd William Salesbury ac Edmwnd Prys a William Morgan. Edrychasai ar led, astudiodd a welodd, a thrafod ei bynciau a'i brofiad ohonynt yn Gymraeg ar gyfer ei bobl. Pwy allai ofyn am fwy? Er imi ddweud gynnau mai yn anymwybodol y cyflawnodd beth o raglen y dyneiddwyr, yr oedd Williams yn *gwybod* ei fod yn torri tir newydd: y mae'n dweud droeon wrth gyflwyno'i weithiau fod ynddynt lawer iawn 'o newyddion na chlywodd y *Cymro* uniaith erioed o'u bath.' (Yr oedd y dyneiddwyr a'r diwygiwr hwn yn wahanol iawn i'w gilydd mewn llawer modd, wrth gwrs, ond yn nodedig-wahanol i'w gilydd yn hyn o beth: diau mai apêl at y bonheddig a'r dysgedig oedd apêl gwŷr yr unfed ganrif ar bymtheg— o leiaf yn y lle cyntaf, tra apeliodd Williams o'r cychwyn at ei seiadwyr cyffredin nad oeddynt yn hyddysg mewn dim ond eu profiad o'u Duw.)

Hoffwn yma ddweud gair ymhellach am Williams y dysgawdwr newydd, 'gwahanol', hwyr. Dywedwyd cryn dipyn am agwedd Williams am ddysg cyn hyn, a chanddo ef ei hun yn anad neb—mewn rhannau o'i lyfrau rhyddiaith ac yn enwedig ym Mhennod XIX *Bywyd a Marwolaeth Theomemphus*. Gan mai ymwneud yn benodol â'r 'Angenrheidrwydd o Ddysg, ac o'r Celfyddydau, i gymhwyso Dynion at Weinidogaeth y Gair' y mae honno, ni wiw cymhwyso'r hyn a ddyfyd Theomemphus (genau Williams ar y pwnc) at bob amcan; eithr y mae rhai o'r pethau a ddyfyd yn amlwg yn egwyddorion cyffredinol ganddo. Y datganiadau hyn, er enghraifft:

> Yn erbyn dysc nid ydwyf, mi wn fod dysc a dawn,
> Os hwy na chamarferir yn berlau gwerthfawr iawn; . . .

> Mae pob rhyw gelfyddydau yn hyfryd yn eu lle,
> Ac fel pe baent yn scwrio grasusau pur y Ne,
> Os cant eu troi, a'u trafod a'u harfer oll i glod
> Yr hwn a roddodd [d]deall i'w gweled gynta erio'd. [6]

Y brif egwyddor yw y dylai gwybodaeth 'rag-wasanaethu gras'. Mae hynyna'n weddol glir. Yn awr, y mae'n werth pwysleisio mai Theomemphus sy'n cael dweud hyn, yr archbechadur gynt, yr hwn cyn iddo gael ei syfrdanu gan bregethu barnol Boanerges yng Ngwlad y Diwygiad a oedd wedi profi pob ffieiddbeth, pob drwg:

> Fe gludodd arno ei hunan holl feiau maith y byd,
> Pechodau'r *India* dywyll ac *Europ* falch ynghyd,
> Pob pechod oedd mewn natur, pob bai sy am dano sôn
> O lyfr cyntaf *Moses*, i lyfr ola Jô'n. [7]

Ewrop falch, sylwer, yw'r un y cysylltir Theomemphus â hi, Ewrop y Dadeni Dysg a'r gwareiddiad modern a'i canlynodd, Ewrop y dinasoedd crand, y temtasiynau teg a'r llysoedd llewyrchus, Ewrop y *grand tour*. Pan gafodd ef ei achub, fe'i glanhawyd, yn rhannol, oddi wrth ei phechodau hi. Ar y llaw arall, yn *Pantheologia*, y llyfr dysgedicaf yn yr ystyr academaidd a luniodd Williams, y mae'n mynd â'i arwr *i*'r Ewrop honno, i'r Ewrop honno ac i gyfandiroedd eraill, gan beri i'r *grand tour* yn yr achos hwn fod yn foddion gras.

Mirandus yw'r arwr yma, model o Fethodist da, ond un a fu gynt, er nad cynddrwg â Theomemphus, eto'n 'agos o fod yn Feistr [ar] holl ddichellion anwiredd'. Mae'n syndod pa mor debyg i rawd Theomemphus ar ôl ei dröedigaeth yw ei rawd yntau. Ar ôl iddo gael ei argyhoeddi, bu dro 'tan anobaith' nes y 'disgleiriodd arno Lewyrch Goleuni' ac y 'daeth ei ffydd, ei gysur a'i lawenydd gymaint â'i ofn a'i anobaith o'r blaen'; mwynhau blynyddoedd o gariad, heddwch a gorfoledd wedyn 'nes o'r diwedd i'r hafddydd yma i fagu o'i fewn ef amryw bryfed gwenwynig a dinistriol, a chariad at rai pethau anghyfreithlon, nes halogi ei gydwybod a themptio Duw i roi ef fyny i dywyllwch, anghrediniaeth, a sychdwr'. O ganlyniad, nid oedd gan Firandus, ebe Williams, ddim i'w wneud ond 'arferyd pob moddion gras, a gadael i'r Arglwydd i gyfrannu'r fendith yn ei bryd ei hun'. Enwir pedwar o foddion: glynu wrth ddarllen yr Ysgrythurau, gweddïo, darllen llyfrau diwinyddol, ac yn olaf ond nid yn lleiaf teithio ymhell o dre' 'i ymddiddan â'r saint o bob enw' ac i wrando ar bregethwyr a chywain egwyddorion. Y daith 'ymhell o dre'' yw'r daith dramor drwy gynnwys *Pantheologia*. O ledu'i orwelion a magu barn, y mae Mirandus wedyn megis yn dychwelyd i'w wlad ei hun yn arweinydd crefyddol a theuluol a chymdeithasol campus:

> yn lamp yn yr Eglwys, yn ben addas a chymwys i'w deulu, yn gyfarwyddwr i'r dall, yn nerth i'r gwan, yn gymorth i'r llesg, ac yn oleuni i'r anwybodus . . . [8]

Drwy'r ddysg a gyfrannodd efe iddo, wele, y mae Williams Pantycelyn yn rhoi i Firandus ddoethineb bywiol iawn. Unwaith yn rhagor, pwy allai ofyn am fwy? Onid dyma ddiben pob addysg rasol?

Ar fater dysg a gras, mae gan Williams rywbeth arall i'w ddweud yn y farwnad arbennig iawn a luniodd i'w gyfaill William Read o Bont-y-moel, yr hwn a fu farw yn 1769 ac a ddisgrifir ganddo fel 'Physygwr, Meddyg, ac Apothecary'. Gan iddo ef ei hun yn ei ieuenctid ystyried mynd yn feddyg, mae'n ddiau fod Williams yn hoff ofnadwy o gwmni Read ac o'i siop, y fferyllfa a'i chyffuriau diweddaraf. Dyma fe a dyma hi:

> *Read*, ti gefaist ddawn a synnwyr,
> Profiad, ac onestrwydd cywir,
> Cadwaist ddrygs newyddion rhyfedd,
> Nid Bastarddaidd rai di rinwedd;
> Gwm yn ir o breniau'r India,
> Olew o stil y Cimist penna;

Llyfrau heb drai, bwysig rai, gwaith y Phisigwyr,
Ag ddeallodd ddyrus Natur
Yn ei holl droiadau'n gywir.

Wele wybodaeth, wele ddefnyddiau. Ond yn y pennill nesaf un dywedir wrth Read (ond yn benodol, wrth gwrs, wrth ddarllenwyr y farwnad) nad darllen ac astudio a'i gwnaeth yn ddoctor mor dda:

Nid hyn eto 'th wnaeth di yn Ddoctor,
Ond prawf hir a deall ragor,
A JEHOVAH drodd fendithion
It yn genllif fel yr afon;
Fel y ce'st ti ganddo wybod
Holl naturiaeth faith ddiddarfod,
Treiddio trwy'r clefyd a'r clwy, deall ei derfyn;
A rhoi drygs i stopio i ennyn
Fflamiau tanllyd gwres y dwymyn.

Onid dweud y mae Williams taw Duw a wnaeth Read yn ddoctor da?—a hynny trwy roi iddo ddawn ddewinol bron?

Nid wrth dafal, nid wrth bwysau,
Rho'it dy bils a dy botelau;
Wyneb gwiw'r cystuddiol truan
A grym natur oedd dy amcan;
Deallit ti wrth edrych arno
Fwy na rhai wrth faith astudio;
Nid oedd rhan nag un fan yn ei holl natur
    Na chanfyddit trwyddo yn eglur
Wrth un sympton fach o'i dolur. [9]

Nid yw'r hyn a ddywedir yma yn union yr un fath â'r hyn a ddywedir yn *Theomemphus*, sef fod dysg o'i chysegru i achos Duw yn werthfawr, ac nid y ddysg a enillir drwy studio fel yn *Pantheologia* a glodforir chwaith, ond dawn feddygol sy'n rhodd oruwchnaturiol, onid e? Nid oes dim dwywaith nad oedd William Read yn feddyg tra galluog, tra llwyddiannus, yn meddu ar y ddawn gyfrin honno sydd gan rai meddygon. Eto, mae'n amheus gennyf a fyddai Pantycelyn wedi tynnu'n sylw at y ddawn honno pe na bai Read yn Fethodist.

Eithr dewch yn ôl at Firandus. Gelwais ef yn fodel o Fethodist. A dyna ydoedd—ffigur a luniodd Williams yn rhagymadrodd *Pantheologia*, ffigur a oedd o dan reolaeth ei ewyllys greadigol ef ei hun.

Hynny yw, disgybl delfrydol i'r hwn a oedd yn ei ystyried ei hun (ac a oedd mewn gwirionedd) yn athro ei bobl drwy'i lenyddiaeth. Ni ddisgwyliai y byddai *pob* Methodist yn ymddwyn mor olau â Mirandus. Yn wir, yr oedd yn gwybod yn dda nad oedd y rhelyw o'i gyd-Fethodistiaid yn hidio botwm corn am y ddysg y mae ef yn eu hannog i'w nôl. Ac ar adegau y mae'n gallu bod yn llym iawn ei feirniadaeth arnynt, yn watwarwr reiol. Lle yr oedd William Salesbury a'i gyd-ddyneiddwyr yn rhagymadroddion eu llyfrau hwy yn beirniadu diofalwch y Cymry yn agored ac yn amhersonol, y mae William Williams ddwy ganrif yn ddiweddarach yn ddirmygus o bobl y mae'n eu hadnabod (y werin Fethodistaidd). Ei bobl ef ydynt, a defaid ei borfa; eithr ni fynnant mo'i faeth. Ar ddiwedd ail ran *Ffarwel Weledig* (1766), bedair blynedd ar ôl cyhoeddi rhan gyntaf *Pantheologia*, y mae ganddo 'Hysbysiad' i'r perwyl hwn, sef ei fod ar fedr argraffu 'rhan yn rhagor o'r *Pantheologia*'. Ond nid â gwên fêl y mae'n hysbysebu'i nwydd, eithr â gwawd, gan gymryd enw'r nef os nad yr Arglwydd yn ofer:

> Boed hysbys i'r bobl ag sydd am wybod ychydig ragor nag a wyddant eisioes, (can's am y rhai sydd yn gwybod y cwbl yma, maent yn gymwys i fyned i Fyd arall i edrych a oes yno rywbeth na's gwyddant) fy mod ar fedr argraphu rhan yn rhagor o'r *Pantheologia*.

Y mae 'amryw bobl ddeallus', meddai, 'yn fy nghymell yn daer i fyn'd ag ef yn y blaen'; ond am ddynion eraill—

> am ddynion penysgafnion, diddarllen, ag sydd yn cymeryd y cwbl ar y wyneb, nid wyf yn disgwyl lai nad edrychant arno fel rhyw beth dros ben, ond barnent fel y mynnont[;] os caf i fywyd tros ychydig amser, fe ry'r *Pantheologia* gam ymlaen, ac fe['i] câr rhai os dibrisia eraill ef. [10]

Mae gan Williams ragor i'w ddweud am y 'dynion penysgafnion' hyn yn y rhagymadrodd a luniodd i'r gyfrol *Pantheologia*—rhagymadrodd a luniodd, yr wyf i'n tybio, ar ôl cyhoeddi'i rhannau i gyd, hynny yw, pan rwymodd hwy'n un llyfr. Erbyn hynny, 1779, yr oedd yn gwybod yn dda nad oedd ymhlith y seiadwyr ddim cariad mawr at y cyhoeddiad hwn. Prynai rhai ef am ei werth, a'i werthfawrogi. Prynai eraill ef yn unig am mai Williams oedd ei awdur, am eu bod yn ei edmygu fel awdur eu hoff emynau ac o'r herwydd yn ei chael hi'n anodd i ddweud 'Na' wrtho pan geisiai ei werthu iddynt; ond ei roi o'r neilltu 'mewn rhyw dwll neu gilydd' a wnaent. Megis yr oedd dyneiddwyr yr unfed ganrif ar bymtheg

(Gruffydd Robert ac Edmwnd Prys yn enwedig) yn cyferbynnu'r Cymry mewnblyg hunanfodlon â phobloedd eraill yn Ewrop, y mae Williams yntau yn gwneud yr un modd. Dywed nad oes un ardal o fewn Ewrop, 'os gŵyr Cymry uniaith pa beth yw Ewrop,' â chyn lleied 'o lyfrau hanesion Gwlad ac Eglwys ynddi yn eu hiaith eu hunain ag sydd yng Nghymru'. Ymhellach—

> O'r holl Gelfyddydau ag y mae gwledydd eraill yn eu hastudio, ac wedi dyfod i berffeithrwydd mawr ynddynt, nid oes brin lyfr yn *Gymraeg* ag sydd yn dangos pa beth yw un o'r Celfyddydau hyn. A phan y bo dyn uniaith yn clywaid sôn am y geiriau *Philosophy*, y *Mathematics*, *Geography* a'r cyfryw, prin y tybia nad geiriau o *Ddewiniaeth* ydynt.

Er mwyn i ni gael blas ar ei dafod—y tafod yr ydym fel arfer yn blasu ei bêr ganiadaeth, ac yn tybied gyda Williams Parry fod 'esmwyth su'r deheuwynt ir' yn ganlyniad ei ganiadau—y mae'n werth dyfynnu'n helaeth o ragymadrodd *Pantheologia*. Gogan, sbeng, gwatwareg hallt a geir yma:

> er nad oes ond o ddautu dau cant o flynyddau er pan ddioddefodd ein teidau tan orthrymder y *Iau Babaidd*, eto nid oes gan lawer dyn uniaith yn awr wybodaeth pa beth yn y byd yw Papist, ond yn unig ei fod yn tybiaid mai dyn yw efe; ond pa un ai yn lliw ei wyneb, ei iaith, ei ddugiad i fyny, neu ei grefydd y mae ef yn gwahanu oddi wrth ddynion eraill nis gŵyr efe. Tyb y *Cymro* anwybodus am *Iddew* mai dyn mwy melldigedig ac ofnadwy na dynion eraill yw, ond nid yw yn meddwl llai nad yw efe yn credu yng NGHRIST cystal ag yntef, ac yn credu yn y ddau *Destament* y naill fel y llall. Y farn gyffredin am *Dwrc*, neu *Fahometan*, mai dyn yw, yn ei wlad ei hun ag sydd yn rhoi'r Cristnogion yn y gweddau i aredig eu tir, a'u porthi eilwaith, ac yna eu bwyta fel bara beunyddiol; heb ddeall fod y gwahaniaeth rhyngom ni a hwynt yn gynhwysedig mewn Egwyddorion Crefydd. Pe baed yn adrodd am y Diwygiad yn Lloegr oddi wrth *y Grefydd Babaidd* i lawer dyn, nis gŵyr lai nad oedd hyn o gyfnewid mor hen ag ydoedd amser Moses. Miloedd o bobl sydd wedi dysgu darllain *Cymraeg*, ac nas gwyddant lai nad *yn Gymraeg* lân loew y sgrifennwyd *y Beibl* gynta erioed.

Y mae'n ddidostur! Pe dywedid wrth y Cymry 'am *y Grand Seignior, y Mogul* neu ryw rai eraill o *Ymerawdwyr y byd*, nis gwyddent lai nad rhwng yma a *Llundain* mae'r cyfryw rai yn teyrnasu'. Er mwyn bwrw'i neges adref, a yw Williams yn fwriadol yn gor-ddweud? Nac ydyw, meddai ef:

> Pwy bynnag fo yn amau nad yw dynion mor anwybodus . . . ag y
> dywedwyd uchod, . . . ceisiaf gan y cyfryw i dreulio blynyddau lawer
> i deithio mynydd-dir Gwynedd a Deheudir . . .[11]

A ninnau fel arfer yn meddwl am y Diwygiad Methodistaidd fel
'ysbryd, a nerth' (ys dywedodd R. T. Jenkins yn gywir ddigon), fel
rhywbeth a afaelodd 'yn y teimlad', y mae'n rhaid i ni ofyn beth oedd
amcan Williams Pantycelyn yn cystwyo'i seiadwyr distadl a di-ddysg
fel hyn. Os oeddynt yn seiadwyr cywir eu calon, i beth oedd eisiau
gwthio gwybodaeth i'w pen—yn enwedig pan dybiai'r poethion
ymhlith y Methodistiaid mai nodwedd ar yr Hen Ymneilltuwyr oedd
hir araith dysg? Yr ateb syml plaen, wrth gwrs, yw bod Williams
eisiau darllenwyr a oedd mor ddiddorus ag ef ym mhethau'r byd a
phethau'r nef, pobl a allai aeddfedu'n ddoethion. Ond 'wnaiff yr ateb
syml plaen mo'r tro yma— wel, 'wnaiff e mo'r tro fel ateb llawn, ta
beth. Mae rhan dda o'r ateb yn pwyso nid ar natur y Methodistiaid,
nid ar eu teimladrwydd profiadol a'u hysbryd nerthol, eithr yn
hytrach ar eu hunaniaeth, ar eu hidentiti, ar bwy oeddynt. O
ddechreuad y Diwygiad hyd at ddiwedd y ddeunawfed ganrif, onid yn
wir hyd at 1811 pan sefydlwyd y Methodistiaid yn Gorff, pobl yn
perthyn i eglwysi 'eraill' oedd y seiadwyr. Yn enwol, yr oedd y
mwyafrif ohonynt yn aelodau o Eglwys Loegr, ac y mae'n sefyll i
reswm (y mae'n sefyll i reswm ystadegol, beth bynnag) fod mwyafrif
y seiadwyr yn Agnlicaniaid mewn gair a gweithred yn ogystal ag
mewn enw. Yr ydym yn gwybod bod rhai ohonynt yn dioddef anfri
dan law eu hoffeiriadon a bod rhai yn cael eu troi heibio yn y Cymun
Bendigaid; er hynny, parhaent yn Eglwyswyr. Yr oedd eraill o'r
seiadwyr a oedd yn Annibynwyr neu'n Fedyddwyr neu'n
Bresbyteriaid. Ond yr oedd y seiadwyr yn Eglwyswyr ac yn
Ymneilltuwyr a brofodd fod mewn Methodistiaeth rym amgenach na
grym eu heglwysyddiaeth a'u henwadaeth. A'u tynnu i maes o gulni
cyfyngder a chulni caethiwed yr Eglwys neu'r enwad ar eu gwaethaf
oedd un o fwriadau pennaf Williams wrth estyn iddynt wybodaeth.
Rhoi i'r opiniyngar farn, rhoi i'r sectol berspectif, a chreu o'r
dychweledigion Methodistaidd lwyth o Gristionogion llydanwedd eu
dysg a'u dawn. Drwg anwybodaeth, medd Williams, yw ei bod yn

> foddion cryf i osod yr anllythrennog i lynu wrth *Ffurf*, *Opiniwn*,
> *Disgybliaeth*, a *Sect*, gan dybiad nad oes o'i chyffelyb hi yn y byd mawr
> o ddautu.

Mae'r Ymneilltuwr, ebr ef yn ddigrifluniaidd braidd, yn hunan-

gyfiawn ('Justinus' yw ei enw yn rhagymadrodd *Pantheologia*),
y mae'r Eglwyswr yn anwybodus ('Ignorandum' ydyw), ac er na
ddeuai'r un Pabydd i'r seiat y mae'n ei enwi yntau ('Caecus' ydyw,
tywyll), fel y mae yn enwi 'Moderatus', y 'canolig am bob rhyw sect'.
Eu meddyliau hwy oll a ddengys yn eglur, ebe Williams ymhellach,

> fod diffyg gwybodaeth o'r Ysgrythurau, o egwyddorion crefydd, o
> hanesion eglwysig, o ddiwygiadau, o gyfeiliornadau, o heresïau,
> opiniwnau, sectau, disgybliaethau ymhob oes, yn ateg gref i ddal i fyny
> nid yn unig deyrnas Anghrist yn y byd, ond hefyd sêl bartïol, rhagfarn,
> anghariad, hunan-dyb, hunanymorffwysiad mewn gwir eglwysi.[12]

Y mae'n amlwg, mi gredaf, mai at wneud y Methodistiaid
cynnar—y seiadwyr paneglwysig, trawsenwadol—yn gorff o
addolwyr amhartïol, diragfarn, cariadus, gwylaidd ac effro yr oedd
Williams yn anelu, a'i fod yn ystyried dysg—dysg naturiol—yn un o'r
arfau strategol pwysig at gyrraedd y nod honno. Ei awydd anniwall
oedd creu corff o Gristionogion Cymraeg profiadol a oedd hefyd yn
waraidd-wybodus. Breuddwyd, wrth gwrs.—A dyna'r union sylw a
wnes ar ddechrau'r ysgrif hon wrth ddisgrifio awydd Williams i
ddiystyru natur. Ond at berffeithrwydd yr anela pob crefydd, pob
crefyddwr, pob diwygiad, pob diwygiwr. Yn hyn o ddelfryd addysgol-
ysbrydol, fel yn y llall, ei ddyhead am y nefoedd, nid oedd Williams yn
ail i neb. Yn *Pantheologia* y mae'n dal mai ar ôl i Mirandus ymroi i
ddarllen, darllen y Beibl a llyfrau diwinyddol, ac ar ôl iddo ymroi i'w
deithiau 'i ymddiddan â'r saint o bob enw', i wrando pregethwyr ac
i astudio egwyddorion, y 'tywynnodd yr ARGLWYDD drachefn' ar
ei enaid ef ac y daeth i'w lawn aeddfedrwydd. A barn Williams oedd
fod 'y mwynhad olaf hyn . . . yn rhagori ar ddim a gafodd [Mirandus]
y dyddiau o'r blaen', dyddiau a oedd yn cynnwys, y mae'n rhaid gen
i, ddyddiau irion ei dröedigaeth.[13] Dyna ddweud! Cryn honiad! Yn
enwedig gan mai'r honnwr yw'r enciliwr ysbrydol a ysgrifennodd
ddeng mlynedd ynghynt yr emyn hiraethlon am y nefoedd a
ddyfynnwyd ar y dechrau—emyn y ceir cant o rai cwbl debyg iddo.

A ellir cyplysu'r ddeubeth y soniais amdanynt? A all yr hwn sy'n
dyheu mor hiraethus am y nefoedd hefyd fod yn ddaearwr diffuant?
Mae dau ateb. Yr ateb syml yw bod Williams *wedi* cyplysu'r
ddeubeth, a'u bod yn rhannau cyfunol o'i weledigaeth ysbrydol fawr.
Ni allai dyn fel efe, y chwilotwr chwilfrydig ag ydoedd, y maith
brofwr, y Cristion nwydus ond tra chydwybodol, ddim goddef y math
o ffug Gristionogaeth nad oedd iddi ddim sylwedd, sef y math o

grefydd a roddodd yn *Bywyd a Marwolaeth Theomemphus* i Abasis ('Disylfaen'):

> Fe gadd ryw gryf dystiolaeth ddiamau, meddai fe,
> O heddwch pur a ffafr Tywysog mawr y Ne',
> Doedd arno ofn angau cyndeiriog unrhyw bryd,
> Nag un rhyw hiraeth madel â dim oedd yn y byd.

Nid adwaenodd hwn ddim byd daearol, na'i hylltra'i hunan, na chyfraith Duw, na themptasiwn o unrhyw fath. Yr oedd yn ŵr

> Heb weled ac heb brofi un dawn, un pwnc, un gras,
> Ond cael ym mhethau'r nefoedd ryw hyfryd newydd flas.

At hyn, yr oedd Abasis yn

> Gweld hwnnw yn druenus, a phell o deyrnas nef,
> Na chafodd yr awelon hyfrydaf gafodd ef;
> A gweld ei ffordd ei hunan y sicraf un i gyd,
> Ag oedd i arwain enaid o'r ddae'r i'r nefol fyd. [14]

Ond cyn pen dim o dro, gan mor ddi-brawf a gwag ydoedd, gan nad oedd 'Ei grefydd fawr hyderus' yn ddim ond crefydd 'lawn o dân', y mae'n diffodd ac yn dod i ben. Ni chaiff neb yn Niwygiad Williams ddim esgyn i'r nef oni phrofir ei grefydd ym mhen draw ffwrn y ddaear.

Er mwyn cael gafael ar yr ail ateb i'r cwestiwn a ofynnais uchod rhaid dychwelyd at yr emyn a ddarllenais ar y dechrau a'i darllen yn arafach. Nid dweud

> N'ad fi daflu golwg
>   Ar un gwrthrych is y rhod

y mae Williams, ond

> N'ad fi daflu golwg *cariad*
>   Ar un gwrthrych is y rhod;

ac nid dweud

> Gad fi . . . ddiystyru
>   'R greadigaeth faith i gyd,

ond yn hytrach

> Gad fi *ganfod* a diystyru
>   'R greadigaeth faith i gyd.

Y mae'r gwahaniaeth yn aruthrol, y mae'n hollbwysig, ac yn ehangder y gwahaniaeth hwnnw y gorwedd cyfrifoldeb mawr dyneiddiol a duwiol Williams yr emynydd tros ei bobl yn y byd.

NODIADAU

[1] W. Williams, *Ffarwel Weledig, Groesaw Anweledig Bethau,* . . . *Y Drydedd Ran* (Llanymddyfri, 1769), tt. 30-31.

[2] Idem., *Marwnad er coffadwriaeth am Mr. Howel Harries* (Aberhonddu, 1793), tt. 2, 3.

[3] Robert Jones, *Drych yr Amseroedd* (Trefriw, 1820), t. 162; Gomer M. Roberts, *Y Pêr Ganiedydd I* (Llandysul, 1949), t. 170.

[4] W. Williams, *Caniadau, (y rhai sydd ar y Môr o Wydr yn gymmysgedig â Thân, ac wedi cael y maes ar y Bwystfil)* (Caerfyrddin, 1762), t. iii.

[5] Idem., *Aleluia* (Bryste, 1758), 'At y Darllenydd'; *Caniadau, (y rhai sydd ar y Môr o Wydr . . .)*, t. iii.

[6] Idem., *Bywyd a Marwolaeth Theomemphus* (Caerfyrddin, 1764), t. 166.

[7] Ibid., t. 9.

[8] *Pantheologia*, tt. vii.

[9] W. Williams, *Galarnad ar Farwolaeth Mr. W. Read* (Llanymddyfri, 1769), t. 4.

[10] *Ffarwel Weledig, Groesaw Anweledig Bethau . . . yr Ail Ran* (Caerfyrddin, 1766), t. 84.

[11] *Pantheologia*, tt. v.

[12] Ibid., tt. vii.

[13] Ibid., loc. cit.

[14] *Bywyd a Marwolaeth Theomemphus*, tt. 57, 58.

MOTIFFAU EMYNAU PANTYCELYN

Kathryn Jenkins

Yn ei ysgrif, 'Boddi Cath', ar ôl disgrifio amgylchiadau'r weithred ganolog gymharol ddibwys, yn null pob ysgrifwr da, y mae Syr T. H. Parry-Williams yn arwain y darllenydd at fyfyrdod mwy sylweddol ac arwyddocaol ar hanfod bywyd. Â ati i ddadansoddi natur profiadau canolog byw—geni, marw, caru, colli. Unwaith mewn bywyd y dônt, meddai, a naill ai fe gawn ein hunain yn eu rhag-fyw neu'n eu had-fyw, yn ôl ein perspectif ar bethau. Yn rhan o'r profiadau, fe geir gwahanol deimladau a gwahanol raddfeydd o emosiwn. Ac y mae iddynt i gyd eu nodweddion cyffredin. 'Gwyddom,' meddai'r ysgrifwr, 'nad oes llawer o wahaniaeth rhwng gwae a gorawen yn eu hanterth: anterth yr ymdeimlad ohonynt ydyw'r peth mawr.' Yr ydym oll, bid siŵr, yn fwndel o deimladau, ac yn gyfarwydd â phrofi dyfnderoedd ing ac uchelfannau gorfoledd. Yr hyn a erys yn y cof, meddai, am yr adegau tyngedfennol hynny yn ein hanes, yw eithafrwydd y profi ohonynt. Rhoddwyd i Williams Pantycelyn brofiadau a oedd, megis dadansoddiad yr ysgrifwr, yn gymysgedd o wae ac o orawen, o gystudd ac o lawenydd. Yn ei emynau, llwyddodd yn rhyfeddol i gyfleu maintioli'r agendor a'r sbectrwm eang o deimladau a fodola rhyngddynt, yr holl gyflyrau a ddeuai blith draphlith i'w gilydd yn nyddiau anterth y Diwygiad Methodistaidd. Trosglwyddai i'w gynulleidfa nwyfus brofiadau a oedd, ar y naill law, yn ad-fyw 'awr o bur gymdeithas felys' â'i Arglwydd, ac ar y llaw arall ddyheadau a oedd yn rhag-fyw'r 'wledd wastadol' a baratowyd eisoes ar ei gyfer yn y nef. Anterth yr ymdeimlad ohonynt oll—a llawer rhagor o brofiadau tebyg—yw emynau Pantycelyn, ac o ganlyniad y maent o hyd yn bethau mawr iawn yng ngolwg nifer ohonom, ddau gan mlynedd ar ôl ei farw.

Ffurf od ar lenyddiaeth yw'r emyn, ac fe all y sylweddoliad fod egwyddorion sylfaenol prydyddiaeth, megis mydr ac odl, ar waith ynddo, beri sioc i'r sawl a'i coledda'n rhan annwyl a chanolog o'r bywyd ysbrydol. I'w gynulleidfa y mae i'r emyn safle breintiedig fel darn o lenyddiaeth, er y byddai rhai am ddweud fod y safle hwnnw'n amwys, ac eraill am honni nad yw yr un emynydd yn teilyngu cymaint o barch.[1] Yn sicr, y mae'n llenyddiaeth anodd i'w chloriannu'n deg. Fe geir mewn emyn, ac yn bendant yn y math o emynau a ganai Williams Pantycelyn, fynegiant sy'n hynod bersonol, yn annoeth o breifat, efallai, ac eto, bwriedir iddo gael ei ddatgan yn gwbl gyhoeddus, eiddo'r dorf ydyw (neu, yn amlach heddiw, y dyrnaid). Ac y mae'r mawl yn weithredol: fe ddaw'r credadun wyneb yn wyneb â Duw hollalluog a thrugarog, a chynnig iddo glod, ar sail ei ymddiriedaeth, a'i gariad, a'i lawenydd. Fe'n trewir yn gyson gan symlder ac uniongyrchedd y mynegiant; eto, gall y disgrifiad o'r profiad fod yn anesboniadwy o graff ei oblygiadau eneidegol. Cyfansoddwyd yr emynau'n wreiddiol ar gyfer cyfnod arbennig o asbri crefyddol, eithr gwneir hwy yn oesol eu hapêl gan eu cyffredinolrwydd a'u hehangder—am mai profiad yr enaid sydd ynddynt. Yng nghyfnod Williams hefyd, sef blynyddoedd canol y ddeunawfed ganrif, yr oedd crefydd y bobl yn ganolbwnc bywyd; eto, yr oedd hadau seciwlariaeth ein cyfnod ni eisoes wedi'u plannu. Ac fe geir problem feirniadol ychwanegol gyda'r emyn fel ffurf lenyddol, sef ei fod yn arddangos ôl crefft ymwybodol, ac eto'n rhoi'r argraff gyffredinol fod y mynegiant yr un mor ddigymell ac ysbrydoledig â'r profiad a ddisgrifir. Er y gwyddom oll i Williams ymaflyd codwm â'r iaith—a gwelir ôl y frwydr yn aml ar ei batrymau cystrawennol—yr ydym mor gyfarwydd â'i arddulleg fel y teimlwn fod y cyfan, megis y dywedodd am ei gerdd epig *Theomemphus*, wedi rhedeg allan o'i ysbryd 'fel dwfr o ffynnon, neu we'r pryf copyn o'i fôl ei hun'.

Darlun cyfansawdd o brofiad y Cristion sydd gan Williams yn ei emynau, ac y mae'r holl brofiadau cyffrous, angerddol ac ansefydlog yn dilyn ei gilydd y naill ar ôl y llall. Sail ei wreiddioldeb unigolyddol fel llenor, ac un o'r rhesymau pennaf am ei le unigryw yn hanes llenyddiaeth Gymraeg, yw ei ddefnydd cwbl ryfeddol o ddelweddau eglur a beiddgar i ddisgrifio'i brofiad:

> Mae pen ein taith gerllaw,
> Ar fyrder gwawria'r dydd,
> O fy nghadwynau caeth bob rhyw
> Fe dyn fy NUW fi'n rhydd;
> Tros yr *Iorddonen* las
> Caf landio maes o law
> I fwyta ffrwythau nefol pur
> Yr hyfryd dir sydd draw.
>
> Ac yna darfod wna
> Fy ngofid a fy ngwae
> Ac y dechreuir cadw gwledd
> Gorfoledd i barhau,

Ynghanol tyrfa faith
Bob llwyth, a iaith a dawn
Un Saboth heb na haul na lloer
Na bore na phrydnawn.

Dyna ddau bennill cyntaf un o lu emynau anadnabyddus Williams
Pantycelyn. [2] Cofnodi'i ddyhead escatolegol a wna'r bardd yma, y
caiff fynd o'i ofid a'i wae i fwynhau'r tragwyddol Saboth yn y Nef.
Ceir delwedd wahanol ymhob llinell bron: mae yma o leiaf ddeg
darlun gwahanol. Hynny yw, i gyfleu'r holl amryfal gyflyrau ar
brofiad ffydd, y tyndra rhwng bywyd mewn byd o amser a'r delfryd
o'r byd a bery byth, yr oedd yn rhaid i Williams wrth ystorfa helaeth
a chyfoethog o ddelweddau. Taith y Cristion dros yr Iorddonen—a
gysylltir ag afon angau oherwydd ei lle strategol yn hanes y genedl
etholedig—allan o'r byd hwn, yw'r fframwaith sydd yma, gyda
disgrifiad o obaith y credadun am fynd o gaethiwed i ryddid, i gyflwr
sefydlog o ddymunoldeb tragwyddol. A llwydda'r bardd i gyfleu'r
wedd gadarnhaol sy'n sylfaen i'r profiad hwn gyda'r cyferbyniad
pellach o'r gwae yn darfod a'r wledd yn dechrau. Cawn sylwi eto ar
y modd y mae dull bwriadol cyferbynnu yn densiwn creadigol yng
ngwaith yr emynydd, ac yn rhoi llawer o effeithiolrwydd esthetig i'r
emynau. Camp Williams oedd trosi profiadau'r enaid yn ddeunydd
llên, gan ddefnyddio'i grefft yn llawforwyn i'w genadwri; yn wir, y
mae'r grefft yn wedd ar yr ymollwng sy'n hanfod y profiad, yr
ymollwng i afael y fath achubiaeth ryfeddol. Yr oedd yr emyn—
gofynion y *genre*—yn gorfodi'r emynydd i batrymu'i brofiad (profiad
eithafol a oedd yn meithrin ffydd) mewn ffurf gryno a chofiadwy a
grymus. Yr oedd Pantycelyn yn gampwr ar ddefnyddio gwahanol
genres llenyddol i'w ddibenion ei hun, eithr yn yr emyn daeth o hyd i
ffurf lenyddol gyfaddas â'i ddull cwbl newydd o drafod y profiad
crefyddol. Ef yw tad yr emyn cynulleidfaol Cymraeg. Chwyldrodd
ddwys urddas Salmau Cân Edmwnd Prys a rhigymau diwinyddol yr
hen Ymneilltuwyr yn fynegiant uniongyrchol, dramatig a chyffrous
o'i brofiad Crist-ganolog.

Wrth iddo osod ar gân ei brofiadau mawr ysbrydol, ymdriniodd
Pantycelyn droeon â'r un cysyniadau sylfaenol—ei serch at yr Iesu
croeshoeliedig, ei frwydr ysbrydol, ei bererindod, a'r nef a'i orfoledd.
Eithr y tu mewn i'r cysyniadau hyn fe geir amrywiaeth ddi-ben-draw.
Cam dybryd â'r emynau fyddai hyd yn oed ystyried gwneud
dadansoddiad cyfundrefnol o'r holl ddelweddau. Ond mae'n werth
edrych ar fotiffau Williams. Defnyddir y term 'motiff' gan feirniaid

llên ar gyfer yr unedau thematig hynny a gynnwys ychydig o ddelweddau arwyddocaol am brofiad y bardd. Dylid cofio, wrth gwrs, mai un criterion beirniadol ymhlith llawer eraill y gellir eu cymhwyso at lenyddiaeth yw'r motiff. Fel arfer, bydd y motiff yn hawdd i'w adnabod, ac yn ychwanegiad sylweddol at arwyddocâd ac eglurder y darlun. Dyma ddull ymwybodol y llenor o ragosod rhai patrymau ystyrlon wrth iddo roi trefn greadigol ar ei brofiad a'i weledigaeth. Gall gyfuno neu gyferbynnu sbectrwm eang iawn o fotiffau, er mwyn atgyfnerthu'i thema a chreu rhagor o unoliaeth i'r darn. Y perygl ydyw i'r beirniad naill ai weld motiffau ymhobman, neu fethu â'u gweld o gwbl. Amcan y ddarlith hon yw didoli ychydig ar emynau Pantycelyn er mwyn dadansoddi rhai o'u prif fotiffau, gan gofio, fel y dywedwyd, fod pob cerdd yn fwy na chyfanswm ei gwahanol adrannau. Gobeithir dangos hefyd fod gennym yn emynau Williams Pantycelyn ganu hynod ddyfeisgar, ac, o bosib, hynod hunanymwybodol yn ogystal.

Dylem gofio o hyd mai amcan emynyddiaeth Pantycelyn oedd gogoneddu Duw ac adeiladu'i Eglwys, gan ddefnyddio geiriau 'wedi'u ffitio gan yr Ysbryd'. Ar ddechrau'i yrfa fel emynydd cyhoeddus cyfaddefodd:

> Pa fodd, nis gwn, gwnaf weddus Gân!
> I'm CRIST, a'i ryfedd Ras:
> Fe'm tynnodd i trwy ddŵr a thân,
> O'r dywyll *Aipht* i ma's.[3]

Daeth gwaredigaeth i'w ran sydd gymaint yn fwy na'i fedr fel llenor i'w mynegi. Bum mlynedd ar hugain yn ddiweddarach, ar ôl sôn droeon am annigonolrwydd ei awen, erys ei broblem sylfaenol:

> Pa le dechreuaf ganu
>   Am ddwyfol farwol loes,
> A haeddiant mawr yr Aberth
>   Fu yn hongian ar y groes?
> Anfeidrol bwysau pechod
>   A wasgwyd arno ef,
> A'r pris anfeidrol dalwyd
>   I groesi llyfrau'r nef.[4]

Mae'r anfeidrol ynghlwm wrth yr anhraethol, ac o'i brofi y mae'r bardd yn dod wyneb yn wyneb â ffin iaith (ac â ffin bywyd yn ogystal, wrth gwrs). Caiff y credadun waredigaeth o Aifft ei bechod tywyll a phrofi gras Crist yn ei galon. Mae'n rhydd o bwysau pechod oherwydd digonolrwydd aberth y groes. Dyna hefyd brif a phriod destun pregethu'r Diwygiad. 'Haeddiant Iesu yw ei araith,' meddai Pantycelyn am Howell Harris; dyna hefyd bwnc y lleferydd llifeiriol o bulpud Llangeitho am flynyddoedd. Yr oedd yr emyn yn ffurf brydyddol ar genadwri'r Diwygwyr, yn ogystal ag yn ddarlun manwl, didostur o gyflwr yr enaid. I fynegi hyn oll, fodd bynnag, dywed yr emynydd fod iaith yn annigonol. Yn awr, fe all athronwyr a diwinyddion fynd ati i drafod holl oblygiadau iaith crefydd a'r problemau o fynegi profiadau sydd, yn ôl amodau ystyr, y tu hwnt i fynegiant mewn iaith, eithr yr hyn a wna'r beirniad llên yw sylwi ar gysondeb y motiff, sef annigonolrwydd iaith, yng ngwaith y llenor. Cynrychiola'r groes anhraethol waredigaeth, ac y mae marwolaeth Crist arni'n gyfystyr â chariad. Dyma gariad mwy, a pherson mwy nag y gall meddwl dyn ei amgyffred. Y mae Crist, yng ngolwg y credadun sydd wrth ei fodd yn Nhrefn y Cadw, yn hollol anghymharol, ac y mae ei gariad 'heb gymar iddo'n bod'. Ni ellir gwneud cyfiawnder â'r fath ryfeddod mewn iaith, ebe Pantycelyn:

> Uwch pob geiriau i ddodi ma's,
> Yw dy gariad, yw dy heddwch,
> Yw dy anfeidrol ddwyfol ras.[5]

Er hyn, y mae ei waith yn ffurfio corff disglair o lenyddiaeth drwyadl Gristnogol sy'n trafod, gyda huodledd geiriol rhyfeddol a thaerineb ysbrydol, bob math o agweddau ar brofiad y credadun. Fe gawn ein hargyhoeddi'n llwyr gan *bersona*'r artist sydd yn hollbresennol yn yr emynau: yr ydym yn cyflawn gredu ein bod yn darllen rhyw fath o fersiwn—fersiwn dramatig a thrydanol yn achos Williams—o fywyd dyn go iawn. Llefara'r emynydd yn egnïol yn y person cyntaf, gan amlaf, a dug ei intensiti emosiynol gadernid argyhoeddiad. Er i Bantycelyn ddatgan na all gyfleu'r waredigaeth o ormes Ffaroaidd ei bechod na nerth yr anfeidrol Iawn a fu ar y groes (ac yn ddiwinyddol ac yn athronyddol y mae hyn yn hollol wir), yn bendifaddau, fe lwyddodd i gyfleu yr ymdeimlad ohonynt, gydag angerdd a chydag ymffrost. Wrth gwrs, trwy bwysleisio'n gyson ei anallu awenyddol i ganu am angau Calfari, pwysleisio ymhellach y mae faintioli'i ryfeddod a maintioli'r waredigaeth a gafodd drwyddo. Elwodd emynau Pantycelyn yn ddirfawr o'i fynegiant onest, a'i annigonolrwydd tybiedig fel bardd Cristnogol.

Os nad oedd y llenor yn gwbl sicr o addaster ac effeithiolrwydd iaith

fel cyfrwng mynegiant i'w brofiadau, yr oedd yn berffaith siŵr ynglŷn
â rhai agweddau ar ei ffydd. Dibynna'r cyfan ar ei berthynas â'r Crist
croeshoeliedig, perthynas a brofid yng nghalon dyn. 'Â'r galon mae
credu i iechydwriaeth,' meddai Philo-Evangelius, wrth ateb llythyr
Martha Philopur. Yn ôl dealltwriaeth Williams o'r profiad
Cristnogol yr oedd y galon yn ganolog yn nrama'r dröedigaeth. Hi
oedd eisteddfa Duw yn yr enaid unigol. Ceir clystyrau o fotiffau'n
mynegi hyn a'r angen ar i Dduw adeiladu'r galon yn ôl ei ddelw ei
hun:

> Teml berffaith addas gywir,
> Yn fy nghalon gwna it' dy hun. [6]

Yr Apostol Paul oedd y diwinydd cyntaf i ddisgrifio'r profiad
Cristnogol yn y termau hyn ac fe'i dilynwyd gan Luther a Calfin. O'r
galon y daw gwir addoliad, a thrwy ras Duw newidir calon dyn yn
deml i'r Hollalluog. Cynnig ei *galon* i Dduw a wna Theomemphus ar
ôl ei dröedigaeth dan bregeth cariad Efangelius. Eithr gwaith Duw
yw'r cyfan, meddai'r emynydd: 'Ti bia newid calon dyn'. Y mae
crefydd y galon yn broses hir o drawsffurfiad sy'n ddibynnol ar
'hyfryd pur maddeuol ras'. Mae'i gariad at y Crist croeshoeliedig,
cariad sy'n disodli llygredd pechod, yn diddyfnu'r credadun o bob
serch arall, ac y mae'n gariad sydd i fod yn hollol lywodraethol ym
mywyd y Cristion.

Mae'n ddigon hysbys mai yng Nghaniad Solomon yn y Beibl y ceir
archwilio a disgrifio perthynas gariadlon debyg i hon rhwng Williams
a'i Waredwr, ac atseinio naws y caniadau a wneir yn fynych. Cafodd
y llyfr, sy'n llawn digywilydd-dra sanctaidd, ei weld ar hyd y
canrifoedd fel secwensiau o ganeuon corfforol-ysbrydol. Y mae ei
awdur yn ymhyfrydu ym mawr serch y cariadon ac ym mhryd a
gwedd a mynwes yr Anwylyd, ac yn mynegi'r hyfrydwch hwnnw
mewn iaith drosiadol. [7] Wrth i Williams Pantycelyn fynegi ei
agosrwydd at yr Iesu, i 'ddifyrru ar ei wedd,' y mae'n aml aml yn
defnyddio ymadrodd y Caniad. Hwn, meddai, yw 'Rhosyn Saron',
'tegwch nef y nef'. Y mae emyn a luniodd Williams ar y chweched
adnod o'r wythfed bennod o'r Caniad yn gorffen fel hyn:

> A dod fy nghalon wag yn llawn
> O'th gariad peraidd fore a nawn,
> Câr dithau finnau yn ddi-drai,
> A'r undeb yma fyth barhau. [8]

Y galon a gaiff ei llenwi â chariad yr Anwylyd ac fe ddaw'r undeb yn uchafbwynt y profiad o chwilio ac o fwynhau ar ôl dyheu am 'weld ei wyneb', a 'byw yn ei gwmni'. Drwy'r Caniad hefyd gallodd Williams bwysleisio rhagoriaeth cwmni'r Arglwydd dros unigedd y pechadur, rhagoriaeth agosrwydd ar bellter a dieithrwch—pellter a deimlai Williams yn annioddefol ar brydiau. Disgrifio'r ymateb i Grist a wna'r emynydd yn y penillion a ddug y motiffau hyn, a chyferbynnu'n rymus brofiadau sylfaenol serch, absenoldeb a phresenoldeb. Ymdeimlir yn gyson â'r moethusrwydd synhwyrus amlwg oedd yn graidd crefydd Pantycelyn, ac fe ddefnyddia'i synhwyrau o hyd i ddeall ac i ddisgrifio'i brofiad: *gweld* y groes a wna; *clywed* lleferydd yr Iesu; a *theimlo* a *blasu*'r cymundeb wrth i'r Tragwyddol ymafaelyd ynddo:

> Mae'th gariad gwerthfawrocaf drud
> Yn fwyd, yn ddiod i mi o hyd;
> Mae'n gwmpni, mae'n llawenydd llawn,
> Mae'n bob peth i mi fore a nawn. [9]

Dyma, felly, agosrwydd perthynas serchiadol yr brif ddeunydd barddoniaeth, ac archwilir natur y berthynas *Mi* a *Ti* yn gyson yn yr emynau wrth i'r emynydd ei bortreadu'n uniongyrchol:

> Anweledig 'r wi'n dy garu,
> Rhyfedd ydyw nerth dy ras,
> Dynnu f'enaid i mor hyfryd,
> O'i bleserau penna maes;
> Ti wnest fwy mewn un funudyn
> Nag a wnaethai'r byd o'i fron,
> Ennill it' eisteddfod dawel
> Yn y galon garreg hon. [10]

Mae rhyw ddyfnder adnabyddiaeth gynnes yn y pennill hwn wrth i'r emynydd ddisgrifio effaith gras ar ei galon. Ceir yma hefyd nodwedd sy'n gyffredin iawn yn emynau serch Pantycelyn, sef cyfosod *ti* a'r *byd*, a diffinio rhagoriaeth lwyr y cariad anweledig dros 'bleserau gwag y byd'. Ni all y byd a meidrol bethau ei swyno rhagor. Mae'r emynydd wedi cyfeirio'i chwantau a'i hiraeth at gariad purach, at wrthrych sy'n trosgynnu'r disgwyliadau mwyaf ohono. Yma, gwelir Calfiniaeth Williams. Yn unol â neges nifer o adnodau yn y Testament Newydd, taranodd Calfin yn erbyn cariad 'dall ac anwar' tuag at y byd hwn. [11] Mae'r credadun, bellach, wedi'i eni 'i lawenydd uwch nag sydd ym mhleserau'r llawr'. Yng ngweithiau rhyddiaith

Pantycelyn, hefyd, ceir ymgais ymarferol i ddangos peryglon caru'r byd. Disgrifir tranc Afaritius yn *Hanes Tri Wyr o Sodom a'r Aipht*, er mwyn rhybuddio rhag 'y trueni sydd o garu'r ddaear yn fwy na'r nefoedd'.[12] Gall y byd hwn fod yn rhwystr gwirioneddol i'r credadun:

> Gorchudd ar dy bethau mawrion
> Yw teganau gwag y byd;
> Cadarn fur rhyngof a'th ysbryd
> Yw'm pleserau oll ei gyd;
> Gad im gloddio trwy'r parwydydd
> Tewon trwodd at fy NUW
> I gael gweld trysorau gwerthfawr
> Fedd y ddaear ddim o'u rhyw.

Mae'r teganau'n fur ac yn barwydydd rhwng y Cristion ac ysbryd Duw, meddai Pantycelyn, mewn emyn o'r drydedd ran o *Ffarwel Weledig, Groesaw Anweledig Bethau*. Fodd bynnag, gall yr emynydd ar adegau, ar yr adegau hynny pan na chaiff ei faglu gan y byd, y cnawd a chwant, ymrwymo'n gadarnhaol i fyw ar wastad bywyd newydd:

> Mi dorra'r clymmau oll i gyd
> Sy rhyngwi a gwrthrychau'r byd,
> A phob cariadau gwag y llawr.[13]

Yr hyn a rydd hyder iddo i gyflawni hyn yw ei ddyhead ysol i fwynhau'i gymundeb â'r Arglwydd. Gall ymffrostio wedyn iddo ennill yr oruchafiaeth:

> Ffarwel, ffarwel ddeniadau'r byd!
> Methodd eich tegwch fynd a'm mryd.[14]

Ac yn gelfydd iawn yma fe esyd y bardd gorfan trochaig ar ddechrau'r ail linell ar ganol corfannau iambig i bwysleisio pendantrwydd ei ymwrthod â'r byd.

Prif bwnc yr Efengyl, yn ôl dealltwriaeth Pantycelyn o'r ffydd Gristnogol, yw marwolaeth Crist ar y groes. O amgylch aruthredd yr aberth y try holl gynnwys ei emynau, a'r ymateb i'r waredigaeth a gaed drwy'r aberth honno a rydd iddynt eu cyffro. Yng ngolwg y Methodistiaid yr oedd 'y weithred ryfedd wnawd ar Galfaria fryn' o ddragwyddol bwys, ac yn arwyddocáu drama lawn tyndra yr oedd yn angenrheidiol i'r credadun fyw trwyddi yn ei enaid ei hun. Yn lle pechod, gorseddwyd gras, yn lle marwolaeth, rhoddwyd bywyd. Fel y dywedwyd, fe gynrychiolai hyn oll anhraethol waredigaeth i

Bantycelyn a dychweledigion y Diwygiad Mawr, a thry'r anhraethedd yn eithafedd yn eu profiadau a'u llenyddiaeth, nes i'r eithafedd ei hunan dyfu'n fotiff, nes iddo ddatblygu'n gynrychioladol o'r profiad. Darganfyddiad gorfoleddus y pererin Methodistaidd oedd i iachawdwriaeth ddigymar ddod i'w ran:

> O uwchder heb ei faint!
> O ddyfnder heb ddim rhi!
> O led a hyd heb fath,
> Yw'n Iechawdwriaeth ni!' [15]

A Christ yw unig gyfrwng yr achub. Wrth ateb ei gwestiwn rhethregol ei hunan, 'Pwy ddyry im falm o *Gilead* / Faddeuant pur a hedd'? dywed Williams

> Does neb ond ef a hoeliwyd
> Ar fynydd Calfari. [16]

Y mae *un* radd o haeddiant, un *gronyn* o rinwedd gwaed y groes yn ddigon i achub y pechadur duaf a gaed. (Y mae *maint* a *sylwedd* y waredigaeth yn fotiffau hefyd.) Nid trasiedi hyll a hagr oedd y croeshoeliad yng ngolwg y Methodistiaid, ond gweithred oedd yn ateb 'dyfnder eithaf trueni dynol ryw'.

Beth bynnag fo testun yr emyn a natur y profiad a fynegir ynddo, y mae'r groes yn hollbresennol yng ngwaith Williams. Mae'r digwyddiad hanesyddol, athrawiaethol a diwinyddol yn thema ganolog. Ynghlwm wrth y groes yr oedd holl brofiadau euogrwydd, edifeirwch, pechod, gras a maddeuant, a hefyd y paradocsau fod Iesu'n marw'n fywyd, fod iechyd yn ei glwyfau. Cân Pantycelyn yn fuddugoliaethus am y *blut und wunden*:

> Dyma'r euog ofnus aflan
>   Etto yn chwennych bod yn wyn
> Yn yr afon gymmysg liwiau
>   Darrodd allan ar y bryn;
> Balm o Gilead, &c.
> Anghydmarol yw dy waed. [17]

Y mae'r aml deitlau a'r motiffau a ddefnyddir i ddisgrifio person y Gwaredwr yn diffinio rhyw agwedd neu'i gilydd ar ganlyniadau'r aberth ac uchafbwyntiau'r Arfaeth. Mae'n feddyg, yn haul cyfiawnder, yn oen di-nam, diniwed a aberthir i arwyddocáu unwaith ac am byth mai 'mwy na rhifedi beiau'r byd / Yw haeddiant dwyfol loes'. Gorfodir y credadun, oherwydd y fath waredigaeth a chariad, i gydnabod ei ddiffyg wyneb yn wyneb â hollgyflawnder a chyfiawnder Duw. Ac wrth gydnabod ei hunaniaeth fel hyn, daw'r credadun i sylweddoli'r datblygiad sy'n angenrheidiol yn ei brofiad ysbrydol, a gweld posibiliadau eithaf byw i Grist a thrwyddo ef.

Mae'r berthynas *Mi/Ti*, felly, yn ogystal â bod yn fotiff ac yn brofiad i Williams, hefyd yn arwydd o gyferbyniad sylfaenol rhwng amherffeithrwydd y credadun a pherffeithrwydd y Gwaredwr. Ac ynghlwm wrthi ceir y cyferbyniadau sylfaenol: byd/nef, amser/tragwyddoldeb, pechod/gras, marw/byw. Rhaid i'r credadun, o ganlyniad, ddibynnu'n llwyr ar Dduw. Diffinnir y berthynas hon o ddibyniaeth gadarnhaol yn emynau Pantycelyn trwy ei ddefnydd mynych o gyferbyniadau cynddelwaidd ffurfiannol sy'n hollbresennol yn adeiledd thematig waelodol y penillion. Ymgais i egluro'i brofiadau yw defnydd Williams o gyferbyniadau, ymgais i bortreadu arwyddocâd y trawsnewid a ddigwydd yn enaid dyn, a dangos yr hyn sy'n bosib trwy ras Duw. Y mae dwy elfen y cyferbyniad yn cyfoethogi'i gilydd—sylweddolwn fwyfwy faintioli nerth Duw wrth werthfawrogi gwendid y credadun, a rhoddwn gyfrif am dlodi'r enaid ochr yn ochr â chyfoeth gras. Trwy ddisgrifio'r profiad fel hyn, crëir tyndra nad oes modd ei ddatrys yn llwyr nes y cyflawnir gwaith gras. Yn sgîl agosrwydd ei berthynas â'r Arglwydd, gall y credadun ddeisyf:

> Dadrys y Cadwyn tynnion,
> Rho fy Enaid gwan yn rhydd,
> Tynn fi maes o'r Pydew tywyll
> I gael gweld y Goleu Ddydd;
> Gwaredigaeth, &c.
> Gwna imi waeddi tra fwy byw.[18]

Cynhelir y mynegiant gan y cyferbyniadau sy'n fotiffau o brofiad trawsffurfiannol, sancteiddiol y pechadur. Effaith Duw ar ei enaid yw peri iddo feddu rhyddhad mewn caethiwed, nerth mewn gwendid, goleuni mewn tywyllwch, a chael ei godi o'r dyfnder i'r uchelder. Y mae'r ddau begwn o wae ac o orawen felly'n gynhenid yn ei brofiad. Yn narlun cyflawn Williams o'r profiad ysbrydol, darlun sy'n cynnwys nifer o wrthdrawiadau ffyrnig, ceir nifer o gyferbyniadau eraill, rhai sy'n gynhenid oherwydd ei gyflwr, eraill sy'n ganlyniad i'w brofiad. Sôn a wna'r emynydd am deimlo hyder ar ganol ofn, gorfoledd mewn galar, esmwythyd er gwaethaf baich ei bechod, dedwyddwch er gwaethaf tristwch. A rhaid i ni sylweddoli mai anterth yr ymdeimlad ohonynt a drosglwyddir i ni gan Bantycelyn fel gwir deimladau dilys. Unwaith eto, ynghanol y trobwll mawr hwn o deimladau a chynyrfiadau, gallu dwyfol ras, meddai'r emynydd, sy'n gwared rhag i'r cyfan fynd â'i ben iddo. Ychwanegodd yr angenrheidrwydd diwinyddol i fod yn fanwl gywir wrth ddisgrifio profiadau eneidegol gryn realaeth lenyddol i waith yr emynydd. Mae'r motiff o gyferbynnu hefyd yn ddull effeithiol dros ben o ehangu ystyr ac arwyddocâd y darlun i'r darllenydd a'r gynulleidfa. Gosod allan eu profiadau tumewnol hwy a wna'r emynydd, gyda'r amcan, ys dywed *Drws y Society Profiad*, o 'borthi praidd Duw yn yr anialwch'. Ac fe'u porthid gan Williams wrth iddo ddiffinio'i ddyhead wyneb yn wyneb ag aberth unigryw'r groes a oedd yn sicrhau ffordd newydd iddynt i olud y nef:

> Os gelynion ddaw i'm cwrdd
>   A rhyw ddaearol swyn,
> Mi drycha'r aberth ar y pren,
>   Ddioddefodd er fy mwyn:
> Fe ddiffodd cariad pur
>   Fu ar yr hoelion dur bob ple
> Sy gan y byd, y cnawd, a chwant
>   I'm denu o ffordd y ne'. [19]

Trwy ei ddyfeisgarwch llenyddol, tanlinellodd Williams i'w gynulleidfa y ffaith orfoleddus y gall y gwan, y tlawd a'r caeth yn Arfaeth Duw ennill yr oruchafiaeth. Yn sicr, yr oedd yr emynydd yn gweld y bywyd ysbrydol yn rhyw fath o frwydr barhaus. Ymesyd llu o elynion mewnol eneidegol arno, a rhaid iddo ddibynnu ar y groes i ennill y fuddugoliaeth:

> O tu mewn y mae ngelynion,
>   Hen ellyllon mawr eu grym,
> Ac sy'n ceisio trwy bob moddion
>   Wneud fy enaid llesg yn ddim;
> Ti dy hunan, &c.
> All eu hattal er eu grym. [20]

Diffiniad pellach o ddibyniaeth gadarnhaol y credadun ar Dduw yw'r darlun cynddelwaidd o fywyd dyn fel brwydr ysbrydol. Mae'n ddarlun sy mor hen â Llyfr y Salmau, ac, mewn llenyddiaeth grefyddol heblaw'r Ysgrythur, mor hen â'r *Psychomachia*. Gellir dweud yn ddibetrus fod cyffro geiriau'r frwydr a'r ymdrech ysbrydol a ddisgrifir yng ngwaith Pantycelyn yn codi'n ddiamau o'i brofiad ei hun:

Rwyf fi'n ymladd, 'rwyf fi'n methu
Colli, ac yn cario'r dydd.[21]

Mae'r darlun yn naïf o onest ac agored, eithr ceir cryn gadernid yma
hefyd oherwydd cyfuniad y negyddol a'r cadarnhaol. Rhaid
ymdrechu'n galed yn erbyn pechod, meddai'r emynydd, er i'r
fuddugoliaeth gael ei hennill eisoes. Gall ddibynnu ar Dduw i fod yn
fuddugol ymhob brwydr a ddaw i'w ran, ac fe ddaw disgrifiadau o
fethiant, siom ac ofn yn aml aml yn ei emynau.

Cyflea'r darlun o fywyd y Cristion yn cyfateb i frwydr ymdeimlad
o ddiffyg datblygiad profiadol. Ar lefel seicolegol—a sylwodd amryw
feirniaid ar graffter seicolegol Williams—y mae methiant neu rwystr,
a gallu'r credadun i'w hwynebu a'i goresgyn, yn fath ar fynegai i'w
gynnydd ysbrydol. Mae fel petai'r emynydd yn trosglwyddo i ni
wybodaeth uniongyrchol o'i brofiad, ac wrth wneud hynny yn
diffinio ymhellach natur ac agosrwydd ei berthynas â Duw, sy'n
noddfa ddiysgog gadarn ac yn nerth i'r enaid egwan. Nid yw'n
ddigon i'r credadun harneisio holl rymusterau'i bersonoliaeth; os
gwna hyn, erys yn ei unfan. Rhaid iddo wynebu peryglon di-ben-
draw y mae yntau yn llwyr ddiymadferth i'w trin. Yr Arglwydd yn
unig sy'n trechu, meddai'r emynydd, ac nid oes amheuaeth unwaith
eto ynglŷn ag eithafrwydd y profiad:

> Does ond Cariad a Goncwera,
> Oll sydd yn'wi nawr yn ddrwg.[22]

Dyma'r un godidoca'i rym yn y frwydr yn erbyn pechod. Eithr rhaid
i'r frwydr rywdro ddod i ben, rhaid cael canlyniad iddi; ac yn y bôn
y mae'r emynydd yn *certitudo salutis*. Wrth ddisgrifio'i hyder yn y
fuddugoliaeth gall yr emynydd yn aml greu unedau thematig tra
chymhleth o fotiffau, gan fwriadol gymysgu delweddau serch a
delweddau buddugoliaeth mewn brwydr. Trwy wneud hyn y mae
Williams yn dynodi fod y profiad o garu Crist y Groes yn effeithio ar
bob agwedd o'i fywyd. Cymerer y pennill hwn, er enghraifft. Cân
serch yw'r emyn, eithr nid yw'r profiad yn wrthrychol, gan fod yr
emynydd yn disgrifio effaith y Crist anghymharol ar enaid dyn:

> Mae dy wedd yn drech na'r fyddin,
> O elynion mawr eu grym,
> Nid oes yn y nef a'r ddaear
> Saif o flaen dy wyneb ddim:
> Gair o'th Enau, &c.
> A wna'r tywyll nos yn ddydd.[23]

Y mae'r datganiad cadarnhaol yn y ddwy linell gyntaf, a'r datganiad negyddol sy'n arwyddo effaith gadarnhaol yn y drydedd a'r bedwaredd linell, yr un mor eithafol â'i gilydd. Mae'r cyfuniad o fotiffau serch mewn uned thematig sy'n ymwneud â'r frwydr ysbrydol yn bur gymhleth, ac eto'n diffinio rhagoriaeth cariad Crist. Ni fyddid yn arferol yn disgwyl datganiadau sy'n cydraddoli tegwch a chadernid milwrol, eithr y mae thema'r *Christus Victor* yn thema hen hen mewn llenyddiaeth Gristnogol. Ychwanega'r fath gyfuniad o fotiffau yn sylweddol at realaeth lenyddol y pennill. Ceir cydblethiad hynod yn y fan hon rhwng sŵn y geiriau, y motiffau a'r gystrawen, i greu darn cywrain o lenyddiaeth sydd yn ei uchafbwynt yn mynegi'r sicrwydd y caiff y credadun ei drawsffurfio o'i gyflwr cynhenid o drigo yn y tywyllwch i fyw'n wastadol mewn goleuni nefol.

Y mae ysbrydoledd Crist-ganolog Williams Pantycelyn felly'n amlochrog ac yn amlweddog. Y groes yw'r canolbwynt, a chariad buddugoliaethus yw'r canlyniad. Fel y gwelsom, dywed yr emynydd droeon na all fynegi'i brofiadau'n deilwng, ac eto disgrifia ei serch at yr Iesu croeshoeliedig, ei ymwrthodiad â'r byd, y trawsnewidiad yn ei gyflwr eneidegol, a'i frwydr ysbrydol, a'u cyflwyno'n agweddau hollbwysig ar brofiad yr Efengyl. Yn ei ddarlun o'r frwydr ysbrydol yn arbennig, dibynna'r llenor ar yr Ysgrythur fel rhyng-destun (*intertext*) er mwyn agor cyfanfyd ehangach o brofiadau, a phriodi arfaeth ac arddull trwy ddwyn ar gof ganrifoedd o ymwneud Duw â'i bobl. Gallai ddibynnu ar ei gynulleidfa i werthfawrogi'r darlun ysgrythurol hwn, am iddynt gael eu hyfforddi'n gyson trwy'r seiadau, a thrwy bregethu teipolegol y Diwygwyr i actio'u profiadau eneidegol ar gefnlen epigol hanesion y Gair. Addasodd y llenor ei ddeunydd ar gyfer ei gynulleidfaoedd, gan adlewyrchu eu gobeithion a'u profedigaethau. Rhaid i ni gofio, wrth gwrs, fod yr hyn a ddisgrifir yn brofiad gwirioneddol iddo yntau hefyd, er, mae'n gwbl briodol mentro iddo ddiffinio serchiadau a brwydrau ysbrydol pob un o'r dychweledigion i ryw raddau, ac yn sicr rhoes fynegiant i gymhlethdodau mwyaf mewnol a phreifat dyn.

Hunangofiant a chofiant ysbrydol amhrisiadwy a geir yn emynau Williams, felly, tystysgrif o weithgarwch rhyfeddol y Diwygiad Methodistaidd. Gosododd ar gân gydag angerddolder nad oedd ei fath yn llenyddiaeth Gymraeg y ddeunawfed ganrif, na'r canrifoedd o'i flaen, amrediad eang iawn o gyflyrau eneidegol a oedd yn cyffwrdd â phob rhan o brofiad dyn. Yr oedd gan yr emynydd yr hyder i ddatgan yn uniongyrchol ei fod yn wan, ac yn methu â symud ymlaen—disgrifiad, mae'n ddiamau, a ddaeth â llawer o gysur i eneidiau'r dychweledigion, yr oeddynt eu hunain yn disgrifio'u hanawsterau ysbrydol yn boenus o arteithiol ar adegau yn y seiadau. Darlun o anhawster ac o wendid a gawn dro ar ôl tro gan yr emynydd:

> O Arglwydd, gwel fi'n llesg a gwan,
> Yn ffaelu dringo'r Byd i'r lan;
> Am fyn'd yn lew i'r *Ganaan* lân,
> Heb allu symud fawr ymlaen.[24]

Yma, mynega Pantycelyn ei anobaith a'i hiraeth wrth iddo awgrymu cyfeiriad y bywyd ysbrydol. Y mae, fel pererinion holl oesoedd cred, ar ei daith i'r 'Ganaan nefol sy'n parhau'. Gellir awgrymu mai'r daith yw'r pwysicaf o brif fotiffau Pantycelyn; yn sicr, mae iddi le allweddol yn ei waith. Disgrifir gwahanol fathau o deithiau ganddo: ei daith ddaearyddol tuag at i fyny wrth iddo ddringo'r creigiau serth, y bryniau a'r mynyddoedd. Yr oedd y tirlun, bob amser, yn adlewyrchu anawsterau eneidegol yn ei emynau. Mewn lliaws o emynau eraill ceir disgrifiad o fordaith yr enaid egwan yn rhodio'r tonnau, bron â boddi yn y llifeiriant, ac yn mynegi'i hiraeth am gael 'landio draw'. Eithr y daith a gyfleir amlaf yn ei waith yw'r daith ysgrythurol, ddiwinyddol, brofiadol o Aifft ei bechod i fwynhad tragwyddol yng Nghanaan. Gwyddai Pantycelyn yn iawn i Galfin ei hun gydraddoli gwaredigaeth y genedl o'r Aifft â gwaredigaeth y credadun o'i bechod yn ei esboniadaeth feiblaidd. Gwyddai hefyd fod seiadau aneirif y ffyddlon ailanedig yn trafod ac yn diffinio'r profiad yn yr un termau. Gallwn droi i *Drws y Society Profiad* i gael tystiolaeth bendant o hyn:

> ... pan delo milwyr Duw fel yma at eu gilydd i siarad am nerthoedd y nef, a bod allweddau y pydew diwaelod wrth ystlys y Meseia; galw i gof weithredoedd yr Arglwydd gynt, yn y Môr Coch, ac ym meysydd Soan, fel y trôdd efe yr afon yn ôl, ac yr aethom trwyddi ar draed; wrth adrodd fel hyn ryfeddodau yr Arglwydd, maent yn ymgadarnhau yn erbyn eu gelynion ysbrydol ... [25]

Wrth ddisgrifio profiadau'r enaid yn nhermau epig yr Ecsodus, yr oedd Williams yn dweud wrth ei gynulleidfa fod gwaith rhyfeddol Duw yn eu presennol, sef ffenomen 'y Diwygiad, yn barhad o waith achubol Duw ac ymwneud Duw â'i bobl yn y gorffennol. Trwy ailadrodd ar lun emyn, pregeth a chyngor seiadol uchafbwyntiau'r ddrama fawr sy'n sylfaen i'r Beibl i gyd, profodd y Diwygwyr fod gwybodaeth o Dduw'r Ecsodus, Duw'r amhosib, yn bosib, ac y gellid dyfnhau'r berthynas a'r adnabyddiaeth o Dduw'r groes, ffocws pennaf gwaith eneidegol y Diwygiad.

Sylweddolodd Pantycelyn mai dynwarediad o iaith a phrofiadau'r Gair oedd y dull mwyaf effeithiol o fod yn driw i'r datguddiad a roddwyd iddo, ac i waith Duw yn ei enaid. Ar y naill law, yr oedd y Gair, megis yn null Calfin, yn awdurdod profiad iddo, yn gadarnhad o ddilysrwydd y Diwygiad ac o'i brofiad ei hun. Ac ar y llaw arall, gallai'r llenor o Gristion ymfalchïo yn y Gair fel cynsail i'w fynegaint tra'n ymgodymu â'r broblem gynhenid wrth fynegi profiad crefyddol, sef sut i fynegi mewn geiriau natur drygioni dyn a chariad Duw. Y mae cwmpas ac amrywiaeth a maint y gyfeiriadaeth at yr Ysgrythur a geir yn emynau Williams yn dyst iddo ymroi'n ddefosiynol, yn eneidiol ac yn llenyddol i'w syniadau canolog, ac iddo werthfawrogi'r disgrifiad o gyflyrau ysbrydol a oedd eisoes wedi'u diffinio iddo. Drwy bwyso ar y Gair fel hyn, profodd fod ffyddloniaid y Diwygiad yn rhan o'r cynllun parhaus o waredigaeth a gychwynnodd ar ôl y Cwymp, ac y gwelir ei ddiben wrth orsedd yr Oen yn Llyfr y Datguddiad. Yn llenyddol, wrth gwrs, ceir nifer o nodweddion yn Llyfr yr Ecsodus, er enghraifft, a fyddai o gymorth mawr i'r emynydd wrth iddo ymrafael â chyflyrau cyfnewidiol gras a phechod a'r broses o sancteiddhad. Yn un peth, mae disgrifiad awdur yr Ecsodus o Dduw yn eithafol: cyflwynir YHWH fel bod goruwchfydol hollol anghymharol, ac fe ŵyr y cyfarwydd am y math o fawl eithafol a geir yng Nghân Moses yn y bymthegfed bennod. Hefyd, cyfyd argyfyngau anferth yn hanes Israel nad oes posib eu datrys ond trwy ymyrraeth annisgwyl yr Anfeidrol, a'i effeithiau *virtuoso*. Darlun, unwaith eto, oedd yn cydbwyso agweddau negyddol a chadarnhaol profiad y Cristion, tra'n dangos ei ddibyniaeth ar Dduw hollalluog. Dylid cofio, wrth gwrs, fod ystyr ac arwyddocâd yr holl hanesion a geir yn Llyfr yr Ecsodus—hanesion sydd fel arfer yn ymffurfio'n glystyrau—wedi'u trawsgyfeirio'n llwyr yng ngwaith Williams, gan mai pererin y Cyfamod Newydd ydyw yn ddiamau. Eithr yr hyn y mae'n ddichonadwy ei brofi yw i nodweddion llenyddol yn ogystal â ffeithiau anwadadwy yr hanes fod o gymorth amhrisiadwy i'r emynydd wrth iddo ymdrechu i ad-fyw, rhag-fyw, dadansoddi a llunio'i brofiadau yn llên greadigol werthfawr i'w gynulleidfa. Yn nhraddodiad gorau gwaith a chenhadaeth yr Eglwys, defnyddiodd Pantycelyn y Gair yn ôl anghenion a diddordebau'r gymuned yr oedd yn rhan ohoni.

I Williams yr oedd y Gair yn undod syml, yn datgan ymhob rhan o'i drysorfa o hanesion mai 'hen gartref meddyliau o hedd' fu Duw erioed. Yr oedd y darlun o daith y pererin yn fframwaith digon hyblyg a chynhwysfawr i egluro holl gymhlethdodau'r broses o sancteiddhad. Un sydd am gyflawni'r gamp o sancteiddrwydd yw'r pererin, a diffinio ei ddatblygiad yn yr ymgais hon y mae'r daith feiblaidd o'r Aifft i Ganaan. Rhoddwyd hefyd adeiledd i'r bywyd ysbrydol trwy ddarlun yr Ecsodus. Rhaid i bob taith gychwyn yn rhywle, a rhaid iddi hefyd ddod i'w phen draw rywbryd. Rhwng y ddau begwn gall pob math o brofiadau melys a chwerw darfu ar y teithiwr. A dyna a geir yn y Beibl ac yn emynau Pantycelyn. Ar ganol yr anialwch, er ei fod ef yn diffygio oherwydd grym y gelyn a maintioli'r rhwystrau, gall, er hynny, brofi'r cysuron y mae'r Anfeidrol yn eu hanfon iddo. Gŵyr mai trwy'r rhain yn unig y pery i ddatblygu a theithio 'mlaen:

> Rwi'n diffygio ar fy nhaith,
> Hir yw'r anial dir a maith;
> Drygau mawrion ar bob llaw,
> Sydd o'r *Aipht* i'r *Ganaan* draw;
> Llewyrch niwl a llewyrch tân
> Unig all fy nwyn ymla'n.[26]

Duw yn unig yw awdur cysuron aml y bererindod—blinder a lludded yw effaith y crwydriad maith yn yr anialwch o safbwynt y credadun. Yn ei holl amryfal agweddau, dyma ddisgrifiad sy'n adlewyrchiad uniongyrchol o gyflwr eneidegol yr emynydd, o anterth yr ymdeimlad o golli neu ennill y dydd ar ganol yr anialwch.

Gan fod y darlun o daith yn ddaubegynnol, sef y cychwyn a'r pen draw, gall yr emynydd ei ddefnyddio i ddatgan ei fod yn blino ar y byd, ac yn teithio'n bell o dŷ ei dad ac o gymdeithas â'i Arglwydd. Eto, y mae tegwch tŷ ei dad yn ei ddenu, nid oes modd mynd yn ôl i'r Aifft, dim ond marw yn yr anialwch neu barhau i deithio i Ganaan. Unwaith eto, y mae yma batrymau o weithredoedd a phrofiadau sy'n sylfaenol yn narlun yr emynydd o'r profiad Cristnogol. Gall gyferbynnu'r Aifft neu'r anialwch â Chanaan, y byd a'r nef, a disgrifio'r datblygiad a deimla yn ei gyflwr ysbrydol o dywyllwch a gwendid yr anialwch, yn nes i oleuni a nerth y nef. Mewn byd o amser, gall feddwl am yr oriau y caiff funud o fwynhau cwmni ei Arglwydd, a dychmygu'r modd y cyflawnir ei ddyheadau hiraethlon yn y nef:

> Mi af trwy'r cystuddiau trwmaf,
> Mi a' trwy'r afonydd maith,
> Ac mi dreiddiaf trwy'r anialwch
> Garw hir i ben fy nhaith;
>   Ond i'm Harglwydd &c.
> Gadw beunydd wrth fy nghlun.[27]

Mynegiant o hyder amodol sydd yma, a'r amod yn troi o amgylch yr *ond*, sef bod yn rhaid i'r credadun fyw'n barhaus yn agos i'w Arglwydd cyn y medr dreiddio trwy'r anialwch. (Sylwer ar grefft y pennill yn ogystal. Mae'r goferu o'r drydedd i'r bedwaredd linell yn llwyddo i bwysleisio gerwinder yr anialwch, a datrys tyndra mydryddol a chyffro seicolegol yr ailadrodd cynyddol yr un pryd.) Mae pen y daith mewn golwg, ac yn goron ar ddiwedd y bererindod a'r frwydr ysbrydol. Yn y pen draw, gall fod yn sicr y derfydd ei ofidiau i gyd.

Dibynna'r ffydd Gristnogol ar y gobaith bod bywyd tragwyddol yn ganolog yn yr addewid—gwlad yr *Addewid* yw Canaan, wedi'i pharatoi ar gyfer y credadun trwy'r cyfamod. Sicrhaodd y cyfamod i'r genedl etholedig wlad Canaan er gwaethaf ei hanufudd-dod. Sicrhaodd aberth Crist ar y groes y gall y credadun etifeddu'r nef er gwaethaf ei bechod:

> Daeth arfaeth fawr y nef i ben,
> Bu'm IESU farw ar y pren,
> Agorodd ddrws trwy ei boen a'i wae,
> I'r *Ganaan* nefol sy'n parhau.[28]

Hyd yn oed yn nhragwyddoldeb, ni ellir amgyffred unrhyw ffordd o waredigaeth ond a agorwyd ar y pren. Ac y mae darlun Williams o'r nef a'i orfoledd yr un mor bersonol, yr un mor Grist-ganolog a dramatig, â gweddill ei ganu. Fodd bynnag, fe geir sawl agwedd ar y darlun.

Yn y lle cyntaf, ceir yr emynydd yn ymrwymo i ddilyn cyfeiriad gwiw'r bywyd ysbrydol tuag at y nef. Gall ddatgan yr ymrwymiad yn gadarnhaol tra'n cyferbynnu 'pleserau gwag y byd' â phleserau parhaol, dymunol y nef:

> Ni thro'i fy wyneb byth yn ol,
>   I 'mofyn pleser gau;
> Ond mi a gerdda tua'r wlad
>   Sy â'i phleser yn parhau.[29]

Hyfrydwch o'r mwyaf fydd derbyn y waredigaeth derfynol o ddiflastod y daith ac arteithiau'r frwydr ysbrydol. Yn gadarnhaol, gwraidd y pleser a geir yn y nef, meddai Williams, fydd cael profiad cyflawn o degwch yr Iesu. Ar yr orsedd fe fydd yr Oen a aberthwyd 'gan harddach nag o'r blaen', a chaiff y credadun fyw'n barhaus mewn cymundeb di-dor cwbl ryfeddol ag Ef. Dyma hyfrydwch nef y nefoedd, 'nad oes iaith a'i dod e' maes'. Oherwydd yr elfennau hyn a ragwêl y bardd yn y wledd sy'n ei aros yn y nef, y cyflwr ysbrydol perffaith, ceir dwy agwedd bendant ar ei ddisgrifiadau. Yn y nef, meddai, ni cheir elfennau negyddol y byd, megis cystuddiau o bob math. Diflanna'r terfysg yn y nef a phrofir hawddfyd wedi'i sylfaenu ar bleserau mwy sylweddol na deniadau'r ddaear hon. Trwy negyddu'r gwrthwyneb fel hyn, mae'r bardd, mewn gwirionedd, yn tanlinellu'i ymrwymiad i fyw profiad hynod gadarnhaol. A dyma wedd arall ar ei ddisgrifiad o dragwyddoldeb, sef gosod allan rinweddau Gwlad yr Addewid:

> Gwlad o heddwch, gwlad o sylwedd,
> Gwlad o gariad pur didrai;
> Gwlad o wledda'r pererinion
> Ar lawenydd i barhau;
> Dacw'r ardal, &c.
> Mae nghysuron oll eu gid. [30]

Arwydd o'i gynnydd ysbrydol yw i'r credadun ddirnad mwyfwy bleserau Canaan. Ceir rhagflas o'r nef yn y munudau o gymundeb agos-agos a gaiff y credadun yma yng nghanol byd o brofiad. Mae'n wedd ar y broblem o ddisgrifio'r profiad Cristnogol nad oes modd diffinio tragwyddoldeb ond trwy dermau amser. Rhoddwyd i Williams, mae'n gwbl ddiamau, brofiadau trosgynnol lawer o eiliadau tragwyddol, rhai nad oes modd eu mesur yn ôl y cloc. Sylweddolai, er hynny, fod bywyd i gyd yn rhagbaratoad ar gyfer tragwyddoldeb, a cheir clystyrau o fotiffau yn yr emynau lle ymgysegra Pantycelyn ddyddiau'i oes i garu a chanmol yr Iesu. Erys delfrydau tragwyddoldeb heb eu cyflawni eto: yn y nef yr etifeddir gwir ffydd, gobaith a chariad yn gyflawn.

Yn ei ragair i'w *Poetical Fragments*, dywed y diwinydd piwritanaidd Richard Baxter: 'y darlun mwyaf cywir o'r nef y gwn i amdano yma ar y ddaear, yw pan ddaw pobl Duw ynghyd . . . i ganu mawl soniarus a gorfoleddus iddo'. [31] Yng ngolwg y Piwritaniaid a'r Methodistiaid, yr oedd canu cyhoeddus yn rhag-lun o'r cyflwr digyfnewid o fawl

Duw-ganolog a barheir trwy dragwyddoldeb yn y nef. Yn sicr, rhagwelai Williams Pantycelyn ganu yn y nef ymhlith cymdeithas y saint. Yr oedd ef hefyd yn sicr o destun y canu: anthem angau Calfari yw thema orfoleddus canu'r nefoedd. Teimlai hiraeth angerddol am fod yn eu plith:

> Mae hiraeth arna i am y wlad
>   Lle mae torfeydd di-ri
> Yn canu'r Anthem ddyddiau eu hoes
>   Am angau Calfari. [32]

Sylwer, unwaith eto, ar grefft y pennill: mae'r gystrawen yn un frawddeg lefn er mwyn cyfleu'r esmwythyd y disgwylia'r emynydd ei brofi draw yn nhragwyddoldeb.

'Effeithiodd ei Hymnau gyfnewidiad neillduol ar agwedd crefydd ymhlith y Cymry a'r addoliad cyhoeddus yn eu cyfarfodydd,' [33] meddai Thomas Charles am gyfraniad arbennig Williams Pantycelyn i'r Diwygiad Methodistaidd a chaniadaeth y cysegr yng Nghymru. Yn yr emyn fe ddaw ffydd a diwylliant, profiad a dychymyg ynghyd i gyfoethogi defosiwn personol ac addoliad cynulleidfaol. Cofleidiwyd casgliadau Pantycelyn gan ddychweledigion y Methodistiaid am fod darlun gonest ac adlewyrchiad cywir a chyflawn o'u cyflwr rhwng eu cloriau. Diau y dymunai 'eu taclusu yn rhagorach', chwedl yntau, [34] eithr gweai gyfoeth o batrymau profiadol, o ddelweddau aneirif, a'u ffurfio'n fotiffau deniadol a ddisgrifiai anterth holl deimladau dyn ynghyd â gwae a gorawen yr achubiaeth ryfeddol a ddaeth i'w ran. Trwy'r ffurf lenyddol eneidegol hon, llwyddai i dynnu sylw, ennyn diddordeb, creu dyhead a chymell ymrwymiad i Grist yng nghalonnau miloedd o bobl. Yn wir, Williams Pantycelyn oedd un o'r hysbysebwyr gorau a gafodd yr Efengyl erioed yng Nghymru, a bu llên a chrefydd ein gwlad ar eu dirfawr ennill o'i blegid.

NODIADAU

[1] Gweler, er enghraifft, sylwadau Donald Davie, *Purity of Diction in English Verse* (Llundain, 1952), t.71; a Helen Gardner, *Religion and Literature* (Llundain, 1971), t.126.

[2] *Ffarwel Weledig, Groesaw Anweledig Bethau. . .* Y Drydedd Ran, 1769, XXXIII.

[3] *Aleluia, Neu, Casgliad o Hymnau ar Amryw Ystyriaethau*, 1744, VI, ll. 1-4.

[4] *Ffarwel Weledig, Groesaw, Anweledig Bethau . . .* Y Drydedd Ran, 1769, LXXXIV, ll. 1-8.

[5] Ibid., XXII, ll. 2-4.

[6] *Gloria In Excelsis . . .* Y Rhan Gyntaf, 1771, LVI, ll. 17-18.

[7] Ceir ymdriniaeth ddiddorol odiaeth ar Ganiad Solomon gan Francis Landy yn *A Literary Guide to the Bible*, gol. Robert Alter & Frank Kermode (Llundain, 1987), tt. 305-319.

[8] 'Argraffiad Beirniadol gyda rhagymadrodd, amrywiadau a nodiadau o *Caniadau, Y Rhai Sydd Ar y Môr o Wydr, & . . .* , William Williams, Pantycelyn,' wedi'i olygu gan Dafydd Alwyn Owen, Traethawd M.A., Prifysgol Cymru, 1980, t. 60, ll. 21-24.

[9] Ibid., 61, ll. 29-32.

[10] *Ffarwel Weledig, Groesaw Anweledig Bethau . . .* Y Drydedd Ran, 1769, XXI, ll. 1-8.

[11] Er enghraifft, Epistol Iago, 4:4.

[12] Garfield H. Hughes (gol.), *Gweithiau William Williams Pantycelyn, Cyfrol II* (Caerdydd, 1967), t. 130.

[13] *Gloria In Excelsis . . .* Y Rhan Gyntaf, 1771, I, ll. 7-9.

[14] *Ffarwel Weledig, Groesaw Anweledig Bethau . . .* Y Drydedd Ran, 1769, XXXIX, ll. 29-30.

[15] Ibid., XLIII, ll. 7-10.

[16] 'Argraffiad Beirniadol. . .*Môr o Wydr*', 92, ll. 1-8.

[17] *Gloria In Excelsis . . .* Y Rhan Gyntaf, 1771, LIII, ll. 7-12.

[18] 'Argraffiad Beirniadol. . .*Môr o Wydr*', 42, ll. 7-12.

[19] *Gloria In Excelsis . . .* Y Rhan Gyntaf, 1771, VII, Yr Ail Ran, ll. 33-40.

[20] Ibid., XV, ll. 13-18.

[21] *Ffarwel Weledig, Groesaw Anweledig Bethau . . .* Y Drydedd Ran, 1769, VI, ll. 1-2.

[22] 'Argraffiad Beirniadol . . . *Môr o Wydr*', 12, ll. 25-26.

[23] *Ffarwel Weledig, Groesaw Anweledig Bethau . . .* Y Rhan Gyntaf, 1763, II, ll. 25-30.

[24] *Aleluia, Neu Casgliad o Hymnau . . .* Yr Ail Ran, 1745, IV, ll. 1-4.

[25] *Gweithiau William Williams Pantycelyn. Cyfrol II*, t. 191.

[26] *Ffarwel Weledig, Groesaw Anweledig Bethau . . .* Yr Ail Ran, 1766, LXXXIV, ll. 1-6.

[27] *Ffarwel Weledig, Groesaw Anweledig Bethau . . .* Y Drydedd Ran, 1769, XIII, ll. 7-12.

[28] *Ffarwel Weledig, Groesaw Anweledig Bethau . . .* Y Rhan Gyntaf, 1763, LVIII, ll. 1-4.

[29] *Gloria In Excelsis . . .* Yr Ail Ran, 1772, I, ll. 5-8.

[30] *Gloria In Excelsis . . .* Y Rhan Gyntaf, 1771, XIV, ll. 19-24.

[31] Dyfynnir yn Colleen McDannell a Bernhard Lang, *Heaven: A History* (New Haven, 1988) t. 174.

[32] *Gloria In Excelsis . . .* Yr Ail Ran, 1772, XLIII, ll. 17-20.

[33] *Trysorfa Ysbrydol*, 1813, t. 454.

[34] Gomer Morgan Roberts (gol.), *Gweithiau William Williams Pantycelyn. Cyfrol I* (Caerdydd, 1964), t. 1.

PEDWAR EMYN, PEDAIR CERDD

Bedwyr Lewis Jones

> Pam y caiff bwystfilod rheibus
> Dorri'r egin mân i lawr?
> Pam caiff blodau peraidd, ifainc
> Fethu gan y sychdwr mawr?

Yn 1762 yn *Caniadau (y rhai sydd ar y Môr o Wydr . . .)* yr ymddangosodd y llinellau yna mewn print gyntaf. Yn ystod y deunaw mlynedd cyn hynny roedd Williams wedi cyhoeddi tair cyfrol o emynau—*Aleluia* yn chwe rhan rhwng 1744 a 1747, *Hosanna i Fab Dafydd* yn ddwy ran yn 1751 a 1753, a *Rhai Hymnau a Chaniadau Duwiol* yn 1757. Rhyngddyn nhw roedd yn y rhain dros ddau gant o emynau newydd, ac ymhlith y deugant a rhagor hynny roedd rhai—'Yn Eden, cofiaf hynny byth', er enghraifft—y byddai cynhaeaf ein hemynyddiaeth yn dlotach hebddyn nhw. Ond at ei gilydd, cymharol brin yw'r emynau cyfoethog, cofiadwy yn y cyfrolau cynharaf. Mae mwy o furyd, mwy o dipyn, yn *Caniadau (y rhai sydd ar y Môr o Wydr . . .)*. Mae detholiad newydd Gwasg Gregynog yn amlygu hynny: saith emyn o chwe rhan *Aleluia*, dim un o *Hosanna i Fab Dafydd*, un o *Rhai Hymnau*, o'r *Môr o Wydr* deg. *Caniadau (y rhai sydd ar y Môr o Wydr)*, 1762 yw cyfrol 'fawr' gyntaf Williams, a'r awdur erbyn hynny yn bump a deugain oed.

Gant a deugain o flynyddoedd cyn hyn, yn Salmau Cân Edmwnd Prys, roedd Cymru wedi cael ei llyfr emynau cyntaf. Roedd camp ar fydryddiad Prys. Yn un peth, roedd yn fydryddiad rhyfeddol o glòs at y testun ysgrythurol: mae ei gymharu â mydryddiadau cynnar eraill o'r Salmau yn Gymraeg yn dangos hynny. Roedd Edmwnd Prys hefyd wedi taro ar gywair iaith oedd yn ystwyth ac urddasol, yn weddus briodol i ganu cynulleidfaol:

> Disgwyliaf o'r mynyddoedd draw
> Lle daw im help wyllysgar.

Ac roedd rhai o'i salmau unigol yn cyfuno'n hyfryd o lwyddiannus ffyddlondeb i'r testun a mynegi profiad personol. Y drydedd salm ar ddeg, er enghraifft:

> Pa hyd, fy Arglwydd Dduw di-lyth,
> Ai byth yr wyf mewn anghof?
> Pa guddio rwyd, o Dduw, pa hyd,
> Dy lân wynepryd rhagof.

Pa hyd y rhed meddyliau tro
    Bob awr i flino 'nghalon?
Pa hyd y goddefaf y dir,
    Tra codir fy nghaseion?

O Arglwydd, edrych arnaf fi
    A chlyw fy ngweddi ffyddlon;
Egor fy llygaid, rhag eu cau
    Yng nghysgfa angau dicllon.

Pe llithrwn ddim, rhag maint yw'r llid,
    Fe ddwedid fy ngorchfygu,
A llawen fyddai fy holl gas;
    Dal fi â'th ras i fyny.

Minnau'n Dy nawdd a rois fy ffydd
    A'm holl lawenydd eithaf;
Canaf i'm Duw a'm helpiodd i,
    Gwnaf gerddi i'r Goruchaf.

Mae'r newid rhuthm gan gadw mydr—y newid o bryder plyciog y ddau bennill cyntaf i hyder cryf y pennill olaf, er enghraifft, yn dangos bardd go arbennig, mwy bardd nag yr ydym ni hyd yma wedi ei gydnabod.

    Chwarter canrif, mwy neu lai, ar ôl Prys roedd Morgan Llwyd yn un o'i gerddi emynyddol wedi tynnu ar Gân y Caniadau i fynegi agwedd fwy serchog angerddol ar gariad credadun at ei Dduw. Fel hyn:

Fy Nuw, cusana fi â'th fin,
Melysach yw Dy serch na'r gwin,
Di yw anwylyd f'enaid i.

Aroglau D'enaint, hyfryd yw,
Dy enw a wna y marw yn fyw;
Fe hoffa'r gwir forynion Di.

O dywed imi ple y'th gawn
Yn porthi'r nefol braidd brynhawn?
Ni byddaf lonydd nes Dy gael.

O pam y troi Di heibio fi?
Chwant f'enaid yw Dy fynwes Di;
Rwy'n ffyddlon er fy mod i'n wael.

Roedd Morgan Llwyd yn cymryd hyfdra i ddefnyddio cyffyrddiadau ysgrythurol i fynegi ei brofiad personol ei hun. Ac eto, ym mhenillion Morgan Llwyd, fel yn salmau cân Prys, ffurfiol at ei gilydd yw'r ieithwedd a'r rhuthmau. Does ond gofyn ichi eu cymharu â phenillion y Ficer Prichard ac fe welwch hynny.

Mae Williams yn wahanol:

> Pam y caiff bwystfilod rheibus
>   Dorri'r egin mân i lawr?
> Pam caiff blodau peraidd, ifainc
>   Fethu gan y sychdwr mawr?

Nid symlrwydd canu gwerin y Ficer sydd yma. Nid cyweirnod Edmwnd Prys a Morgan Llwyd, a'r emynwyr cynnar eraill, chwaith. Mae'n llai ffurfiol na'r rheini, yn fwy agosatoch, yn eich rhwydo rywsut i feddwl mai chi'ch hun sy'n siarad. Go brin, wrth gwrs, fod Williams na'i gynulleidfa wedi gweld 'bwystfilod rheibus' erioed. Go brin ei fod wedi profi 'sychdwr' gwirioneddol chwaith. Nid rhan o fywyd pob-dydd Sir Gâr oedd y pethau hynny. Golygfeydd ail-law o'r Beibl oedden nhw. Mae sôn am fwystfilod ac am sychder yn frith yn yr Hen Destament—yn Llyfr Hosea, er enghraifft, pennod 13. Yno mae Duw yn llefaru trwy'r proffwyd: 'Mi a'th adnabûm yn y diffeithwch, yn nhir sychder mawr'. Rhan oedd 'sychder' a 'bwystfil rheibus' o iaith proffwydi'r Hen Destament wrth rybuddio'u cyd-genedl rhag troi oddi wrth Dduw i ddilyn eilunod, ac iaith a delweddaeth oedd yn real iawn iddyn nhw yn amgylchiadau eu byw yn y Dwyrain Canol ddwy fil a hanner, a rhagor, o flynyddoedd yn ôl. Mae Williams yn benthyca'r ddelweddaeth hon. Roedd y cynghorwr seiadau ynddo ef yn ymwybodol iawn o beryglon gwrthgilio ymhlith y dychweledigion. Mae'n addasu delweddaeth y Beibl i sôn am y peryglon a'r temtasiynau. Pam, pam, meddai, y mae atyniadau bydol mor gryf? Mae hynny'n arwain yn naturiol i ymbil gweddïgar ail ran y pennill:

> Pam y caiff bwystfilod rheibus
>   Dorri'r egin mân i lawr?
> Pam caiff blodau peraidd, ifainc
>   Fethu gan y sychdwr mawr?
> Dere â'r cafodydd hyfryd
>   Sy'n cynyddu'r egin grawn,
> Cafod hyfryd yn y bore,
>   Ac un arall y prynhawn.

A'r cafodydd hyfryd? 'Cafodydd bendith' Eseciel 34. 26 yw'r rhain, y 'cynnar-law a'r diweddar-law' y mae Duw yn ei addo trwy enau

Moses yn Llyfr Deuteronomium 11. 14. Canu i'r deall sydd yma, canu sumbolaidd, ac nid canu natur. Y peth sy'n drawiadol yw'r ffordd y mae Williams yn llwyddo i gartrefoli'r ddelweddiaeth Feiblaidd a'i dwyn o fewn profiad beunyddiol ei gynulleidfa. Fe allech dyngu, ar wrandawiad cyntaf ysgafn, mai sôn am Sir Gaerfyrddin y mae. Yn hyn i gyd roedd Williams yn effro iawn i elwa ar y cynefino ag iaith a chynnwys y Beibl oedd yn ganlyniad cynnydd y Diwygiad Methodistaidd.

Dowch yn ôl am funud at ddelweddiaeth Feiblaidd pennill cyntaf 'Pam y caiff bwystfilod rheibus'. Y sôn gan Hosea am ddiffeithwch ac am dir sychder mawr, rhan yw hynny yn y Beibl o brofiad taith y genedl o'r Aifft. Mae'r un peth yn wir am addewid Moses am gynnarlaw a diweddar-law. Yn anymwybodol bron mae Williams wedi'n paratoi ar gyfer yr ail bennill:

> Gosod babell yng ngwlad Gosen,
>   Dere, Arglwydd, yno Dy hun,
> Gostwng o'r uchelder golau,
>   Gwna Dy drigfan gyda dyn,
> Trig yn Seion, aros yno
>   Lle mae'r llwythau yn dod ynghyd,
> Byth na 'mâd oddi wrth Dy bobol
>   Nes yn ulw yr elo'r byd.

Gosen Llyfr Genesis sydd yma, y rhan o'r Aifft a roddodd Pharo i deulu Joseff a'r fan lle bu'r Israeliaid am bedwar can mlynedd cyn yr ecsodus. Yn y bedwaredd llinell mae'n symud i Seion—nid Mynydd Seion yn lleoliad daearyddol ond Seion yn cynrychioli'r Eglwys, y fan lle'r oedd Duw'n trigo gyda'i bobl. Mae Williams, heb inni sylwi megis, wedi'n tywys i weld bywyd yn nhermau delwedd oesol y daith, a bywyd y Cristion fel pererindod drafferthus o Aifft pechod i lawenydd Canaan. Yn un o'i adroddiadau am seiadau rhan uchaf Ceredigion yn 1748 mae'n sôn am yr aelodau:

> mae cynnydd y rhain im tub i yn bur gyffelib i lwybr plant yr Israel yn yr anialwch yr hwn oedd weithiau yn myned yn union tua Chanaan ag ymhen gronin megis pe buasai eilwaith yn arwen tua Aifft ag yn rhoddi llawer iawn o droiadau . . .

Mae delwedd y daith o'r Aifft yn rhoi ffrâm Feiblaidd sy'n cydio profiad unigolyn o Gymro wrth ganrifoedd ar ganrifoedd o ymwneud Duw â'i bobl.

Caethglud arall sydd ar ddechrau'r trydydd pennill, honno yn Salm 137: 'Wrth afonydd Babilon, yno yr eisteddasom, ac wylasom, pan feddyliasom am Seion'. Yn yr ail bennill taerineb oedd y cywair a hwnnw'n cael ei bwyo â chyfres o ferfau'n mynegi dymuniad— 'gosod', 'dere', 'gostwng', 'gwna', 'trig'. Yn dilyn hynna mae ymlacio beth yn y pennill nesaf:

> Blinais ar afonydd Babel,
> Nid oes yno ond wylo i gyd;
> Llais telynau hyfryd Seion
> Sydd yn gyson dynnu 'mryd.
> Tyrd â ni yn dorf gariadus
> O gaethiwed Babel fawr,
> Ac nes b'ôm ar fynydd Seion
> N'ad ni osod clun i lawr.

'N'ad ni osod troed i lawr' sydd yn argraffiad cyntaf 1762 o *Môr o Wydr* (ac yn nhestun argraffiad Gregynog). Yn nes ymlaen fe newidiodd Williams ei hun 'troed' yn 'clun'. Nid yn y Beibl y cafodd o 'gosod clun i lawr'. Ifan Gruffydd, y gŵr o Baradwys, glywais i yn defnyddio 'rhoi'r glun i lawr' am weision ffermydd yn cymryd hoe adeg cynhaeaf. Ymadrodd llafar gwlad ydyw, cyffyrddiad o iaith lafar Sir Gâr sy'n rhan o'r creu agosatrwydd cartrefol yn yr emyn, fel y cywasgu llafar 'byth na 'mâd' yn lle 'byth nac ymadael' at ddiwedd yr ail bennill. A chyda llaw, mae newid 'troed' yn 'clun' yn cryfhau'r mynegiant. Awgrymu fod rhywun yn gweithredu'n bwrpasol y mae 'gosod troed i lawr', awgrymu pendantrwydd. Mae 'gosod clun i lawr' yn cyfleu ymlacio, a rhybuddio rhag ymlacio oedd bwriad Williams yn y llinellau hyn.

Ar ôl y llacio, gorfoledd i gloi; llawenydd y cyrraedd ar ôl y teithio a'r erfyn. Mae Williams yn hyf yn cipio ymadroddion Beiblaidd fan yma, fan acw. 'Dy lygaid a welant y brenin yn ei degwch', meddai Eseia 33. 17; 'Tyred, mi a ddangosaf i ti'r briodasferch, gwraig yr Oen', meddai angel yn Llyfr y Datguddiad 21. 9; Luc 9. 29 sy'n sôn am 'wedd ei wynepryd ef'; yng Nghaniad Solomon 3. 11 y sonnir am 'ddydd dyweddi' y brenin Solomon; Llyfr y Datguddiad 19. 9 sy'n sôn am 'swper neithior yr Oen'. Mae Williams yn defnyddio'r cwbwl, a rhagor; mae'n plethu adleisiau ysgrythurol mewn dull a fuasai'n dychryn Edmwnd Prys i ganu ei Haleliwia buddugoliaethus:

> Dacw'r Brenin yn ei degwch,
> Dyma ei briod wrth ei glun;
> Gwedd ei wyneb sy'n rhagori
> 'Mhell ar wedd wynepryd dyn;

Dyma ddydd, dydd ei ddyweddi,
Dyma'r briodasol wledd,
Dyma'r dydd caiff pererinion
Yfed o'i dragwyddol hedd.

Oes, mae yn yr emyn ddatblygiad, o anneall a dryswch i orfoledd; mae ynddo gyfanrwydd profiad, a hwnnw'n brofiad personol i Williams ac i'w gyd-ddychweledigion; mae ynddo gyfoeth o ddelweddau; mae amrywiaeth rhuthm; mae ieithwedd newydd sy'n gwyro iaith y Beibl ar lafar pob-dydd Sir Gâr. Mae'n emyn cynulleidfaol effeithiol ac yn gerdd ardderchog iawn.

Tynnu ar gyfanrwydd y Beibl i roi mynegiant newydd a ffres i brofiad crefyddol yr oedd Williams yn 'Pam y caiff bwystfilod rheibus'. Wrth gyflawni hyn roedd hefyd yn tynnu ar ei gynefindra ag emynau Saesneg. Gan emynwyr Saesneg y cafodd fesur 8.7.8.7 dwbwl 'Pam y caiff bwystfilod rheibus'. Yn y rhagymadrodd ar ddechrau *Ffarwel Weledig* 1763 mae'n cyfeirio at hyn; mae'n cynghori 'pwy bynnag a ddanfono hymnau i'r argraffwasg'—ac roedd hynny ar gynnydd—mae'n ei gynghori i ddarllen emynau Saesneg er mwyn 'adnabod prydyddiaeth . . . a'r amryw reolau sydd yn perthyn iddi'. Enghraifft o Williams yn tynnu maeth o brydyddiaeth Saesneg yw'r emyn nesaf y dewisais i sôn amdano, sef yr emyn 'Dacw gariad, dacw bechod' o ail ran *Ffarwel Weledig* 1766.

Cerdd 'The Agonie' gan George Herbert (1593-1633) yw man cychwyn yr emyn. Roedd Herbert o dras Cymreig, roedd yn ddyn prifysgol—yn gymrawd am gyfnod yng Ngholeg y Drindod yng Nghaergrawnt; roedd yn gyfarwydd â byd dysg a gwybodaeth. Roedd yn gwybod hefyd am anesmwythyd ac ing cydwybod grefyddol, 'the many spiritual conflicts that have past betwixt God and my Soul, before I could subject mine to the will of Jesus my Master', a'r frwydr ysbrydol hon oedd pwnc ei gerddi. Yn 'The Agonie' mae'n sôn fel yr oedd athroniaeth naturiol y dydd yn estyn terfynau gwybodaeth am y bydysawd a'i bethau, ond doedd dyn ddim nes o ran ei adnabod ei hun. Doedd athroniaeth naturiol ddim yn goleuo dyn ynghylch pechod a chariad, ynghylch drwg a da. I adnabod y rheini doedd gwybodaeth, fel y cyfryw, fawr o help. Yng Nghrist yn unig yr oedd arweiniad. Mae Herbert yn agor ei gerdd, yn nodweddiadol o'r beirdd metaffisegol, trwy sôn am wyddoniaeth; yna mae'n arwain myfyrdod i ganolbwyntio ar Grist yng Ngardd Gethsemane ac ar Galfaria:

Philosophers have measur'd mountains,
Fathom'd the depths of seas, of states, and kings,
  Walk'd with a staffe to heav'n, and traced fountains:
But there are two vast, spacious things,
The which to measure it doth more behove:
Yet few there are that sound them; Sinne and Love.

Who would know Sinne, let him repair
Unto Mount Olivet; there shall he see
A man so wrung with pains, that all his hair,
  His skinne, his garments bloudie be.
Sinne is that presse and vice, which forceth pain
To hunt his cruell food through ev'ry vein.

Who knows not Love, let him assay
And taste that juice, which on the crosse a pike
Did set again abroach; then let him say
  If ever he did taste the like.
Love is that liquour sweet and most divine,
Which my God feels as bloud; but I, as wine.

Yng Nardd Gethsemane yr oedd adnabod pechod, yn anufudd-dod
dyn. Ar Galfaria yr oedd adnabod cariad yn ei burdeb.

Mae'n amlwg i gerdd Herbert wneud cryn argraff ar Williams. Yn
sgil ei ddarllen, fe'i harweiniwyd yntau i amgyffred yr olygfa yng
Ngethsemane ac ar Galfaria ac i fyfyrio arnyn nhw. Y myfyrio
amgyffredus hwn sy'n ei emyn. Mae'n anwybyddu'r sôn gan Herbert
am gynnydd gwybodaeth wyddonol ac yn cychwyn gyda phwynt
canolog 'The Agonie', sef y frwydr rhwng pechod a chariad:

Dacw gariad, dacw bechod,
  Heddiw'ch dau ar ben y bryn;
Hwn sydd gryf, hwn acw'n gadarn:
  Pwy enilla'r ymgyrch hyn?
    Cariad, cariad,
  Wela i'n berffaith gario'r dydd.

Yna'n syth mae'n canlyn George Herbert i Fynydd yr Olewydd a
Gethsemane:

Dringaf fyny i'r Olewydd
  I gael gweled maint fy mai;
Nid oes arall is yr wybren
  Fan i'w weled fel y mae.
    Annwyl f'enaid
  Yno yn chwysu dafnau gwaed.

Gweld yr hwn fu'n prynu im bardwn,
Prynu pardwn maith y byd,
Gweld ei wallt a gweld ei wisgoedd,
Gweld ei ruddiau'n waed i gyd;
Fe fy mhechod
Yrrodd allan ddwyfol waed.

Pechod greodd ynddo'r poenau,
Pechod roddodd arno'r pwn,
Pechod barodd iddo ochain;
Fy unig haeddiant i oedd hwn.
O! na welwn
Fore fyth na phechwn mwy.

Mae'n werth oedi mymryn i sylwi fel y mae Williams yn symleiddio
mynegiant Herbert, yn llacio'r dweud mewn llinellau fel,

Nid oes arall is yr wybren
Fan i'w weled fel y mae . . .

yn ailadrodd geiriau,

Gweld yr hwn fu'n prynu im bardwn,
Prynu pardwn maith y byd . . .

yn egluro,

Fe fy mhechod
Yrrodd allan ddwyfol waed.

Mae'n trawsnewid cerdd fyfyrdod gywasgedig, dynn—Waldoaidd o
dynn, yn emyn cynulleidfaol.

Yng ngherdd Herbert roedd pennill am Ardd Gethsemane a
phennill am Galfaria. Mae Williams eisoes wedi toddi'r ddwy
olygfa'n un. Mae wedi ein tywys, yn ddiarwybod bron, o'r naill i'r
llall, ac yna'n canolbwyntio ar Galfaria. Ond lle'r oedd Herbert yn
gweithio'r elfen drosiadol yn dynn, yn gweld Crist ar y groes fel
tunnell neu gasgen win sy'n cael ei thyllu—'abroach' yw ei air, a
ninnau'n yfed ohoni, mae Williams yn symleiddio. Mae'n hepgor y
sôn am dyllu tunnell win, ond mae'n cadw paradocs 'y wir
winwydden' y mae Ei waed yn win, ac yn gorffen ar nodyn o orfoledd
diolchgar:

Profed hwnnw nad yw'n medru
   Caru Prynwr mawr y byd
Beth o'r dŵr a'r gwaed a lifodd
   Gyda'r bicell fawr ei hyd.
      Hyn sy'n magu
   Fflamau o gariad heb ddim trai.

Cariad oll i mi oedd yno,
   Chwer'der ydoedd i fy Nuw,
Lle dioddefodd un diwrnod
   Boenau o amrywiol ryw.
      O'r Winwydden
   Gwasgwyd pechod i mi yn win.

Yma, fel yn yr emyn cynharach, mae Williams yn arddangos dawn
ryfeddol i gydio mewn delweddau a'u defnyddio i chwilio ciliau
profiad crefyddol mewn ffordd sy'n dwyn cysyniadau cymhleth o
fewn gafael ei gynulleidfa, a hynny heb lastwreiddio.

   Gloria in Excelsis, y rhan gyntaf yn 1771, ail ran yn 1772, oedd cyfrol
fawr olaf Williams. Un o'r emynau yn ail ran 1772 yw 'Rwy'n edrych
dros y bryniau pell'. Mae'n dechrau fel cerdd serch. Gallasai'r pennill
cyntaf fod yn gychwyn cerdd garu gan lanc i'w gariad, ond mae'r sôn
ar ddechrau'r pennill nesaf am 'gariadau', a'r gwrthgyferbynu rhwng
y rheini yn y lluosog a'r Cariad unigol 'mwy ei rym', yn ein tynnu'n
syth i ystyried cariad Duw. Mae Williams yn pwysleisio grym y cariad
hwnnw; mae'n mynegi gyda thaerni cynyddol ddymuniad y Cristion i
fod yn ffyddlon iddo; ac yna mae'n cloi trwy ddatgan yn herfeiddiol ei
fod wedi ei ennill yn llwyr ganddo:

'Rwy'n edrych dros y bryniau pell
   Amdanat bob yr awr;
Tyrd, f'anwylyd, mae'n hwyrhau
   A'm haul bron mynd i lawr.

Trodd fy nghariadau oll i gyd
   Nawr yn anffyddlon im,
Ond yr wyf finnau'n hyfryd glaf
   O gariad mwy ei rym.

Cariad na 'nabu plant y llawr
   Mo'i rinwedd nac mo'i ras,
Ac sydd yn sugno'm serch a'm bryd
   O'r creadur oll i ma's.

O gwna fi'n ffyddlon tra fwy' byw
A'm lefel at Dy glod,
Ac na fo pleser fynd â 'mryd
A welwyd is y rhod.

Tynn fy serchiadau'n gryno iawn
Oddi wrth wrthrychau gau
At yr un gwrthrych ag sydd fyth
Yn ffyddlon yn parhau.

'Does gyflwr tan yr awyr las
'Rwy ynddo'n chwennych byw;
Ond fy hyfrydwch fyth gaiff fod
O fewn cynteddau'm Duw.

Fe ddarfu blas, fe ddarfu chwant
At holl bosïau'r byd.
Nid oes ond gwagedd heb ddim trai
Yn rhedeg trwyddo i gyd.

Mae'r newid mewn delweddiaeth rhagor 'Pam y caiff bwystfilod rheibus' yn drawiadol. Beiblaidd oedd y lluniau yn yr emyn hwnnw, gryn ddwsin ohonyn nhw mewn un gerdd. Prin bod un darlun penodol Feiblaidd yn hwn. Cynrychioli deniadau'r byd y mae 'posïau'; tuswau o flodau ydyn nhw, yn dlws ddigon ond yn ddibara. Hyd y gwn i nid yw'r gair 'posi' yn digwydd yn y Beibl. Yna, i gyfleu'r syniad o ganolbwyntio sylw ar Dduw, mae Williams yn defnyddio delwedd y 'lefel'. Fel saethwr yn edrych i lawr baril gwn ac yn hoelio'i sylw'n llwyr ar y targed neu'r 'nod', gan gau popeth arall allan yn llwyr, dymuniad Williams yw canolbwyntio'i sylw i gyd ar Dduw, nid ar Dduw yn wrthrych gweladwy ond ar glod ac anrhydedd Duw.

O gwna fi'n ffyddlon tra fwy' byw
A'm lefel at Dy glod.

Nid yw 'lefel' chwaith yn air Beiblaidd; o leiaf, dydi o ddim yn y concordans sydd gen i. Mae Williams bellach yn ddigon sicr ei afael ar yr ieithwedd newydd yr oedd ef a'r Diwygiad wedi ei chreu ar gyfer ymdrin â chyflyrau profiad i fedru hepgor yr angorion ysgrythurol. Mae'n sicrach ei argyhoeddiad hefyd, efallai. O'r herwydd mae'n fwy telynegol ei naws. Ond y fath delyneg! Oedwch gyda'r trydydd pennill a'r gair 'sugno' yn hwnnw:

Cariad na 'nabu plant y llawr
  Mo'i rinwedd nac mo'i ras,
Ac sydd yn sugno'm serch a'm bryd
  O'r creadur oll i ma's.

Mae beiddgarwch hyderus y gair yn arwyddo bardd sy'n sicr iawn o'i lais. Mae'r afael ar fydr a rhuthm hefyd yn ddi-dynnu-sylw fedrus—y ddwy linell gyntaf gyda'u corfannau trwm-ysgafn rheolaidd ac yna'n torri ar y patrwm yn y *tyrd* acennog ar ddechrau'r drydedd llinell:

Rwy'n édrych drós y brýniau péll
  Amdánat bób yr aẃr
Týrd, fy Anwýlyd, máe'n hwyrháu.

Yn sgîl cerdd fel hon roedd y ffordd ar agor led y pen i dwf canu rhydd telynegol yn Gymraeg yn y man.

Emyn tebyg, eto o ail ran *Gloria in Excelsis* 1772, yw 'Iesu, difyrrwch f'enaid drud'. Mae'r sôn am 'ddiliau mêl' yn Feiblaidd. Mae Williams yn tynnu ar adnod yn Llyfr y Datguddiad 6. 13, 'A sêr y nef a syrthiasant ar y ddaear, fel y mae'r ffigysbren yn bwrw ei ffigys gleision, pan ei hysgydwer gan wynt mawr.' Ond tenau at ei gilydd yw'r adleisiau Beiblaidd. Bardd sicr ohono'i hun sydd yma yn canu'i lawenydd yn yr ieithwedd a'r rhuthmau newydd yr oedd ef wedi eu hennill i farddoniaeth Gymraeg:

Iesu, difyrrwch fy enaid drud
  Yw edrych ar Dy wedd,
Ac mae llythrennau Dy enw pur
  Yn fywyd ac yn hedd.

A than Dy aden dawel, bur
  'Rwy' yn dymuno byw,
Heb ymbleseru fyth mewn dim
  Ond cariad at fy Nuw.

O! cau fy llygaid rhag im weld
  Pleserau gwag y byd,
Ac imi wyro byth oddi ar
  Dy lwybrau gwerthfawr drud.

'Does gennyf ond Dy allu mawr
  I'm nerthu i fynd ymla'n;
Dy iachawdwriaeth yn fy ngrym,
  Fy nghongcwest a fy nghân.

Melysach nag yw y diliau mêl
   Yw munud o'th fwynhau,
Ac nid oes gennyf bleser sydd
   Ond hynny yn parhau.

A phan y syrthio sêr y nen
   Fel ffigys ir i'r llawr,
Bydd fy niddanwch heb ddim trai
   Oll yn fy Arglwydd mawr.

Mawredd Williams, efallai, yn y pen-draw yw iddo roi inni ugeiniau o linellau fel

A pan y syrthio sêr y nen
   Fel ffigys ir i'r llawr

sydd wedi dod yn rhan naturiol o'n hiaith wrth inni ymson â ni'n hunain i geisio rhoi trefn ar ein profiadau yn hyn o fyd.

Nodyn llyfryddol: Trafodwyd 'Pam y caiff bwystfilod rheibus' gan John Gwilym Jones yn ei *William Williams Pantycelyn*, Gwasg Prifysgol Cymru, 1969, a 'Dacw gariad, dacw bechod' gan Alwyn Roberts mewn ysgrif ar 'Bantycelyn fel Bardd Cymdeithasol', *Y Traethodydd*, CXXVII, 1972, 7-13. Mae ymdriniaeth werthfawr â mesurau'r emynau gan yr Athro J. Lloyd-Jones yn *Y Drysorfa*, 1937, 6-14, 63-5, 95-7.

MAWLGAN WILLIAMS DDOE A HEDDIW
MEDDYLIAU GWEINIDOG

W I Cynwil Williams

Yr oedd y Methodistiaid cynnar, yn Lloegr a Chymru, yn canu llawer, ac yn llawen yn eu haddoliad. Rhoddwyd mynegiant i'w teimladau gan ddwy ddawn fawr, Charles Wesley a Williams Pantycelyn. Dylanwadodd y ddau yn drwm ar feddwl dychweledigion y ddwy wlad, a'r ddau yn eu caneuon i'r Iôr yn crisialu meddwl y Methodistiaid cynnar ac yn cyflwyno prif athrawiaethau'r Diwygiad Mawr. Wrth fawrygu Duw yn ddiolchgar, cafwyd ganddynt fawlgan sy'n crynhoi gwewyr a phrofiad pobl John a Charles Wesley a phobl Howell Harris, Daniel Rowland a William Williams. Tystiolaeth a chredo, profiad ac athrawiaeth, syndod a chariad, pryderon a gobeithion—fe'u hasiwyd yn ymenyddiol yn emynau'r ddau fardd, a throdd eu diwinyddiaeth adlewyrchiadol yn gyfrwng bendith i genedlaethau o addolwyr y Tad. John Wesley oedd yr arweinydd diamheuol yn Lloegr, ac yn 1780 cyhoeddodd ragymadrodd tra enwog i Lyfr Emynau ei bobl, *Collection of Hymns for the use of the People called Methodists.*

Cyfansoddiadau Charles ei frawd oedd y mwyafrif llethol o'r emynau hyn, ond yr arweinydd ei hun a osododd i lawr yr egwyddorion sylfaenol ynglŷn â defnyddioldeb yr emynau a'u gwerth diwinyddol.

Disgrifiwyd yr emynau ganddo fel 'corff bychan o ddiwinyddiaeth arbrofol ac ymarferol', a gwelodd ynddynt foddion i godi 'a bywhau ysbryd defosiwn' yn y darllenydd. Rhagwelai hefyd y byddai awen bietistaidd Charles Wesley yn 'cadarnhau ... ffydd [y darllenydd], yn bywiocáu ei obaith, ac yn cynnau a chynyddu ei gariad tuag at Dduw a dyn.' Llawforwyn oedd yr awen emynyddol i'r arweinydd yn Lloegr, i gynnal defosiwn y duwiol ac i rymuso'r athrawiaethau. Yr oedd yr ymraniad a fu rhwng Howell Harris a Daniel Rowland yn hawlio rhagymadrodd gwahanol ei natur gan William Williams ddwy flynedd ar hugain yng nghynt i'w gasgliad ef o'i emynau, yr *Aleluia.*

Bu cweryl, ac ni allai ef osgoi cyplysu rhai cyfeiriadau at y natur ddynol gyda'i sylwadau am natur addoliad y bobl yn ei ofal. Nid oedd Methodistiaid y pumdegau mor danbaid ag addolwyr cynnar y diwygiad, y pentewynion cryfion cyntaf, ymfflamychol eu mawl.

Cyfansoddodd Williams ar eu cyfer hwy, ac mae'n amddiffyn ei emynau cynnar trwy gyfeirio at lyfrau yn yr Hen Destament sy'n cynnwys rhai o'r nodweddion a geir yn ei ganu cynnar. Ac yntau yn wynebu'i ddyletswyddau ar adeg anodd yn hanes y mudiad newydd, mae'n herio'i ddarllenwyr i godi i dir uchel cyfriniaeth a buddugol-yddiaeth (*triumphalism*), yn enw y paradocs rhyfeddaf, sef y gall dyn yn ei waeledd brofi Duw yn ddaionus; ac y gall y Duw anfeidrol a fu farw ein bywhau ni a'n codi i'w fynwes.

Er lles eneidiau y cyfansoddodd Williams ei emynau, eneidiau a gafodd eu hadgenhedlu yn y Diwygiad Mawr. Gwerin bobl oeddynt, yn dal rhyw fath o gysylltiad ag Eglwys Loegr neu Anghydffurfwyr. Yr oedd Williams yn adnabod eu tras, ac wedi gweld effeithiau gras ar eu bywydau. Gwyddai, hefyd, am batrwm addoli y ddwy garfan.

*   *   *

Beth yw addoli? Cafwyd aml ymgais i ddiffinio addoliad. Yr enwocaf yn yr iaith Saesneg yn ein canrif ni yw un yr Archesgob William Temple: ystyr addoli ydyw dwysbigo'r gydwybod â sancteiddrwydd Duw, porthi'r meddwl ar wirionedd Duw, puro'r dychymyg gan brydferthwch Duw, agor y galon i gariad Duw, plygu'r ewyllys i bwrpas Duw. Ac yn rhagymadroddion Williams i'w lyfrau mae nifer o'r camau positif yma yn cael eu hawgrymu. Y rhai sydd 'wedi profi Duw yn dda,' meddai'r emynydd, a fedr ganu mawl. Hyn a ddigwydd o ddilyn y camau a gymeradwyir gan Temple. Yn un o ysgrifau difyr yr Athro a'r lleygwr o Dregarth, y diweddar Syr Ifor Williams, y cafwyd yn ein canrif ni y diffiniad cyfatebol yn y Gymraeg o addoli. Yn ôl ei arfer, daeth Syr Ifor at ei ddiffiniad trwy ddadansoddi'r gair. Gwreiddyn y gair yw *dôl*, y darn hwnnw o dir o gwmpas afon sy'n troi a throelli yn ei harafwch. Yr un gair yw â'r gair *dolen*, gair yn dynodi *plyg*, a'r act o blygu. Mae diffiniad y Cymro yn un gwahanol iawn i un yr Archesgob o Gaer-gaint, ac yn sicr yn llai positif a chadarnhaol. Tra mae William Temple yn dymuno ein hatgoffa mai gweithred greadigol, eneidiol, a deinamig yw addoli, i'r Athro a'r ysgolhaig o Wynedd yr osgo lorweddol, negyddol ac edifeiriol yw'r un iach. I'r lleygwr, un o 'bobl Pantycelyn', ymgrymu a phlygu'n ostyngedig yw addoli, teimlo'n ddibynnol, gan ymagweddu'n ofnus gerbron gorsedd Duw, y Brenin, i dalu gwrogaeth i'r dirgelwch ofnadwy. Calfinydd oedd Williams, ac fe wyddai fod John Calfin a'i ganlynwyr wedi canolbwyntio ar frenhiniaeth Duw a llygredigaeth dyn.

Gweld dyn yw rhoi gwerth ar Dduw gan ei ddibrisio'i hun, dyma un ffordd o edrych ar addoliad yr Eglwys. Cynrychiolydd y meddwl Calfinaidd yn yr Alban heddiw yw'r Athro T. F. Torrance, ac mae ei ddiffiniad ef o addoli yn unol â'i safbwynt Barthaidd: 'Worship is the exercise of the mind in the contemplation of God in which wonder and awe play an important part in stretching and enlarging our vision, or in opening up our conceptual forms to take in that which by its nature far outruns them.' (*God and Rationality*) Lle mae mawl, diolchgarwch, cyffes ac eiriolaeth frwd, mae Duŵ y Tad yn ildio i'w blant. Mater o ddefnyddio'r dechneg hon yw'r cyfan i'r Calfinydd a'r Calfinydd newydd. Os atebir yr Holwyddoreg mewn ysbryd penydiol, ac os gafaelir yn rhaffau'r addewidion a'u tynnu, dyrchefir y pechadur i wynfyd. Nid yw defod ac awyrgylch yn cyfrif llawer, a chymer y deallusrwydd holwyddoregol le symbol a'r ddelwedd. Mae dyn ar y ddaear yn gwrando, a Duw o'i nefoedd yn llefaru. Gair Duw sy'n ein darostwng, a'n rhoi yn ysbryd addoli. Yr oedd Williams, a fynychai gapel Cefnarthen ar lannau Nant Gwennol, ond a drodd wedi'r 'wŷs oddi uchod' ym mynwent Eglwys Talgarth at yr Eglwys Angli-canaidd, yn ymwybodol o'r paradocs hwn yn ei fywyd. Yn y capel gyda'i dad, gwybu am yr ymgodymu o gyfeiriad dyn, yr ymdrech ymwybodol i symud i gyfeiriad Duw a'i fyd. Ond ar ôl y profiad ym mynwent Talgarth gwyddai fod Duw y Tad anweledig, yn ei ras achubol yn Iesu Grist, yn ei garu â'i holl nerth. Yng ngeiriau Michael Perry, awdur *The Paradox of Worship*, 'rhaid i ni felly ddirnad ein haddoliad mewn ofn a dychryn, oherwydd Duw sy'n addoli ynom ni.' Duw sydd yn addoli ynom ni! Mae'n ein gweddnewid oddi fewn er mwyn ein trawsnewid ni oddi allan, a thrwy Ei bobl, y greadigaeth i gyd. Camargraff, sy'n arwain i heresi, yw'r pwyslais hwnnw ar bellter Duw oddi wrthym, a'r amhosibilrwydd i ddynesu ato. Yn aml, yn ei weddïau, mae'r Pêr Ganiedydd yn dyheu am gael dynesu at ei Greawdwr, yr un a'i lloriodd yn Nhalgarth:

> Mae fy nghalon am ehedeg
> Unwaith eto i fyny fry,
> I gael profi'r hen gymdeithas
> Gynt fu rhyngof a Thydi.

Addoli yw chwilio nes ailddarganfod yr 'hen gymdeithas' neu'r profiad gwreiddiol. 'Participation in God' yw ymadrodd A. M. Allchin am y weithred hon, a dyma deitl ei gyfrol, lle mae'n cyflwyno Williams, gyda Wesley, fel Hooker ac Andrewes yn yr ail ganrif ar

bymtheg, a Pusey a Keble yn y bedwaredd ganrif ar bymtheg, fel un
o awduron Duw, sy'n ein trwytho yn y gred fod Duw yn ein dwyfoli
trwy ddynesu atom, a'n bod ninnau yn cael ein llanw â Duw trwy i ni
godi ar 'adenydd ffydd':

> Dyna pam yr wy'n hiraethu
> Beunydd tua'r nefoedd fry;
> Oddi yno yr anadlwyd
> Bywyd pur i'm henaid i:
> 　P'odd gorffwysaf?
> Rhaid i'm hysbryd fynd i'r lan.

A benthyca ymadrodd allan o un o'n caneuon mwyaf poblogaidd,
'cyfnewid dwy galon' yw addoli. Ac y mae Von Balthasar, diwinydd
mwyaf diwylliedig ac eangfrydig y Pabyddion yn ein canrif ni, yn
apelio atom yn ei draethodau ar estheteg a chrefydd i gydnabod
'prydferthwch' fel 'gwirionedd' a 'daioni' yn ffordd at Dduw.
Gafaelwyd yn Williams gan y prydferthwch hwn, ac felly nid yw byth
yn llawen onid yw'n syllu ar brydferthwch gwrthrych ei gariad.

　Mae'n dyheu am i'r grymusterau sydd yn Nuw ei dynnu allan 'o'r
creadur' er mwyn iddo fedru ymgolli ym mhrydferthwch y Creawdwr
a'r Gwaredwr. Yr hiraeth am fedru aros yn rhyfeddu yn y profiad
esthetig hwn yw un esboniad ar ei dant arallfydol. Mae Duw, yn ei
ddatguddiad ohono'i hun yn Iesu Grist, wedi ymweld â ni; a thra'n
dathlu hyn yn ein haddoli cyfyd ynom ffydd sy'n hoelio'n myfyrdod
ar Dduw a'i brydferthwch dihafal. Yn 'Nhŷ ein Tad' y mae'r
prydferthwch hwn, ac yn un o'i draethodau mae C. S. Lewis yn sôn
amdanom oll tu allan i'r drws yn hiraethu am fod yn un â'r pryd-
ferthwch hwn, er mwyn ymgolli ynddo. Pryder parhaol Williams yw
iddo gael ei lygad-dynnu gan wrthrychau israddol ar y ddaear:

> N'ad im daflu golwg cariad
> 　Ar un gwrthrych is y rhod.

Nefoedd i Bantycelyn yw cyfranogi yn yr harddwch tragwyddol, ac
addoli yw profi'r bywyd tragwyddol, bywyd yr angylion, yma ar y
ddaear:

> Mae angylion yn cael bywyd
> Yn dy ddwyfol nefol hedd,
> Ac yn sugno'u holl bleserau
> Oddi wrth olwg ar dy wedd;
> Byd o heddwch
> Yw cael aros yn dy ŵydd.

Rhaid wrth weithgarwch Duw ynom i gadw'r hiraeth hwn am brofi ei ddaioni, i wisgo'i gyfiawnder, i syllu ar ei brydferthwch ac i fwynhau ei gwmnïaeth. Y gweithgarwch hwn yw Gras Duw:

> Gras fel moroedd all fy achub
> Perffaith gyflawn ym mhob rhan,
> Gras a roddo nerth a bywyd
> Ac a wnelo'n gryf y gwan;
> Rhaid wrth iawnder a doethineb,
> A phob grasau, fawr a mân,
> Cyn yr êl fy enaid eiddil,
> Sydd mewn cadwyn, gam ymla'n.

Mawl, felly, yw Duw ynom yn ymateb i'r Duw trosgynnol, y Duw tu allan a thu hwnt i ni. Mae Ef yn ein doe a'n hyfory, yn ein hail-greu, gan ein gweddnewid trwy amlygu arnom Ei ddelw, datguddio'i Hun i ni yn Iesu Grist, a'n dwyfoli. Ymwelodd Ef â ni, ac ymwacáu gan gymryd ein cnawd. Bellach, a ninnau'n cyfranogi ynddo Ef yn ein mawl a'n gwasanaeth, cawn ein llanw â Duw. Dyma'r esboniad ar yr honiad mai gwaith Duw ynom yw gwir addoliad; a'r gwaith a wnawn ni wrth wasanaethu Duw yn ein bywydau. Dyma yw ystyr 'litwrgi'— gwaith y bobl. Y mae mawl, felly, yn newid y byd. Yn ddibetrus, llwyddodd Williams i newid Cymru yn y ddeunawfed ganrif trwy roi cân i'n cenedl.

*   *   *

Mae rhagymadrodd Williams i'r *Aleluia* yn datgelu bod yr emynydd yn ymwybodol o'i ddyletswyddau fel bardd mawr y diwygiad; ac yn effro i anghenion ei gynulleidfaoedd. Mae ystwythder gŵr craff yn ei fawlgan, a sensitifrwydd enaid mawr yn ei ryddiaith. Yr oedd yn gwybod yr Ysgrythurau yn drylwyr, ac yn ddigon eang yn ei ddarllen i wybod bod angen iaith i lunio pregeth, emyn a gweddi a oedd yn wahanol i'r iaith a ddefnyddid i adlewyrchu'n academaidd uwchben y datguddiad. Nid iaith bersonol ac uniongyrchol yr emyn a gawn yn y rhagymadrodd ond iaith un sy'n rhesymu. Ffydd yn ceisio'i deall ei hun yw diwinyddiaeth adlewyrchiol, ac mae Williams mor gynnar â 1758 yn trafod 'sicrwydd ffydd' a hynny yn wyneb bygythiadau amheuaeth, tywyllwch a llesgedd.

Tuedd diwinyddiaeth adlewyrchiol yw bod yn feirniadol o iaith addoliad, ac mae athroniaeth ar ôl Wittgenstein wedi rhoi hwb i'r

diwinyddion sy'n mynnu gweld ystyr ym mhob gair. Ond, yng
ngeiriau G. W. Wainwright, 'Dywed ffydd, cystal ag y gall ei
ddweud, yr hyn sy'n rhaid ei ddweud.' Dyma bwrpas credo ac emyn:
datgan â'r tafod yr hyn a gredir yn y galon. Ni châi Theomemphus,
fwy na Phantycelyn, ddim trafferth i gyfuno'r profiad a'r gosodiad
llafar amdano:

> Os deui at bechadur a'i godi ef i'r lan,
> Dy galon gaiff, a'th dafod, ei ganmol yn y man.

'Gosod i ma's' yn gofiadwy yr hyn a deimla ffydd oddi fewn yw dawn
nodedig yr emynydd mawr; ac mae iddo le allweddol trwy ganrifoedd
hanes yr Eglwys i ddod â'r 'saint o dan y ne'' i fod yn un:

> Un llais, un sŵn, un enw pur,
> O'r gogledd fo i'r dwyrain dir,
> O fôr i fôr, o gylch y byd,
> Sef enw Iesu oll i gyd.

Gall barddoniaeth godi'n uwch na hanes, diwylliant a phrofiad yr
unigolyn, ac mae'r emynydd yn gwmwynaswr mawr am ei fod yn
taflu'r canopi cysegredig dros y dyrfa sy'n rhoi mynegiant ym mhob
oes i'r profiad sydd gan wŷr a gwragedd o weithgarwch Duw yn eu
calonnau.

Gair Williams am y gweithgarwch hwn yw *iachawdwriaeth*. Mae ei
emynau a'i gerddi hir wedi rhoi'r fath ddisgrifiad pellgyrhaeddol o'r
'iachawdwriaeth fawr yng Nghrist' fel ei bod yn bosibl i ni heddiw, er
i ni ddehongli'r iachawdwriaeth yn ehangach, ddarllen ei waith a
phrofi'r pethau 'nad adnabu'r byd'. Mae mawlgan Williams yn
cynnal gwaith Duw ynom. 'Mawlgan' (*Doxology*)—dyma deitl cyfrol
gan yr Athro G. W. Wainwright, un o Fethodistiaid Lloegr a
astudiodd litwrgi yr Eglwys fyd-eang. Dyma'r esboniad ar ei wreidd-
ioldeb yn trafod ei bwnc, a'r dylanwad eang a gafodd ei lyfr trwchus.
Cafodd Wainwright ei arwain at le'r fawlgan mewn diwinyddiaeth
trwy ddilyn y datblygiadau a fu yn yr astudiaethau i Lyfr y Salmau.
Daeth i'r casgliad fod sawl ffordd o greu diwinyddiaeth, y wyddor o
drafod y bod o Dduw, ac na ddylid ar unrhyw gyfrif anwybyddu
emynyddiaeth. Mae'r emyn mor bwysig â'r credo yn y broses o greu
diwinyddiaeth gron. Os yw Dr David Jenkins, Esgob Durham ac
awdur *Free to Believe*, yn dyfalu'n gywir mai fel caneuon am ogoniant
Duw y dylid meddwl am y credoau clasurol cynnar, byddai'n rhaid
derbyn cywirdeb dadl Wainwright fod i emynau mawl yr eglwys le

llawn mor bwysig yn y broses o lunio diwinyddiaeth academaidd â'r datganiadau a wnaed yn y Cynghorau cynnar. Yn sicr, lledaenwyd a phoblogeiddiwyd diwinyddiaeth yr eglwys ym mhob cyfnod gan ei hemynwyr mawr. Am ein bod yn fodau meddylgar, ac yn ceisio rheswm am ein ffydd, rhaid wrth ddiwinyddiaeth systematig. Mae'r rheswm hwn yn mynnu gwyntyllu'n profiadau yn y byd, a rhesymoli'r weledigaeth sy'n codi o brofiad dyn o fywyd. Mae'n ddisgyblaeth sylfaenol, am ei bod yn ein galluogi i symud i gyfeiriad deall ffydd.

Fodd bynnag, sylweddolwyd erbyn hyn fod diwinyddiaeth gwbl academaidd yn anfoddhaol ac yn annigonol, ac fe all y gor-systemeiddio bylu'r weledigaeth gychwynnol. Er yn cydnabod bod y ddiwinyddiaeth systematig yn cynnig meini prawf dibynadwy, fe all y beirniadol oer ladd y 'wreichionnen' a diffodd y 'fflam',—dwy ddelwedd amlwg yng nghanu Williams. Rhaid gwneud lle i'r ddiwinyddiaeth gyffesiadol a'r un fugeiliol, ac nid yw Williams yn esgeuluso'r profiadau mewnol, y serchiadau a'r nwydau, yr emosiynau a'r teimladau mewnol. Nid yw'n ysgaru'r pen a'r galon, ond yn eu dwyn ynghyd yn ei fawlgan. Mae ei emynau yn cyfuno'r ymenyddol a'r ysbrydol, y deallusol a'r defosiynol. Ac mewn addoliad, mae cywiro'n gweledigaeth o fywyd gan aildrefnu ein blaenoriaethau.

I Williams, rhoi Iesu Grist yn 'ganolbwynt i'r cwbl' yw hyn. Gyda'r cyfnewidiadau a ddaw i'n bywydau, rhaid i'r addasiadau ddigwydd o gyfnod i gyfnod. Rhaid archwilio'r teimladau, y serchiadau a'r gogwyddiadau o dro i dro, a'u didoli. Yn achlysurol, bydd yn rhaid chwalu'r fframwaith, a llunio fframwaith newydd. Dyma orchwyl boenus, ond angenrheidiol. Heddiw, 'rydym yn dystion i'r chwalfa sy'n digwydd o'n cwmpas, a phrin iawn yw'r rhai sy'n medru bwrw ati i gynllunio fframwaith a gweledigaeth newydd o fywyd. Mae rhai diwinyddion academaidd yn ceisio rhoi arweiniad, fel y gwnaeth Dorothee Solle yn ddiweddar yn ei llyfr *Thinking About God*. Ond mae cylch y rhai sy'n addoli yn amharod i ddilyn arweiniad pobl a ddyfeisiodd system sy'n cynnwys ffrwyth yr astudiaethau Beiblaidd, ac ysgolheictod rhai a fu'n olrhain twf y credoau a meddwl yr Eglwys ar faterion fel Cristoleg. Mae ysgrifau'r Athro Bobi Jones dan y pennawd 'Wrth Angor' yn *Barddas* (Rhifau 169 a 170) i'w cymeradwyo, a'u darllen droeon. Ysgrifennwyd llawer yn 1991 am fywyd a gwaith y Pêr Ganiedydd ond go brin y cyhoeddwyd dim bywiocach. Mae'r awdur, sy'n feirniad llenyddol eang ei wybodaeth, yn gyfarwydd â chefndir llenyddol a diwinyddol Williams. Mae ei ddamcaniaeth bod Williams wedi adweithio yn erbyn 'synnwyr cyffredin ac annigonolrwydd y Sentars Sychion' yn debyg o fod yn wir; ac mae pwynt yr Athro Bobi Jones, bod 'ffurfioldeb' eu ffydd a'u credo wedi'u harwain 'i rigol addoliadol sych' yn ategu yr hyn a ddywedwyd gan Dr Geoffrey Nuttall, bod galw ym mhob cyfnod o chwalfa am 'ffydd ddeinamig' i lunio fframwaith newydd. Ond sut mae paratoi ein hunain ar gyfer bod yn ddeinamig mewn oes mor dreng? Un peth yw condemnio yr eglwysi 'athrawiaethol efengylaidd', hynny yw capeli enwadol, am feirniadu 'cytganau cyfoes', ond peth arall yw derbyn bod miloedd o eneidiau crefyddol a chyfrifol yn ei chael yn anodd i ganu sloganau stoc y sectau carismatig. Yr oedd Williams, fel y dengys rhagymadrodd *Aleluia*, yn fyw i feirniadaeth lenyddol, a'r un mor fyw i feirniadaeth ddiwinyddol.

Petai'n cyfansoddi heddiw, byddai'n ddigon parod i roi ystyriaeth feddylgar i'r Astudiaethau Beiblaidd, a'r modd y gwelwyd gan ysgolheigion fod yna draddodiad o feddwl yn ddwys yn yr Hen Destament, o holi ac ateb, o amau a chredu, o brotestio ac o foli.

Mae llenyddiaeth doethineb Israel a mawlgan y Sallwyr yn haeddu ystyriaeth drylwyr os dymunwn wneud tegwch â gweledigaeth Pantycelyn a dechrau deall argyfwng crefyddol diwedd yr ugeinfed ganrif. Yn gynnar yn ei ragymadrodd, ac yntau'n amddiffyn cynnwys ei emynau cynnar, mae Williams yn cydnabod ei ddyled i Lyfr y Salmau, gan ddal bod yn y rhan fwyaf ohonynt '[yr] ysbryd hwn o sicrwydd ffydd, congcwest ar elynion, ac ymffrost dduwiol.' Fel yr emynwyr mawr i gyd, 'roedd yn ddyledus iawn i'r Sallwyr ac i'w hawduron, dynion o ffydd a ganodd am Dduw yn eu profiadau amrywiol. Dwy ganrif a hanner yn ôl, ychydig o ymchwil a wnaed i ffurf a chynnwys Llyfr y Salmau. Bellach, bu tro ar fyd, ac mae ffrwyth ysgolheictod S. Mowinkel, H. Gunkel, C. Westermann, A. R. Johnson, Arthur Weiser a H. J. Kraus yn ysgogiad i ailystyried arwyddocâd addoliad a mawl, ac mae rhai diwinyddion rhyddfrydol fel W. Bruggemann, yn sgîl yr ymchwil ddwys hon, yn gweld deunydd chwyldro yn y Salmau. Petai oblygiadau'r astudiaethau niferus hyn yn cyffwrdd addoliad dof a ffurfiol yr eglwys heddiw, gallai'n mawl newid y byd, a gallai'r litwrgi Iddewig a Christnogol lefeinio cymdeithas, gan esgor ar gymuned a fedrai greu 'nef newydd a daear newydd.' Cyfieithwyd peth o waith Mowinkel i'r Saesneg gan D. R. Ap Thomas yn *The Psalms in Israel's Worship*; ac amlinellwyd yn hwylus brif gasgliadau'r ysgolheigion a enwyd yn y Gymraeg yn

Cerddi Seion, un o gyfrolau cymwynasgar yr Athro Gwilym H. Jones, a chlasur yn y maes. Mae rhagymadrodd yr Athro yn ymdrin â chefndir y Salmau a ddetholwyd ganddo, ac yn agor y drws i ni i fyd cyforiog y cwlt Iddewig. Emynau mawr ar gyfer gwyliau ac achlysuron arbennig yw'r Salmau, cyfansoddiadau rhai a brofodd mewn amgylchiadau amryfal, mewn poen a llawenydd, gofid a gobaith, Dduw yn eu calonnau. I'r Iddew, ac i'r Cristion, rhoi mynegiant y mae'r Salm a'r emyn i natur perthynas Duw a dyn. Mae cyfarfyddiad mewn addoliad, a Duw yn ein cyfarch, gan ddatguddio i ni ei gariad. Yna, mae'r sawl sy'n addoli yn ymateb gyda diolch-garwch, gan dderbyn maddeuant ac iechyd. Meddai rhywun: 'Praise is the stethoscope with which we measure the heartbeat of God.' Ac yn emynau Williams, yr hyn a gawn yw moliant difesur i gariad Duw:

> O! Iesu mawr, y meddyg gwell,
> Gobaith yr holl ynysoedd pell,
> Dysg imi seinio i maes dy glod,
> Mai digyfnewid wyt erio'd.

Dywed y Testament Newydd, fel yr Hen Destament, mai diben mawl yw 'hysbysu gweithredoedd ardderchog' Duw. (1 Pedr 2:9) Gweithred ieithyddol ydyw hysbysu, a'i chanlyniadau yn rhai ontologaidd.

Mae'r Llythyr at yr Effesiaid yn agor gydag emyn gwir fawreddog, ac mae William Morgan yn cyfieithu'r Groeg gan ddiogelu'r effeithiau ontologaidd hyn: 'Fel y byddem ni er mawl i'w ogoniant ef.' (Ad. 12) Mae cyfieithiad y Beibl Cymraeg Newydd yn fwy syml a chlir: 'A thrwy hyn yr ydym ni, y rhai cyntaf i obeithio yng Nghrist, i ddwyn clod i'w ogoniant ef.' Fodd bynnag, yma eto daw dylet-swyddau y rhai sy'n addoli, mewn gobaith, i'r wyneb. Digwydd hyn pan fydd trefn y cadw yn destun myfyrdod, a goruchafiaeth derfynol Duw yn ennyn gobaith. 'Difyrrwch', 'hyfrydwch' a 'mwynhad' (geiriau parod Williams) yw addoli'r rhai sy'n disgwyl y dydd mawr hwnnw, pan fydd Duw yn ei ddatguddio'i Hun i fod 'oll yn oll'. (1 Cor. 15:28)

*   *   *

Dwy ochr yr un geiniog yw mawl a galarnad, neu ddiolchgarwch a phrotest. Sylfaen mawl y Salmydd fel y gwelsom yw'r ontologaidd, a dyma bwynt Williams yn ei ragymadrodd i *Aleluia*: 'Nid oes a gân yn hwylus ond sydd wedi profi Duw yn dda iddynt.' Ond beth yw ymateb y sawl sydd ag 'achwyniad'? Yng nghanu Williams, mae penillion lawer o weddïau 'yn erbyn anghrediniaeth, calongaledwch, profedigaethau'r byd, y cnawd a Satan . . .' Ac os mai llais i brotest a chwyn yw Galarnad, yna mae'n rhaid addef bod mwy o alarnadu yn emynau Williams na mawl!

Mae lle i'r ontologaidd yn ei waith, ond dirfodaeth sydd amlycaf yng nghanu'r pererin unig sy'n teimlo holl elfennau'r cread yn ei fygwth ar ei daith beryglus trwy'r byd. Mae'r Salmydd yn aml yn tywallt allan ei enaid a'i galon ac yn gwneud adduned yr un pryd y bydd yn dal ati i foli ei Dduw.

Tuedd Williams yw ei uniaethu'i hun â Christ y groes, a gweld yn nioddefiadau ei Waredwr y ffordd ymlaen:

Yng nghanol cyfyngderau lu,
A myrddiwn o ofidiau du,
Gad imi roddi pwys fy mhen
I orffwys ar dy fynwes wen.

Yn yr alarnad feiblaidd, mae cyfeiriadau lluosog at y 'gelyn' a'r 'gelynion', ac yn yr un modd yn emynau Williams:

Wel, f'enaid dos ymla'n
Heb ofni dŵr na thân,
Mae gennyt Dduw.
'Dyw'r gelyn mwya'i rym
I'w nerth anfeidrol ddim;
Fe goncra 'mhechod llym—
Ei elyn yw.

Digwyddiad yw'r alarnad o gwmpas y protestiwr a'r gelyn, a Duw yn y canol. Rhoddir mynegiant i'r gwyn, ac yna i'r cais, ac yna gwneir adduned y bydd Duw yn cael ei foliannu. Cwyn y bobl ydyw fel arfer, ond weithiau cwyn yr unigolyn. 'Paham?' a 'Pha hyd?' yw'r ddau gwestiwn cyfarwydd. (Salm 74:1 a Salm 79:9) Yn ôl A. Wendel, cystudd y bobl sydd wrth wraidd y brotest, pobl etholedig sydd, yn achlysurol, mewn caethglud, wedi'u difreinio. Mae un o emynau mawr Williams, y mwyaf ym marn llawer, yn codi cwestiynau'r llenorion dirfodol a fu'n uchel eu cloch yn Ewrop yn y ganrif hon.

Cyfarwydda'm henaid, Arglwydd,
Pan bwy'n teithio 'mlaen ar hyd
Llwybrau culion dyrys anodd
Sydd i'w cerdded yn y byd.

Y mae'r bardd ar lwybr ei bererindod yn 'drysu' ac yn 'ymbalfalu'.
Mae'r llwybr yn gul, ac islaw 'mae dyfnder mawr'. Mae'r gelynion
yn niferus, ond mae'r bardd yn diolch amdanynt:

> Oni b'ai miloedd o elynion
> Sydd yn curo o bob tu,
> Oddi mewn, ac oddi allan,
> Diau cysgu buaswn i.

Dirfodaeth yr emynau hyn a'u cadwodd yn fyw ar gof y Cymry. Cyn
bod sôn am ganeuon protest, 'roedd gwerin bobl Cymru yn medru
cario'u dagrau i bresenoldeb Duw yn yr emynau hyn. Maent wedi
goroesi am iddynt roi mynegiant i obaith ac anghenion, ofnau a
phryderon plant y cystudd mawr. Heddiw, yn ein moethusrwydd,
a'n hamgylchiadau wedi newid yn ddybryd oddi ar ddyddiau y Pêr
Ganiedydd, mae'n bywyd bas yn ymateb o hyd i'r brotest hon.

*   *   *

Ar ôl i Williams brofi daioni Duw, a sylweddoli dyfnder llygredigaeth
dyn, ymdynghedodd i ddyrchafu i'r entrychion yr iachawdwriaeth
yng Nghrist. Dyma gnewllyn y rhagymadrodd i *Aleluia*.
    Dyma gadarnhau dyfarniad yr Athro Derec Llwyd Morgan yn ei
gyfrol *Y Diwygiad Mawr* mai athrawiaeth iachawdwriaeth oedd
athrawiaeth ganolog y Methodistiaid cynnar. Trwy gydol ei yrfa
lenyddol, pynciodd yn ddi-fwlch yr argyhoeddiad mwyaf oedd
ganddo, sef bod yr iechydwriaeth hon yn gyfan gwbl o Dduw. Trwy
ddal ati i ganmol Duw am yr iechydwriaeth hon, gosododd ar feddwl
a chalon ei ddyledwyr mewn addoliad brif athrawiaeth y Diwygiad
Protestannaidd, cyfiawnhad trwy ffydd yn unig. Yn ei ddwy gerdd
hir, ac yn ei emynau, cyflwynodd Williams y gwirionedd ysol hwn,
sef mai Duw sydd â'r hawl i roi Ei bopeth, gan gynnwys Ei deyrnas.
Mae hanes yr arfaeth yn ategu hyn, a thema fawr Williams yn *Golwg
ar Deyrnas Crist* yw hanes Iesu yn y greadigaeth. Yn *Theomemphus*, ei
hanes yn y bersonoliaeth ddynol yw'r llinell gysylltiol. O osod gras
Duw yn y greadigaeth ac yn y creadur, dyma roddi Crist yn
ganolbwynt i'r cwbl. Dyma fesur hyd a lled yr iechydwriaeth, a hyn
a'i gwna yn anfeidrol. Duw yw ei hawdur, a Christ ei datguddydd.
Rhaid iddo, felly, anelu'i holl feddylfryd at Grist, a chyflwyno'i holl
egni a'i athrylith i glodfori ei Waredwr. Dyma'i raglen a'i ragoriaeth.

Bu Iesu Grist yn ganolbwynt addoliad o'r cychwyn cyntaf, ac mewn cyfrolau diweddar ar Gristoleg, bu Hick, Wiles a Lampe ar y blaen yn nodi'r duedd i addoliad yr Eglwys yn y canrifoedd cynnar ffurfio, ac weithiau lurgunio, syniadau'r tadau eglwysig a fu'n llunio'i chredoau mawr. Hawdd credu hyn, yn enwedig yng nghyddestun ein hastudiaeth i le emynau Williams mewn addoliad. Syniadau a boblogeiddiwyd mewn emyn, ac a goleddwyd yng ngwres addoliad, yw'r rhai sy'n argraffedig ar y cof, ac yn llywodraethu'r galon a'r ewyllys. Mae casgliadau'r ddiwinyddiaeth adlewyrchiol academaidd yn gwneud llai o argraff na'r un a gyfyd allan o'r fawlgan. Maentumia'r rhai sy'n dadansoddi emynau'r Testament Newydd, adrannau fel Philipiaid 2:6-11 a Colosiaid 1:15-20, fod rhoi y teitl 'Arglwydd' i Iesu yn warant y byddid yn ei gydnabod o'r dechrau fel un 'uwch na'r cyffredin' o ddynion, a bod Duw ynddo yn cynnig bywyd ystyrlawn i ddyn, y iechydwriaeth anfeidrol. Hyn sy'n esbonio pam y gwelir gwŷr a gwragedd yn plygu wrth ei draed yn yr efengylau. Ac yna, rhoddwyd dyfarniad Duw ar ei ufudd-dod llwyr, a chafodd ei atgyfodi a'i ddyrchafu i'r nef. Gan i'r genhedlaeth gyntaf o Gristnogion ei addoli, tra'n disgwyl am yr ail ddyfodiad, cyferchid ef ganddynt fel Arglwydd.

Safbwynt cyson Wiles yw bod syniadau'r Eglwys am Grist wedi datblygu tra'i bod yn addoli a disgwyl. Addoli di-fwlch a gadwodd yr Eglwys mewn uniongrededd tra'n disgwyl datganiadau'r Cyngorau cynnar. Mae addoli cyson a rheolaidd, felly, yn esgor ar gyfraniad diwinyddol, creadigol; ac mae cyfarwyddyd i ni heddiw yn hyn. Dal ati i addoli yw'n hunig obaith am ddyfodol creadigol. Yn ei *Doxology* mae G. W. Wainwright o'r farn mai mewn emyn neu bwt o Salm, hynny yw, yn y dyfyniadau a ddefnyddid yn addoliad yr Eglwys gynnar, y dechreuwyd galw Iesu Grist yn Dduw. Graddol fu'r datblygiad hwn, ac ni fyddai wedi digwydd o gwbl oni bai bod canlynwyr Iesu yn feiddgar yn eu mawl. Yn y cyswllt yma, diddorol yw cofio bod G. Von Rad wedi'n goleuo mai fel Gwaredwr cenedlaethol y daeth yr Iddew i adnabod Duw gyntaf, a hynny ar ôl yr ecsodus o'r Aifft. Yn ddiweddarach y daeth y genedl i'w gydnabod fel creawdwr popeth. Yn ddiwinyddol, felly, mae Llyfr yr Ecsodus yn dod o flaen Llyfr Genesis. A hyn a ddigwyddodd yn y Testament Newydd. Ar ôl adnabod Iesu Grist fel Arglwydd a Gwaredwr, talwyd gwrogaeth iddo fel Duw.

Mewn addoliad y dyrchafwyd ef, ac mewn emynau fel yr emyn i'r logos yn Efengyl Ioan 1:1-14 a Colosiaid 1:15-20, lle y cyfeirir at ei gynfodolaeth, yr ymwacâd, ei ymgnawdoliad, ei weinidogaeth, ei groeshoeliad, ei atgyfodiad, a'i ddyrchafiad yn ôl i'r gogoniant.

Yn y gogoniant, gwaith y Crist, sy'n awr yn wrthrych addoliad, yw derbyn yr addoliad hwn a'i gyflwyno i'r Tad. Ynddo Ef y mae popeth yn cydsefyll (Colosiaid 1:17) yw argyhoeddiad pennaf Williams yn ei ddwy epig a'i emynau. Dyma destun ei fawlgan. Felly, gall gyfarch ei enaid gweddïgar:

> Wel, anfon eirchion amal rif,
> I mewn i byrth y nef;
> Gwrandewir pob amddifad gri
> Yn union ganddo Ef.

Y Crist atgyfodedig, yr un Crist a addolai'r 'praidd bychan' yn y ganrif gyntaf, yw Crist emynau Williams. Felly, mae ei gyfraniad i'n haddoliad wedi bod yn geidwadol ar un ystyr, a'i Gristoleg yn un bietistaidd ac arallfydol. Nid Iesu a fu ar y ddaear yn byw sy'n ennill ei awen, ond Iesu Grist yn dod yma ac yn dychwelyd. Ni chafodd Williams unrhyw anhawster i ddefnyddio'r datganiadau mawr metaffisegol i ddisgrifio ei Waredwr. 'Fy Iesu yw fy Nuw,' meddai. Ac fel y Gnosticiaid, gall gyfeirio'i emynau yn uniongyrchol at Grist, a rhestru ei deitlau:

> Ces weld mai Ef yw 'Mrenin da,
> Fy Mhroffwyd a'm Hoffeiriad,
> Fy Nerth a'm Trysor mawr a'm Tŵr,
> F'Eiriolwr fry a'm Ceidwad.

Ond wrth ganmol ei Arglwydd, a phwysleisio'i ddwyfoldeb, diogelodd ei uniongrededd trwy fabwysiadu hen ddyfais y Tadau Cynnar, sef cyfarch Iesu fel Cyfryngwr. Mae ganddo'r hawl i dderbyn gweddïau, ond mae'n gwneud hynny am y gall eu trosglwyddo i'r Tad. Dyma ddiogelu perthynas y Tad a'r Mab heb beryglu blaenoriaeth y Tad. Yn y ddadl fawr yn erbyn Arius, a ddaliai mai creadur oedd y Mab, darganfu'r eglwys uniongrededd digon eang i'w galluogi i ddynesu at y Tad trwy y Mab. Ar ôl Cyngor Nicea (325 O.C.) yr oedd mwy a mwy o weddïau yn cyfarch y Mab, a mwy eto ar ôl Chalcedon. Costrelwyd yn y 'Te Deum' a gweddïau mawr yr eglwys yr athrawiaethau cydnabyddedig, athrawiaethau a chredoau cyfarwydd i Williams a geisiai urddau eglwysig.

*   *   *

Dadleua awduron *The Myth of God Incarnate*, ar y llaw arall, fod addoliad poblogaidd a mawreddog yr eglwys wedi ffurfio math ar blisgyn o gwmpas ail berson y Drindod. A dyma ni yn awr, ni etifeddion y feirniadaeth wyddonol, yn galw am emynau newydd, llai arallfydol, a mwy ymarferol. Yr oedd Williams yn 1758 yn glustdenau i'r feirniadaeth hon. Heddiw, a'r eglwys mewn trafodaeth ddryslyd ar Gristoleg, a yw'n bosibl canu emynau Williams yn ein hoedfaon, a bod yn gwbl onest â ni'n hunain ac â'n gilydd? O'r emynau Cristolegol a gyfansoddodd Williams, mae'n sicr mai ei emynau am farwolaeth Crist a'r groes yw'r rhai sy'n aros yn werthfawr yn ein haddoli. Angau aberthol ei Arglwydd ar y groes oedd y peth mwyaf ym mhrofiad a mawlgan yr emynydd, ac o safle'r groes y mae'n edrych yn ôl ar fywyd Iesu, ac ymlaen, yn y gobaith y bydd y Crist croeshoeliedig yn iacháu dynolryw. Bardd y groes ydyw, ac mae'n ystyried Calfaria fel yr unig fan, yr unig olygfa, a fedr gyffroi dyn i feddwl, i edifarhau, ac i'w gyflwyno'i hun i Grist. Gŵr rhyfedd y groes yw Iesu i Bantycelyn, a'r hyn a'i gwna yn rhyfeddod yw iddo farw ar Galfaria:

> Ti fuost farw, rhyfedd yw!
> Er mwyn cael o'th elynion fyw.

Y gelynion sy'n cael byw yw addolwyr y Tad, ac wrth ganu ei emynau 'ac edrych am funud ar aberth y groes' mae'r addolwyr hyn yn ymuniaethu â'i ddioddefaint. Mae'r cofio am yr hyn a ddigwyddodd yn ddigwyddiad sy'n newid yr un sy'n addoli, ac mae Crist y groes yn 'ganolbwynt i'r cwbl' yn awr. Mae i'r marw gynt arwyddocâd ontologaidd a dirfodol heddiw:

> Gwaed dy groes sy'n codi fyny
> 'R eiddil yn goncwerwr mawr.
> Gwaed dy groes sydd yn darostwng
> Cewri cedyrn fyrdd i lawr.

Dyma yw craidd sylwadaeth Bultmann am y groes: mae'n dwyn i gof y digwyddiad achubol mewn hanes, gan achub yn y presennol.

'Historia', hanes seciwlar, yw marw'r ddau leidr, ond mae marwolaeth Iesu yn ennyn ffydd yng nghalon y sawl sy'n 'meddwl dyfnder angau loes.' A dyma'r cymhelliad i genhadu, sef gwahodd eraill i weld y portread byw o'r dioddef drud.

> Deued pechaduriaid truain
> Yn finteioedd mawr ynghyd,

Doed ynysoedd pell y moroedd
I gael gweld dy wyneb-pryd;
Cloffion, deillion, gwywedigion
O bob enwau, o bob gradd,
I Galfaria un prynhawngwaith
I weld yr Oen sydd wedi ei ladd.

Yn ei bennod fanwl 'Y Cymun Bendigaid a'r Diwygiad Methodistaidd' yn *Astudio Byd*, mae Aneirin Talfan Davies yn tynnu sylw at y 'gweld' hwn yn emynau Williams. Meddai: 'y mae'r gair bach 'gweld' i'w ganfod ugeiniau os nad cannoedd o weithiau ynddynt.' Yn ei ysgrifau a'i sgyrsiau, byddai Aneirin Talfan Davies yn dal bod y diwygwyr, yn enwedig Howell Harris a William Williams, yn 'syllu' ar y groes yn nhraddodiad mynachod y Canol Oesoedd, a'r ddau yn canfod tynerwch y dioddefwr ac yn pwysleisio'i ddiymadferthedd. Ni allai Harris ddynesu at Fwrdd y Cymun heb gofio'i brofiad yn Eglwys Talgarth y Sulgwyn y cafodd ei dröedigaeth, ac mae'n sicr bod canu'r Litani yn Llangeitho lle bu'n helpu gyda'r Cymun wedi dylanwadu ar gynnwys mawlgan Williams. Dyma ddarn o'r Litani allan o'r Llyfr Gweddi:

Trwy dy ddirfawr ing a'th chwys gwaedlyd,
trwy dy Grog a'th ddioddefaint,
trwy dy werthfawr angau a'th Gladdedigaeth . . .

Yn sicr, un o nodweddion addoliad y Diwygiad oedd canolbwyntio dwys ar y groes, ac ar ddioddefiadau Iesu, y Gwaredwr. Ac mae J. E. Rattenbury yn *The Eucharistic Hymns of John and Charles Wesley* yn crynhoi thema gyson Aneirin Talfan Davies mewn brawddeg gofiadwy: 'The memorialist theory of the Sacrament is really the Protestant equivalent of the Catholic crucifix.' Byddai'r rhai sy'n gyfarwydd ag emynau Charles Wesley yn cydnabod bod llai o'r darlunio ar olygfa'r groes ynddynt nag a gawn yn emynau Williams, mwy o ddiwinydda defosiynol, ac ymgais ragorach i gyflwyno athrawiaeth yr Iawn. I Armin fel Wesley, a gredai fod 'croeso i bawb i ddod at Dduw', yr oedd yn haws cyflwyno'r athrawiaeth hon. Cafodd Williams hi'n haws i fanylu'n realistig ar y dioddefiadau poenus, a'r archolliadau cas:

Ai Iesu mawr, ffrind dynol-ryw,
Wy'n weled fry a'i gnawd yn friw
A'i waed yn lliwo'r lle,

Fel gŵr di-bris yn rhwym ar bren,
A'r gwaed yn dorthau ar ei ben?
Ie, f'enaid, dyma fe.

Er bod Williams wedi dewis disgrifio'n wrthrychol farwolaeth ei Arglwydd, ac wedi osgoi cynnig un athrawiaeth am Iawn Crist dros bechadur, nid yw'n ofni canu yn ei emynau am oblygiadau'r croeshoeliad. Yn wir, ei gamp yw cynnwys yn ei fawlgan nodau amlwg safbwyntiau Anselm ac Abelard, a chynnwys, yn wasgaredig trwy ei waith, yr hyn a welodd Gustav Aulen (gweler ei *Christus Victor*, 1931) yn y Testament Newydd ac yng ngweithiau'r Tadau, sef y gwrthdaro rhwng y drwg a'r da, neu'r frwydr gosmig, yn nigwyddiad y groes. Safbwynt Anselm yn *Cur Deus Homo* yw bod cyfiawnder yn mynnu y dylid cosbi pechod, ac na ellir gwybod am gymod â Duw heb i rywun dalu iawn i Dduw am bechod dyn. Ac mae'n rhaid i'r Iawn hwn fod yn gymesur â phechod. Ni all dyn dalu'r ddyled hon, dim ond Duw, a'r unig ateb, felly, oedd dyfodiad y Duw-ddyn a'i groeshoeliad. Fe roed arno bwys euogrwydd,

Pwys na allsai'i ddal mo ddyn,
Cosb pechodau myrdd o ddynion,
Heb un pechod ynddo'i Hun;
Do, fe'i gwisgwyd â chystuddiau,
Ffrwyth fy meiau, fawr a mân,
Fel y caffwn, wael bechadur
Aflan euog, fod yn lân.

Dyma safbwynt oedd yn dderbyniol iawn i'r Methodistiaid yng Nghymru ac yn Lloegr. Ac yng ngwres y Diwygiad, a phangfeydd euogrwydd yn cnoi, 'roedd syniad Anselm yn seicolegol ddiogel, yn enwedig gan fod Charles Wesley a Williams yn medru rhoi disgrifiad mor fanwl fyw o'r dioddefaint arswydus. Yr oedd maddeuant, a gostiodd mor ddrud, yn rhwym o roi bywyd:

Fy Iesu yn marw, fy Iesu oedd Dduw,
Yn marw ar groesbren i minnau i gael byw.

Medd yr Athro R. Tudur Jones yn *Gwanwyn Duw* (cyfrol deyrnged i Gomer Morgan Roberts): 'Un o ddelweddau mawr Williams Pantycelyn yw rhyfel.' Dro ar ôl tro mae'n gweld pobl y goleuni yn ymfyddino i gwrdd â galluoedd y tywyllwch; ac felly, mae ofn yn ei fygwth yn aml. Mae arno ofn y frwydr, ofn colli'r dydd, ac ofn marw. Ei gysur yn y rhyfel yw Iesu, y rhyfelwr sy'n drech na'r gelynion i gyd. Un cadarn yn y frwydr yw ei Arglwydd, ac mae'n ymladd ar flaen y gad:

> Mae'r Brenin yn y bla'n,
> 'Rŷm ninnau oll yn hy;
> Ni saif na dŵr na thân
> O flaen ein harfog lu.
> Ni awn, ni awn, dan ganu i'r lan:
> Cawn weld ein concwest yn y man.

Da y gwyddai Williams, ddwy ganrif o flaen Aulen, fod y frwydr gosmig yn un chwerw, a bod y drwg yn realiti pendant. A gafwyd disgrifiad mwy cynhwysfawr erioed o'r frwydr gosmig nag a gafwyd ym mhennill Pantycelyn?

> Dacw gariad, dacw bechod,
> Heddiw ill dau ar ben y bryn;
> Hwn sydd gryf, hwnacw'n gadarn,
> Pwy enilla'r ymgyrch hyn?
> Cariad, cariad
> Wela'i 'n perffaith gario'r dydd.

Nid yw'n frwydr unochrog; yn hytrach, mae'n frwydr ffyrnig, hirfaith. Ond gwelodd Williams y groes fel arwyddlun o fuddugoliaeth cariad yr un a 'roes ei ddwylo pur ar led'. Gorchfygwyd y diafol; eithr mae'n dal i weithredu, a'i gyfrwystra'n amlwg. O ddyddiau'r Testament Newydd hyd heddiw mae amrywiaeth mawr yn y modd y mae Cristnogion wedi ymateb i'r Groes. Flynyddoedd yn ôl, yn ei lyfr ar Athrawiaeth yr Iawn, cyfeiriodd J. W. C. Ward at yr athrawiaeth fel perl amlochrog, a'r eglwys, ar hyd y canrifoedd, yn ei throi a'i throsi gan weld amrywioldeb gwirionedd y Groes. Ni ellir mabwysiadu un ddamcaniaeth ac un yn unig, ond coleddu'r holl ymdriniaethau a gwerthfawrogi'r berl fel cyfanwaith cyfoethog. A dyma un o gymwynasau mawr Pantycelyn, gweu ynghyd yr athrawiaethau efengylaidd am y Groes, eu cysylltu â'i brofiad a'i deimladau, a chreu naws o ddwyster. Daw hyn yn fyw iawn wrth ddarllen awduron cyfoes, yn enwedig llythyrau D. Bonhoeffer. Ar un achlysur, clywodd y merthyr hwnnw yn ei gell sŵn ocheneidiau ei gyd-garcharorion oedd yn cael eu dienyddio y tu allan gan y Natsïaid. Disgrifio mae Bonhoeffer brofiad un oedd yn y fan a'r lle. Yr oedd canrifoedd rhwng Pantycelyn a Chalfaria, ond, wrth ganu ei emyn cyn cymuno, mae ei dechneg o ddychwelyd i olygfa'r dienyddio, a'i disgrifio, yn cael yr un effaith arnom â thystiolaeth Bonhoeffer:

Arnat Iesu, boed fy meddwl,
Am dy gariad boed fy nghân;
Dyged sŵn dy ddioddefiadau
Fy serchiadau oll yn lân:
Mae dy gariad
Uwch a glywodd neb erioed.

Mae'r disgrifiadau gwrthrychol hyn o Grist, yn ôl y Dr Tudur Jones, 'yn cysylltu gwaith gwrthrychol Crist, y Gorchfygwr, y Christus Victor, â bywyd ysbrydol y Cristion modern.'

*   *   *

Diben addoli yw ymateb yn werthfawrogol i Dduw yn nirgelwch Ei gariad, cydnabod Ei ddaioni tuag atom a dilyn Crist trwy fabwysiadu ei ffordd o feddwl ac o fyw, o garu ac o wasanaethu. Mewn addoliad, gafaelir ynom gan weledigaeth Iesu o fywyd, a gwireddir y weledigaeth honno yn y fawlgan Gristnogol. Yn y fawlgan, cyfyd y weledigaeth i'r wyneb, ac fe'i crisialir. Oherwydd y fawlgan, gwelir y posibilrwydd o greadigaeth newydd. Yn ei gyfrol anghyffredin *Songlines*, mae Bruce Chatwin yn cerdded llwybrau hen frodorion Awstralia, yr hyn a eilw'n 'llwybrau'r gân'. Llwybrau anweledig ydynt, wedi'u patrymu fel gwe'r pry copyn, yn rhwydwaith celfydd ledled y cyfandir mawr hwnnw.

I'r brodorion, troedle'r hynafiaid yw'r llwybrau hyn, ond i ymwelwyr fel Chatwin, ac i fewnfudwyr, llwybrau'r gân ydynt. Yn yr hen fyd cyntefig, yn ôl chwedlau'r cynfrodorion, byddai'u hynafiaid yn crwydro'r tir mawr yn freuddwydiol ddedwydd, ac yn rhoi enw ar bopeth a welent ar eu teithiau. Wrth bererindota rhoddent enwau ar adar, anifeiliaid, creigiau, planhigion, afonydd a mynyddoedd. Ac wedi'r dynodi, arhosent yn y cof. Trwbadwriaid ddoe oeddent, yn canu'r byd i fodolaeth, clerwyr yn creu cynefin cydnaws. Ar ryw ystyr, dyma a wnaeth William Williams. Gorfodwyd ef i wisgo mantell y pererin, a chrwydro'r wlad a fyddai'n cael ei hadnewyddu gan yr Ysbryd Glân. Yn Nyfed y teithiodd fwyaf, ac wrth symud trwy dirlun gogledd Sir Gaerfyrddin a De Aberteifi, sylwodd ar bethau newydd yn digwydd, ac yn y seiadau cyfarfu â phobl a gafodd brofiadau dieithr, pobl a fynnai gyfarwyddyd a help gan gyfaill yr enaid clwyfus. Taniwyd ei ddychymyg barddol ar lwybrau ei weithgarwch newydd, ac yn ei gyfrwy, fel yn ei stydi, ceisiodd ddiffinio'r wlad newydd a welai mewn cân efengylaidd ei nodyn a chenhadol ei nod. Yr oedd Williams yn drempyn deufyd. Crwydrai, fel y dywedwyd, ei fro, a thu allan iddi. Hon oedd ei bererindod gyhoeddus; ac mae'n rhaid ei chyplysu â'r addoli cyhoeddus a wybu ef a'i bobl. Ysgrifennwyd llawer amdano, am ei fywyd teuluol, hanes ei lencyndod, ei uchelgeisiadau a'i lwyddiant. Ond, 'roedd ganddo daith oddi fewn iddo'i hun, a'i throeon yn hysbys iddo ef a'i Greawdwr. Taith breifat oedd hon, ond taith a luniwyd gan feddylddrychau'r Testament Newydd a phregethau'r eglwys, ei hathrawiaeth a'i haddoliad. Ar y daith hon, darganfu werth ffydd, ymddiriedaeth, gras, gobaith, cariad, syndod, hyder a sicrwydd—a Duw yn Ei gariad, cariad a ddatguddiwyd ar y Groes.

Llanwyd ef ag 'ofn a dychryn,' chwedl Kierkegaard, a rhoddwyd iddo ganfyddiad cyfriniol o'r byd. Ac yntau yn meddu ar galon 'i syllu' (Yeats) cafodd ddawn i ddathlu'r gogoniant a welodd yn y byd, a thrwy hynny gyfleu Duw i ni, a chanu Duw i fodolaeth. Gofynnir yn aml heddiw a fedr emynau Williams fod yn gyfryngau i ni i ailganu'r byd hwnnw a'i ffresni i fod yn niwedd yr ugeinfed ganrif? Barn ein prif emynydd cyfoes, y Parchedig W. Rhys Nicholas, ym mhapur bro cylch y Preselau yw y gellir canu emynau'r ddeunawfed ganrif heddiw fel cyfryngau i'n hatgoffa o'n lle yn y byd, a'n dibyniaeth ar Dduw a'r iechydwriaeth sydd yn Iesu Grist.

Mae canu emyn fel syllu ar ddarlun Rembrandt, Van Gogh neu Cezanne, yn ein harwain i ryfeddu ac i werthfawrogi. Goleuo 'tŷ ein Tad' a wnaeth yr artistiaid yma, a chodi ynom hiraeth am y byd mwy. Gwelsom fod cân Williams yn byrlymu'n ddi-feth o fywyd Crist, y gŵr a ddewisodd lwybr y Groes, gan ddatguddio ar y llwybr hwnnw frenhiniaeth Iesu a'r oruchafiaeth sy'n gallu rhoi cân newydd yn ein calonnau. A chynnwys y gân yw'r efengyl sy'n cyhoeddi y gall Iesu Grist ein symud i ddimensiwn teyrnas cariad y Tad. Yn *Golwg ar Deyrnas Crist* ac yn ei emynau, canodd Williams y deyrnas honno i fod. Cofio'r hen freuddwydion cyntefig a wna cynfrodorion cyntaf Awstralia, ac mae ein caneuon yn y cynhanes yn hesb o hanes. Ond, mae emynau'r eglwys yn galw i gof fawrion weithredoedd Duw mewn hanes, a'r *heilsgechichte* (yr hanes sanctaidd) yn addo bywyd newydd yn awr ac yfory. Mewnfodoli a pherchenogi stori'r achub o'r ecsodus hyd at yr esgyniad yw neges *Golwg ar Deyrnas Crist*.

*   *   *

Mae emynau Williams yn llawn dyhead am y nefoedd, ac yn ddi-os canodd yn ormodol ar y thema hon. Beirniadwyd ef am droi a throsi gyda'i hiraeth am 'ymddatod' (chwedl rhagymadrodd *Aleluia*). Yn wir, mae darllen y cruglwyth o emynau sy'n dyheu am gael marw a 'gado'r byd' yn syrffed ac yn faich. Gyda'n hysbysebion wedi seciwlareiddio'r gair *nefoedd* (mae popeth o wyliau haf hyd at wyau'r Pasg yn nefolaidd!), mae addoli heddiw gyda'r emynau hyn yn medru bod yn fwy o orthrwm corfforol nag o offrwm ysbrydol. Ac eto, ni ellir dileu y syniad o nefoedd, yn enwedig yn ein hoes brysur ac aflonydd ni, oes sy'n 'tagu'r angylion' ac yn difodi pob dirgelwch mewn bywyd a bod. Mae hiraeth am yr anhraethadwy a'r anesboniadwy hwnnw ynom ni oll.

Gwyddom nad oes yma 'ddinas barhaus', ac felly rhaid parhau i obeithio am yr anniffiniadwy, a'i alw yn nefoedd. Er i'n gwareiddiad droi ei lygaid i gyfeiriad yr hyn sydd isod, erys o hyd y cnoi hiraethus hwnnw, y dymuniad i ffoi o 'sŵn y boen sy'n y byd'. Os collodd y gair ei rin, ni chollodd y syniad ei swyn. Yn y ddeunawfed ganrif yr oedd golwg Williams 'tua'r wlad' a'i 'gwleddoedd pur' am nad oedd dim yn y byd 'a leinw f'enaid cu'. A dyma a ddarganfu 'dynion gwag' T. S. Eliot yn ein canrif ni, nad oes dim ar y ddaear hon yn ein bodloni'n llawn.

Mae 'hiraethu' yn rhan o brofiad y rhai sy'n addoli, a phriodas berffaith yw honno rhwng y dôn 'Hiraeth' a'r geiriau

> Rwy'n edrych dros y bryniau pell
> Amdanat bob yr awr . . .

Dyma danlinellu'r honiad y gellir ailenwi Duw gyda'r gair 'hiraeth'.

*   *   *

Cyfeiriwyd yn fynych at ddiddordeb ysol Williams mewn gwyddoniaeth.

Ychydig a feddyliai'r Pêr Ganiedydd y byddai gwyddoniaeth yn llywodraethu yn y byd sydd ohoni, a brenhines y gwyddorau gynt, diwinyddiaeth, yn wrthblaid! Ond, mae manteision o fod yn wrthblaid. Ar ôl tra-arglwyddiaethu am ganrif, mae'r gwyddonydd erbyn hyn yn derbyn nad oes ganddo atebion i gwestiynau dargyfeiriol dyn— y cwestiynau am bwrpas bywyd a'i ystyr. Bellach, mae'n cydnabod mai adrodd y ffeithiau a'u cofnodi yw ei gyfrifoldeb ef. Braint y diwinydd, sy'n byw gyda'r dirgelion, yw dehongli'r ffeithiau hyn.

Mae rhai gwyddonwyr (fel Jacques Monod yn ei gyfrol *Chance and Necessity*) wedi gwadu nad oes ystyr a phwrpas i fywyd. Siawns a hap yw'r cyfan yn y casino anferthol hwn. Yn y bennod sy'n cloi ei lyfr poblogaidd *The First Three Minutes*, mae Steven Weinberg yn rhagweld y bydd y bydysawd yn araf ddirwyn i ben; a diystyr, felly, yw sôn am fywyd ystyrlawn. Meddai:

> Mwya'i gyd y daw'r byd yn ddealladwy, mwya'i gyd yr ymddengys yn ddibwys.

Ond, mae rhai gwyddonwyr yn anghytuno'n chwyrn, ac yn mynnu y gall dyn oroesi'r diweddglo hwn trwy ddefnyddio'i ddeallusrwydd cynyddol i ffrwyno'r adnoddau a'r ynni sy'n y gofod, i'w godi 'i'r fan', i fyw ar y llwybrau llaethog, nid ar ddelw Duw, ond ar lun llwch 'y sêr glystyrau', chwedl Saunders Lewis. Yr Athro Freeman Dyson o Brifysgol Princeton sy'n cynnig y freuddwyd ffantasïol, os nad cysurlawn, hon yn *Time Without God*. Yn y dyfodol pell, bydd dyn megis duw, yn gyfrifol am y 'gallu eithaf', ac yn ei law y bydd pob awdurdod. Dyma gasgliad Paul Davies yn *Superforce*, llyfr sy'n addo, fel dwsinau o rai tebyg, wtopia 'ma's o'r byd'. Ofn sydd ar y gwyddonwyr hyn, yr un ofn ag a flinai Williams. Ond, yn y gofod, mae Iesu, unig wrthrych ei serch, yn drech na'i ofid:

> Gyrrwch fi i eithaf twllwch
> Hwnt i derfyn oll sy'n bod,
> I ryw wagle dudew anial
> Na fu creadur ynddo 'rio'd;
> Hapus, hapus,
> Fyddaf yno gyda Thi.

Derbyniai Williams y feirniadaeth o fod yn rhy barod i 'ymddatod', ond yn wahanol i'r gwyddonwyr sy'n darogan y bydd dyn yn llwch yn ôl, mae'r emynydd yn gyfrinydd, a'r byd mwy yn ffrwyth cyson ei ddychymyg, ei gariad a'i ffydd. Gwireddir breuddwyd y gwyddonwyr uchod ar ôl iddynt berffeithio peirianneg genetig. Gwelir, ryw ddydd, labordai yn y gofod, a bodau arallfydol, gwyddonwyr wrth gwrs, yn ymgolli mewn mathemateg. Go brin y gellid astudio bywydeg yn eu stad hwy, 'mewn tŷ, nid o waith llaw'. Od ac annisgwyl yw gweld geirfa'r bardd diwinyddol yng nghyfrolau'r gwyddonwyr hyn, geiriau fel golau, nefoedd, llwybrau, sêr, gallu a hollallu. Ond nid yw eu defnydd o'r eirfa yma a'r symbolau hyn yn gymorth i ni i lanw'n bywyd yn y byd ag ystyr, nac yn ysbrydiaeth i ni greu trefn newydd ar y ddaear a gwella amgylchiadau byw pobl. Eithr yn y traddodiad crefyddol y mae Pantycelyn yn gynrychiolydd ohono, ac yn bensaer ei addoliad, mae'n bosibl ymdeimlo â'r tragwyddol yma, a phrofi'r di-amser yn gweithio i newid ein dyfodol, ac i lanw'n bywyd yn awr ag ystyr a phwrpas.

Dymuniad Williams yw cael 'dechrau ei nefoedd yn y byd'. 'Adenydd ysgafn ffydd', nid unrhyw fath o beirianneg, a'i cwyd 'hwnt i derfyn oll sy'n bod'. Ac ym mynwes Duw, 'mae fy *naear* i a'm nef'. Yn y golau, lle mae ei enaid wrth ei fodd, nid yw'n syrthio i afael yr heresi honno, manicheaeth, ac yn diystyru daear Duw. Mae'n ormod o realydd i ddewis deuoliaeth y gwyddonydd sy'n creu nef newydd ar draul daear Duw. Mae dirnadaeth Williams o'r ymgnawoliad a'r weledigaeth o fywyd yn gyfan ac yn gron.

*   *   *

Ond a fedr mawlgan Williams ein newid ni heddiw, a thrwom ni, ein byd? I ateb y cwestiwn hwn, rhaid cadw mewn cof astudiaethau Sigmund Mowinkel a Hermann Gunkel a'u canlynwyr ar Lyfr y Salmau, a'u pwyslais mai swyddogaeth barddoniaeth grefyddol, gyda chymorth y dychymyg, yw disgrifio realiti. Ac mae realiti, yn ôl Hans Küng, i gynnwys popeth ym myd Duw ac ym mywyd dyn. Lluniwyd nifer o'r Salmau i orseddu Duw yn y deml fel brenin y genedl. Brenin Israel ar y pryd a gymerai le y Duw anweledig ar yr orsedd, ac yn y seremoni cyhoeddid 'Malak Adonai'—'daeth Duw yn frenin'. Felly, yr oedd oblygiadau'r Salmau a'r fawlgan yn wleidyddol. Yn awr, Duw oedd yn teyrnasu a'r brenin oedd ei gynrychiolydd ar y ddaear. Bellach, gallai mawrion weithredoedd Duw gyffwrdd â'r bobl, a dwyn cyfiawnder, heddwch a gwirionedd i fywyd y byd. Mae iaith y fawlgan yn creu gorwelion newydd, ac, yn y pen draw, trefn newydd yn y byd. Diogelir ieithwedd y byd mwy, byd cyfiawnder a heddwch, yn emynau Williams, ac wrth i ni eu canu bydd y byd mwy yn ceisio torri trwodd i'n byd ni, i'w weddnewid. Mae emynau Williams, fel ei epig *Golwg ar Deyrnas Crist*, yn ein gwahodd i gefnu ar fyd y system sy'n gwrthod y chwyldro hwn. Felly mae ei brofiad a'i fynegiant, fel eiddo'r Salmydd, o dragwyddol werth i'r addolwyr sy'n galw'r greadigaeth newydd i fod â'u mawlgan, a'r rhai hynny, â'u litwrgi, sydd yn gweithio o blaid trefn newydd, neu'r deyrnas. Dyma'r newyddion da ym marddoniaeth efengylaidd Williams, ac er i'n byd newid ni ellir dileu ei ddelweddau byw na mygu ei gân am frenhiniaeth Iesu Grist. Mae gan Waldo Williams gywydd o fawl i'w fam, gwraig syml ei ffydd, dwys ei

defosiwn a chymwynasgar yn ei bro. Nid yw 'Angharad' yn
annhebyg i fam a thad cyfaill Waldo, D. J. Williams, dau a ddisgrifir
wrth eu gwaith yn weddïgar. Mae mam awdur *Hen Dŷ Ffarm* yn
dawedog a'i bywyd yn llawn o weddi ddirgel, a'i dad diwenwyn yn ŵr
a chanddo ddawn fawr i weddïo'n gyhoeddus. Yn dilyn mawlgan
diwygiad y ddeunawfed ganrif, yr oedd Dyfed yn frith o gartrefi
tebyg, ac yn magu 'pregethwyr, blaenoriaid ac athrawon Ysgol Sul'
(Gwenallt). Ym mywyd Angharad, gwelir mawlgan Dyfed yn
ffrwytho:

> Rhôi ei diwrnod i'r Deyrnas,
> A rhoi symledd ei heddiw
> Yn win i'r Brenin a'r briw.
> Ymorol am Ei olud,
> Ailgreu â'i fawl ddilwgr fyd.

Ac yn ei bywyd, mae'r folawd a'r alarnad yn un offrwm:

> Rhoddai i Dduw o'r ddwy wedd,
> Ing a hoen yn gynghanedd.
> Rhôi i ni yn awyr Nêr
> Offeiriadaeth ei phryder.

Crynhoi mewn mydr y datguddiad o Dduw yn Iesu Grist oedd
campwaith Williams, ac y mae ei emynau yn rhoi'r mynegiant gorau
posibl o gynnwys a gobeithion ffydd ei bobl. Mae'n anelu at holl
feddylfryd Crist, ac yn rhoi'i holl athrylith at wasanaeth ei Waredwr.
Gwelsom fod ei ddiwinyddiaeth, fel ei gân, yn troi o gwmpas y Crist
byw, unigryw. Ef, nid rheswm dyn a'i ddyfeisiadau, sy'n cynhesu
awen Pantycelyn. Weithiau, fe ddigwydd gwrthdaro rhwng ffydd ac
anffyddiaeth (y 'rhyfel'). Rhaid brwydro, aros yn y rhyfel, a chredu
bod Iesu Grist, dro ar ôl tro, yn rhoddi i ni ffydd a gweledigaeth
newydd.

'Ardderchowgrwydd y cyfamod newydd' yw bod partneriaeth
hanesyddol ddilys yn bosibl â'r Crist byw sy'n dadfantellu'r hen ac yn
datguddio i ni y newydd. Hyn sy'n ei wneud yn ddiderfyn ac yn
ddigon. Ynddo ef, canfyddwn yr hyn y mae Duw yn ei gyflawni; ac
wrth addoli y Duw hwn gosodir ni i sefyll ar dir diogel y cof am hanes
yr achub. Mewn addoliad, daw i ni obaith am y dyfodol a mawlgan,
lle mae bywyd ac athrawiaeth yn dod ynghyd i greu dyhead am
godiad haul cyfiawnder. Yng ngeiriau'r Athro Bobi Jones (*Barddas*,
Rhif 169, t.11), 'Arfer mawl cyflawn yw ymgyflwyno'n gyfan gwbl i
Dduw, yn galon, yn feddwl ac yn ewyllys weithredol.' Yn Iesu Grist,

mae Duw y cyfamod yn cynnig i ni ddyfodol ystyrlawn, a phwrpas i'n bywydau brau. Derbyn Iesu yw cydnabod methiant popeth arall:

Colled ennill popeth arall,
Oni enillir Di dy Hun.

Wrth gloi y drafodaeth hon, dylid nodi bod Williams yn 1758 yn gofidio fod anffyddiaeth yn ymosod ar feddwl ei oes.

Yn *God and the Poets* mae David Daiches wedi olrhain effeithiau'r datblygiad hwn ar farddoniaeth o'r dyddiau cynnar hyd heddiw. Erbyn y bedwaredd ganrif ar bymtheg, profiadau'r beirdd eu hunain sy'n cynnal y canu crefyddol, medd Daiches, ac anaml yw'r cyfeiriadau at Dduw. A dyma'r sefyllfa yng Nghymru hefyd, gyda'r bardd newydd hirwyntog yn fewnblyg a goddrychol. Mor wahanol y gwelai Williams swyddogaeth ei awen. Yng Nghymru erbyn hyn mae llai a llai yn canu emynau, ac mae'n mawl yn cilio wedi canrif a mwy o ysgrifennu rhyddieithol, mecanyddol. Daeth y prosesydd geiriau a phob math o beiriannau i hybu'r eirfa dechnegol; a chollodd yr emyn ei egni a'r Gymanfa Ganu ei thir. Ymhlith y rhai sy'n darparu rhaglenni crefyddol poblogaidd fel 'Dechrau Canu, Dechrau Canmol' a 'Chaniadaeth y Cysegr' mae pryder na fydd cynulleidfaoedd digonol yn fuan i gynnal y fawlgan. Ar ôl y dieithrio a'r pellhau yr oedd disgwyl am y mudandod hwn. 'Roedd cwtogi ar y profiad crefyddol yn rhwym o arwain i argyfwng cred, ac yna i argyfwng y fawlgan. Ateb Bultmann i argyfwng cred oedd dadfythu, a threiddio drwy'r traddodiadau a wisgwyd mewn iaith symbolaidd at y ffydd gysefin. Ond, ni ellir dadfythu emyn, oherwydd byddai anharddu'r wisg yn lladd y mawl. Yn Israel gynt, byddai'r gŵr doeth yn ymgodymu â phroblemau ei gyfoeswyr ac yn diwygio'r fawlgan i gynnwys yr hinsawdd ddeallusol newydd. Dyma oedd cyfraniad awdur Llyfr y Pregethwr.

Protestiodd yn chwyrn, profodd ddieithrwch ei hun a'r agnosticiaeth a welai yn ei ddydd. Ond, ar y dibyn hwn, â'i droed ar dir anffyddiaeth, mae'n cloi gyda'r anogaeth—'ofna Dduw'. Iddo ef, ac awdur Llyfr Job, ffydd ar gân, credo mewn barddoniaeth yn unig a fedr dorri ar y mudandod. Hon oedd cymwynas fawr Pantycelyn, yr ymchwilydd a'r darllenwr dyfal. Yn ei gyfnod, medrodd gynnwys yn ei fawlgan y byd oedd yn newid o'i gwmpas, byd caled, llawn o fygythion. Mae pob math o fygythiadau newydd yn ein byd heddiw, y gwenwyno graddol ar yr amgylchfyd, newyn cynyddol yn y gwledydd tlawd, a'r pentyrru ar arfau niwclar. Problemau y gellir eu datrys yw'r rhain, ac mae teimlad go gyffredinol y dylai'r Eglwys yn ei haddoliad eu cynnwys fel materion myfyrdod, gweddi a gwaith.

Galwodd Hans Küng am arweiniad o gyfeiriad crefyddau mawr y byd, ac am foeseg fyd-eang i'n galluogi fel cenhedloedd daear i gyd-fyw, ac i adfer y greadigaeth i Dduw. Yn nyddiau Williams, nid oedd yr adnoddau a ollyngwyd at ein gwasanaeth gan wyddoniaeth wrth law.

Heddiw, dylai litwrgi'r Eglwys gynnwys ein pryder a'n cwyn, ein cyffes a'n cywilydd. Maent yn codi o'n camddefnydd o'r adnoddau hyn. Yn ein hargyfwng presennol, â'r byd yn disgwyl arweiniad gan yr Eglwys, dylid cyfuno'r gwae hwn â'n diolchgarwch am y cread er mwyn grymuso'r mawlgan. Mae dirgelion y cread yn parhau i herio dyn, ac fe ddylai'r Eglwys fanteisio ar y chwilfrydedd proffwydol sydd yn aflonyddu meddyliau rhai sy'n gofyn fel y Salmydd—'Paham?' 'Pa hyd?' Er bod gan Williams gonsyrn cymdeithasol am bobl ei ddydd, efallai ei fod yn cynnig atebion yn ei emynau i gwestiynau nad yw pobl yn eu holi mwyach. I'r Pêr Ganiedydd, 'roedd y môr, a welai yn achlysurol ar ei deithiau, yn arwyddlun o gysur. Cynrychiolai'r môr bresenoldeb amgylchynnol Duw iddo, a llanw di-drai yr iechydwriaeth yng Nghrist.

Heddiw, a Duw ar drai, a ellir canu y fawlgan Gristnogol? Onid yw'n haws credu mai yn nherfysgwch dirfodol dyn yn ei ofn a'i unigrwydd y mae Duw? Nid oes emyn heb fawl, ond y mae'n rhaid ymarfer moliant yn y sefyllfa ddirfodol ac ontologaidd y mae addolwyr yr Iôr ynddi.

Prin yw nifer yr emynwyr hyn heddiw, ond mae poblogrwydd emynau W. Rhys Nicholas a'r diweddar John Roberts yn arwydd eu bod wedi canu y gân newydd, fel y gwnaeth William Williams o Bantycelyn yn y ddeunawfed ganrif.

BYWYD A GWAITH
WILLIAM WILLIAMS, PANTYCELYN:

LLYFRYDDIAETH

Huw Walters

BYRFODDAU

BBGC	*Bwletin y Bwrdd Gwybodau Celtaidd*
BCEC	*Bwletin Cymdeithas Emynau Cymru*
CCHMC	*Cylchgrawn Cymdeithas Hanes y Methodistiaid Calfinaidd*
CE	*Y Cylchgrawn Efengylaidd*
CLlGC	*Cylchgrawn Llyfrgell Genedlaethol Cymru*
EMW	*The Evangelical Magazine of Wales*
JWBS	*Journal of the Welsh Bibliographical Society*
TCAS	*Transactions of the Carmarthenshire Antiquarian Society and Field Club*
THSC	*Transactions of the Honourable Society of Cymmrodorion*

1. WILLIAM WILLIAMS: EI WAITH

Ceir rhestrau o weithiau cyhoeddedig Williams gan J.H. Davies yn *Rhestr o lyfrau gan y Parch. William Williams, Pantycelyn, a argraffwyd rhwng 1744 a 1800,* Caerfyrddin: W. Spurrell, 1918, xiv, 57 tt. Gweler hefyd rifau 5426-541 yn Eiluned Rees, *Libri Walliae: catalog o lyfrau Cymraeg a llyfrau a argraffwyd yng Nghymru, 1546-1820,* Aberystwyth: Llyfrgell Genedlaethol Cymru, 1987, 671-83. Y rhestr orau a'r fwyaf cyflawn yw eiddo Gomer M. Roberts: 'Atodiad I: Rhestr o lyfrau argraffedig Pantycelyn', yn *Y Pêr Ganiedydd* [*Pantycelyn*]. *Cyfrol 2: arweiniad i'w waith,* [Aberystwyth]: Gwasg Aberystwyth, 1958, 245-64. Rhestrir yma adargraffiadau a chyfieithiadau o'i weithiau a gyhoeddwyd ar ôl 1958.

Emynau Williams Pantycelyn: detholiad gyda rhagymadrodd gan Derec Llwyd Morgan, wedi ei ddarlunio gan Rhiain M. Davies, Y Drenewydd: Gwasg Gregynog, 1991, [xii], 81 tt. Adolygiad: Meic Stephens, *Y Faner,* 15 Mawrth, 1991, 14-15.

The Experience meeting: an introduction to the Welsh societies of the Evangelical Awakening, translated by Mrs [Bethan] Lloyd-Jones and including an introduction by Dr D. Martyn Lloyd-Jones, Bridgend: Evangelical Movement of Wales; London: Evangelical Press, 1973, 62pp.

Gwaith Pantycelyn: detholiad gan Gomer M. Roberts, [Aberystwyth]: Gwasg Aberystwyth, 1960, 174 tt. Adolygiadau: Gwilym R. Jones, *Baner ac Amserau Cymru,* 9 Chwefror, 1961, 3. William Morris, *Y Goleuad,* 1 Chwefror, 1961, 2.

Gweithiau William Williams, Pantycelyn, cyfrol I: Golwg ar Deyrnas Crist, Bywyd a Marwolaeth Theomemphus, golygwyd gan Gomer M. Roberts, Caerdydd: Gwasg Prifysgol Cymru, 1964, xiv, 399tt. Adolygiadau: W.B. G[riffiths], *Y Genhinen,* 11 (1961), 122-3. Saunders Lewis, *Llên Cymru,* 8 (1964-65), 102-7; cyhoeddwyd hefyd yn R. Geraint Gruffydd gol., *Meistri'r canrifoedd: ysgrifau ar hanes llenyddiaeth Gymraeg,* Caerdydd: Gwasg Prifysgol Cymru, 1973, 406-14.

Gweithiau William Williams, Pantycelyn, cyfrol II: rhyddiaith, golygwyd gan Garfield H. Hughes, Caerdydd: Gwasg Prifysgol Cymru, 1967, xxiv, 303 tt. [Cynnwys: Llythyr Martha Philopur, Atteb Philo-Evangelius, Crocodil Afon yr Aipht, Hanes bywyd a marwolaeth tri wŷr o Sodom a'r Aipht, Aurora Borealis, Drws y society profiad, Cyfarwyddwr priodas]. Adolygiadau: R. Geraint Gruffydd, *Barn,* 67 (Mai 1968), 190. Edwin Price Jones, *Taliesin,* 17 (1968), 121-5. W.J. Jones, *Yr Athro,* 19 (1968), 215-6.

William Williams, Pantycelyn, 1717-91: detholiad o emynau peraroglau gras [Wrecsam]: Sain y Gororau, 1991, 72tt.

2. WILLIAM WILLIAMS: GWEITHIAU AMDANO

Ysgrifennwyd llawer am y Diwygiad Methodistaidd a'i gynnyrch llenyddol. Am restrau o'r gweithiau hyn dylid ymgynghori â'r llyfryddiaethau a ganlyn:

DAVIES, K. Monica: 'Llyfryddiaeth', yn Gomer M. Roberts, gol., *Hanes Methodistiaeth Galfinaidd Cymru. Cyfrol 1: Y Deffroad Mawr,* Caernarfon: Llyfrfa'r Methodistiaid Calfinaidd, 1973, 452-60.

—————: 'Llyfryddiaeth', yn Gomer M. Roberts, gol., *Hanes Methodistiaeth Galfinaidd Cymru. Cyfrol 2: cynnydd y Corff,* Caernarfon: Llyfrfa'r Methodistiaid Calfinaidd, 1978, 545-58.

JONES, Philip Henry: *A Bibliography of the history of Wales,* 3rd ed., Cardiff: University of Wales Press, 1989. 'Hymnology', 3DB1-2; 'Methodism', 3DP1-3.

PARRY, Thomas, a Merfyn Morgan, gol.: *Llyfryddiaeth llenyddiaeth Gymraeg,* Caerdydd: Gwasg Prifysgol Cymru, 1976. Gweler yn arbennig yr adran ar 'Emynyddiaeth', 168-86.

WATTS, Gareth O.: 'Llyfryddiaeth llenyddiaeth Gymraeg: atodiad 1', *BBGC,* 30 (1982), 55-121. Gweler yn arbennig yr adran ar 'Emynyddiaeth', 88-90.

A.   LLYFRAU A PHAMFFLEDI

DAVIES, Rhys: *Cefnarthen, —y comin, y capel a'r ysgol* [s.l.: s.n.], 1983., 156 tt. [Ardal Pantycelyn].

E[DMONDES]-O[WEN], D.: *A Short biographical sketch and the will of the Rev. William Williams, Pantycelyn, 1716-1791,* Llandovery: Lewis Thomas, 1917, 12pp.

HUGHES, Glyn Tegai: *Williams Pantycelyn,* (Writers of Wales), Cardiff: University of Wales Press, 1983, 139 pp. Adolygiadau: M[ari] E[llis], *Y Llan,* 28 Hydref, 1983, 2. Glyn Evans, *Y Cymro,* 15 Tachwedd, 1983, 12. David Fanning, *The Anglo-Welsh Review,* 78 (1985), 98-9. Noel A. Gibbard, BCEC, 7 (1984), 223-5. E.D. Jones, *Welsh History Review,* 12 (1984), 273-4. Robert Owen Jones, *Poetry Wales,* 19/4 (1984), 85-7. W.J. Jones, *Yr Athro,* 34/1 (Rhagfyr 1983), 33-4. [Rheinallt Llwyd], *Llais Llyfrau,* (Gaeaf 1983), 3. Derec Llwyd Morgan, *Y Traethodydd,* 139 (1984), 107-9. [T. Trefor Parry], *Y Gwyliedydd,* 26 Ionawr, 1984, 2.

[HUGHES, J.G. Moelwyn] Moelwyn: *Pedair cymwynas Pantycelyn,* Birkenhead: Alun a Meurig Hughes, 1922, 80 tt. Adolygiad: W. Nantlais Williams, *Y Lladmerydd,* 38 (1922), 131-2.

——————: *Mr Saunders Lewis a Williams Pantycelyn,* Birkenhead: Alun a Meurig Hughes, 1928, 92tt. Cyhoeddwyd gyntaf yn *Y Brython,* 12 Ionawr—7 Mai 1928. Adolygiadau: E. Keri Evans, *Y Tyst,* 2 Awst, 1928, 9. [H. Elvet Lewis], *Y Dysgedydd,* 108 (1929), 16-18. J.H. Williams, *Y Goleuad,* 4 Gorffennaf, 1928, 8-9.

JONES, J. Gwilym: *William Williams Pantycelyn,* (Cyfres Ddwyieithog Gŵyl Ddewi), Caerdydd: Gwasg Prifysgol Cymru, 1969, 115 tt. Adolygiadau:

Geraint H. Jenkins, *Barn*, 81 (Gorffennaf 1969), 249-50. Derec Llwyd Morgan, *Porfeydd*, 1 (1969), 97-100. Gomer M. Roberts, *Y Goleuad*, 9 Ebrill, 1969, 5.

JONES, J.T. Alun: *Duwinyddiaeth emynau gyda chyfeiriad arbenig at olygiadau y Pêr-ganiedydd, W. Williams, Pantycelyn*, Y Bala: Davies ac Evans, 1908, vi, 114 tt.

JONES, R. Tudur: *Saunders Lewis a Williams Pantycelyn*, (Darlith goffa Henry Lewis), Abertawe: Coleg Prifysgol Abertawe, 1987, 36 tt. Adolygiadau: Bobi Jones, *Barn*, 299 (Rhagfyr 1987), 506-7. F. M. Jones, *ibid.*, 300 (Ionawr 1988), 3,5. Robert Owen Jones, *Y Traethodydd*, 143 (1988), 42-4.

LEVI, Thomas: *William Williams, Pantycelyn*, Caernarfon: Llyfrfa'r Methodistiaid Calfinaidd, 1935, 46 tt.

LEWIS, Saunders: *Williams Pantycelyn*, Llundain: Foyle, 1927, 242 tt. Adolygiadau: 'Adolygydd y Faner', *Baner ac Amserau Cymru*, 20 Rhagfyr, 1927, 5; 27 Rhagfyr, 1927, 5. Dienw, *Barn*, 253 (Chwefror 1984), 42. E. Keri Evans, *Yr Efrydydd*, 4 (1928), 85-90. R. Hughes, *Y Brython*, 29 Rhagfyr, 1927, 5. Howell E. Jones, *Yr Efrydydd*, 4 (1928), 222-3. T. Gwynn Jones, *The Welsh Outlook*, 14 (1927), 286-8. [H. Elvet Lewis], *Y Dysgedydd*, 108 (1929), 16-18. [J. Dyfnallt Owen], *Y Tyst*, 8 Rhagfyr, 1927, 9. Thomas Parry, *Y Dinesydd Cymreig*, 14 Rhagfyr, 1927, 3. Caradog Prichard, *Western Mail*, 29 October 1927, 6. John Thickens, *Y Ddolen*, 2/14 (Tachwedd 1927), 7-10; 2/15 (Rhagfyr 1927), 7-9; 3/1 (Ionawr 1928), 7-8. J. Vendryes, *Revue Celtique*, 45 (1928), 364-7.

MORGAN, Derec Llwyd: *Y Diwygiad Mawr*, Llandysul: Gwasg Gomer, 1981, xi, 320tt. Adolygiadau: A.M. Allchin, *The Times*, 16 October, 1982, 10. Dewi Eirug Davies, *Y Traethodydd*, 138 (1983), 52-3. Huw Ethall, *Y Tyst*, 11 Mawrth, 1982, 4. Dewi Arwel Hughes, *CE*, 20/3 (Mehefin/Gorffennaf 1982), 19. Bobi Jones, *Y Faner*, 12 Mawrth, 1982, 12-13. Elfed ap Nefydd Roberts, *Llais Llyfrau*, Haf 1982, 17-18. J.E. Caerwyn Williams, *Taliesin*, 46 (1983), 118-20. [Rhydwen Williams], *Barn*, 234/5 (Gorffennaf/Awst 1982), 248. Cyfieithwyd i'r Saesneg gan Dyfnallt Morgan dan y teitl *The Great Awakening in Wales*, London: Epworth Press, 1988, ix, 323pp. Review: Michael Hennell, *The Journal of Welsh Ecclesiastical History*, 6 (1989), 78-9.

_____: *Williams, Pantycelyn*, (Llên y llenor), Caernarfon: Gwasg Pantycelyn, 1983, 65 tt. Adolygiadau: Huw Ethall, *Y Tyst*, 19 Ionawr, 1984, 4. Glyn Evans, *Y Cymro*, 10 Ionawr, 1984, 10. Noel A. Gibbard,

BCEC, 7 (1984), 223-5. Kathryn Jenkins, *Y Traethodydd*, 139 (1984), 110-12, [*sic.*, i.e. 166-7]. Bobi Jones, *Llais Llyfrau*, Gwanwyn 1984, 19-20. W.J. Jones, *Yr Athro*, 34/2 (Mawrth 1984), 40. John Roberts, *Cristion*, Gorffennaf/Awst 1984, 20.

_____: *Pobl Pantycelyn*, Llandysul: Gwasg Gomer, 1986, x, 156 tt. Adolygiadau: J.E. Wynne Davies, *Llais Llyfrau*, Gwanwyn 1987, 10-11. Noel A. Gibbard, *CE*, 24/5 (Medi/Tachwedd 1987), 18. Medwin Hughes, *Y Faner*, 20 Chwefror, 1987, 14-15. R. Watcyn James, *Barn*, 293 (Mehefin 1987), 227-9. J.E. Caerwyn Williams, *Y Traethodydd*, 144 (1989), 109-10.

_____: *William Williams, Pantycelyn*, [Caerdydd]: HTV Cymru/Wales, 1991, [16] tt. [Testun dwyieithog].

MORGAN, Edward: *Ministerial record; or brief account of the great progress of religion under the ministry of Rev. W. Williams, of Pantycelyn, Carmarthenshire*, London: H. Hughes; Llandovery: W. Rees, 1847, iv, 172 pp.

_____: *Ministerial records; or brief accounts of the great progress of religion, under the ministry of those eminent, learned and pious ministers of God, the Rev. D. Rowlands, of Llangeitho, the Rev. W. Williams of Pant-y-Celin, the Rev. D. Jones, of Llan-gan*, London: H. Hughes, 1840, 180 pp.

MORGAN, William, gol.: *Album Williams, Pantycelyn: yn cynnwys darluniau cyssylltiedig a'i fywyd a'i goffadwriaeth, a nodiadau eglurhaol, yn nghyd a detholion o'i weithiau barddonol*, Dowlais: W. Morgan, 1890, viii, 200 tt.

ROBERTS, Gomer M.: *Y Pêr Ganiedydd* [*Pantycelyn*]. *Cyfrol 1: trem ar ei fywyd*, [Aberystwyth]: Gwasg Aberystwyth, 1949, 240 tt. Adolygiadau: Tom Beynon, *Y Goleuad*, 26 Hydref, 1949, 5; cyhoeddwyd hefyd yn *Allt Cunedda, Llechdwnni a Mwdlscwm*, Aberystwyth: yr awdur, 1955, 156-9. R.T. Jenkins, *Y Traethodydd*, 105 (1950), 1-7. Saunders Lewis, *Y Fflam*, 9 (Awst 1950), 61-3. Iorwerth C. Peate, *Y Cymro*, 25 Tachwedd, 1949, 4. Glyn Roberts, *Y Llenor*, 29 (1950), 45-7. Griffith T. Roberts, *Yr Eurgrawn*, 142 (1950), 70-3.

_____: *Y Pêr Ganiedydd* [*Pantycelyn*]. *Cyfrol 2: arweiniad i'w waith*, [Aberystwyth]: Gwasg Aberystwyth, 1958, 282 tt. Adolygiadau: Aneirin Lewis, *Diwinyddiaeth*, 10 (1959), 51-5. Gwynedd O. Pierce, *Cylchgrawn Hanes Cymru*, 1 (1961), 253-4. [Lewis Valentine], *Seren Gomer*, 50 (1958), 103. [H. Llewelyn Williams], *Y Drysorfa*, 128 (1958), 225. J.E. Caerwyn Williams, *CCHMC*, 44 (1959), 14-19.

THOMAS, Sam: *William Williams, Pantycelyn: hanes byr am y 'Pêr ganiedydd'*, Llanymddyfri: Pwyllgor Cofio William Williams, 1991, 68tt. [Testun dwyieithog].

B. ERTHYGLAU AC YSGRIFAU MEWN LLYFRAU A CHYFNODOLION

ARBER-COOKE, T.H.: 'Llandovery: 18th century', in *Pages from the history of Llandovery, I,* Llandovery: Friends of Llandovery Civic Trust Association, 1975, 257-94. [Williams, Pantycelyn, 264-6].

ASHTON, Charles: 'Y beirdd Cymreig o'r fl. 1726 hyd y fl. 1750', yn *Hanes llenyddiaeth Gymreig o 1651 hyd 1850,* Lerpwl: Cymdeithas yr Eisteddfod Genedlaethol, [1893], 230-88. [Williams, Pantycelyn, 257-85].

ASHTON, Glyn M: 'Cerdd dafod Pantycelyn', *Llên Cymru,* 7 (1962-63), 62-91.

AVERY, Gordon: '572: "Guide me, O Thou great Jehovah" (William Williams)', in *Companion to the Song Book of the Salvation Army,* London: Salvationist Publishing, 1961, 183-4.

BARKLEY, John M.: *Handbook to the Church Hymnary,* London: Oxford University Press, 1979. 'Notes on hymns: 89 "Guide me, O Thou great Jehovah," 97; 'Biographical and historical notes: William Williams, 1717-91', 372.

BASSETT, E.: 'Traethodau y diweddar Barch. W. Williams, Pant-y-Celyn', *Y Drysorfa,* 24 (1854), 157-8.

BELL, H. Idris: 'The Eighteenth Century Revivals', in *The Development of Welsh poetry,* Oxford: Clarendon Press, 1936, 115-47. [William Williams, 129-45].

BEYNON, Tom: 'Perganiedydd Cymru', *CCHMC,* 20 (1935), 125-31. Cyhoeddwyd hefyd yn *Golud a mawl Dyffryn Tywi,* Caernarfon: Argraffdy'r Methodistiaid Calfinaidd, 1936, 124-31.

BROWNLIE, John: 'Hymn-writers born between 1700 and 1800: William Williams', in *The Hymns and hymn writers of the Church Hymnary,* London: Henry Frowde, 1899, 160-1.

'CADWGAN': 'William Williams, Pantycelyn', *Cyfaill yr Aelwyd,* 8 (1888), 9-10.

CHARLES, John: 'Dylanwad y Diwygiad Methodistaidd ar emynyddiaeth Cymru', *Y Lladmerydd,* 32 (1916), 83-5.

CHARLES, Thomas: 'Buchwedd a marwolaeth y Parch. William Williams, o Bant y Celyn, Sir Gaerfyrddin', *Trysorfa,* 2 (1809-13), 443-54.

CLARK, M. Guthrie: '"Guide me, O Thou great Jehovah" William Williams, 1717-1791', in *Sing them again: a companion to 'Sunday half hour',* London: Henry E. Walter Ltd., 1955, 36-9.

COLQUHOUN, Frank: 'Life's pilgrimage: "Guide me, O Thou great Jehovah"', in *Hymns that live: their meaning and message,* London: Hodder & Stoughton, 1981, 191-8.

_____: 'Pilgrimage and conflict: "Guide me, O Thou, great Jehovah"', in *A Hymn companion: insight into three hundred Christian hymns,* London: Hodder & Stoughton, 1985, 198-8.

_____: 'Life's pilgrimage: "Guide me, O Thou great Jehovah" (William Williams, 1717-91)', in *More preaching on favourite hymns: further sermon outlines on selected hymns,* London: Mowbray, 1990, 41-4.

DAVIES, Aneirin Talfan: 'Y Diwygiad Methodistaidd a'r Llyfr Gweddi', yn *Sylwadau,* [Aberystwyth]: Gwasg Aberystwyth, 1951, 24-48. [Sylwadau ar *Williams Pantycelyn* (Saunders Lewis)].

_____: 'Llanymddyfri a Phantycelyn', *Crwydro Sir Gâr,* Llandybïe: Llyfrau'r Dryw, 1955, 194-213.

_____: 'Ar ymyl y ddalen: Freud, y seiat a'r gyffesgell', *Barn,* 16 (Chwefror 1964), 100, 108. [Cynnwys sylwadau ar *Drws y society profiad*].

_____: 'Y Cymun Bendigaid a'r Diwygiad Methodistaidd', yn *Astudio byd,* Llandybïe: Llyfrau'r Dryw, 1967, 97-131.

_____: 'Tair agwedd ar ganu Pantycelyn', yn *Gyda gwawr y bore,* Llandybïe: Llyfrau'r Dryw, 1970, 67-85.

_____: 'Ar ymyl y ddalen: y traddodiad Bysantaidd', *Barn,* 197 (Mehefin 1979), 13-14. [Sylwadau ar ddisgrifiadau Williams o erchyllterau'r Groes].

DAVIES, Ben: 'Llythyr olaf Pantycelyn', *Y Dysgedydd,* 112 (1932), 168-71.

DAVIES, D. Jacob: 'Dwy farn ar Bantycelyn', *Yr Ymofynnydd,* 61 (1961), 2-6.

DAVIES, Daniel: 'Darlun Williams, Pantycelyn', *Trysorfa y Plant,* 24 (1885), 18-19, 38-9, 77-9.

DAVIES, Edward: '*Aleluia* Williams Pantycelyn: yr ail argraffiad', *Y Drysorfa,* 85 (1915), 546-9.

D[AVIES], J.H.: 'The printed works of Williams, Pantycelyn', *CCHMC,* 3 (1917), 59-66.

DAVIES, John: 'Ogof Castell Craig y Wyddon, a hanes y cylch', yn James Evans, gol., *Dylanwad ymneilltuaeth ar fywyd y genedl: sef adroddiad dathliad pumed jiwbili 1662 yng Nghymru,* Llanelli: James Davies a'i Gwmni dros Bwyllgor Canolog Cyngrair yr Eglwysi Rhyddion yng Nghymru, 1913, 175-80. [Ardal Pantycelyn].

DAVIES, John (Isfryn): 'Pêr-ganiedydd Cymru', *Llais Rhyddid,* 16 (1917), 195-9.

DAVIES, Morris: 'Emynyddiaeth: y Parchedig William Williams, Pantycelyn a'i emynau', *Y Traethodydd,* 24 [*sic.*, i.e. 25] (1870), 203-21, 389-417.

_____: 'Marwnadau Williams Pantycelyn', *Y Drysorfa,* 23 (1853), 337.

DAVIES, T. Alban: 'Williams Pantycelyn (ein per ganiedydd, 1716-1791)', yn *Yr Efengyl yng Nghymru: llawlyfr i Gymry ifainc,* Abertawe: Llyfrfa'r Annibynwyr, 1945, 81-4.

DAVIES, T.E.: 'Emynau Williams, Pantycelyn, a meithriniad y bywyd ysbrydol', *Y Lladmerydd,* 33 (1917), 285-9.

[DAVIES, T. Eirug]: 'Barddoniaeth: emynau Williams, Pantycelyn', *Gwybod,* 1 (1939), 438-40.

DAVIES, W.D.P.: 'Nwydau Pantycelyn', *Y Drysorfa,* 135 (1965), 40-42.

[DAVIES, William] Teilo: 'Emynwyr Cymru: Williams, Pantycelyn', *Y Cylchgrawn,* 3 (1864), 237-9.

DEARMER, Percy: *Songs of praise discussed: a handbook to the best-known hymns and to others recently introduced,* London: Oxford University Press, 1933. 'Guide me, O thou great Redeemer', 267-8; 'William Williams, (1717-91)', 527-8.

DIENW: *Hynodion hen bregethwyr Cymru gydag hanesion difyrus am danynt,* Wrexham: Hughes a'i Fab., d.d. 'Williams, Pantycelyn yn pregethu yn yr eira', 20; 'Craffter Williams, Pantycelyn', 20; 'Williams, Pantycelyn a'r crythwr', 20-1.

_____: 'Obituary of considerable persons; with biographical anecdotes', *The Gentleman's magazine,* 61 (1791), 91.

_____: 'Hen fammaethod Methodistaidd', *Y Drysorfa,* 13 (1848), 220-21. [Sylwadau ar *Marwnad am y Parchedig Mr William Davies, o Gastell nedd* . . . (Trefeca, 1787)].

_____: 'Teulu Pantycelyn', *Y Cronicl,* 8 (1850), 313-5.

_____: 'Hanesyn am y Parch. William Williams, Pant y Celyn', *Y Drysorfa,* 20 (1850), 208. [Hanes am Williams yng nghapel y Dyffryn, Llandyrnog].

_____: 'Teithiau y Parch. W. Williams o Bantycelyn', *Y Drysorfa,* 23 (1853), 282.

_____: 'Emynwyr Cymreig y ganrif ddiwethaf', *Y Beirniad,* 20 (1879), 202-18. [Williams, Pantycelyn, 205-6].

_____: 'Rhigymau Pantycelyn', *Y Cylchgrawn,* 23 (1884), 228.

_____: 'Penglog y Parch. W. Williams, Pantycelyn', *Cenad Hedd,* 7 (1887), 157-8. [Adroddiad am ail-agor ei fedd].

_____: 'Marwolaeth ceffyl Williams Pantycelyn' *Pulpud Cymru,* 3 (1889), 95-6.

_____: 'Williams, Pantycelyn a Chraig-y-nos', *Y Diwygiwr,* 57 (1892), 269-71. [Hanes ymweliad â Phantycelyn].

_____: 'William Williams o Bantycelyn', yn John Parry, Thomas Gee, gol., *Y Gwyddoniadur Cymreig,* 10, Dinbych: T. Gee a'i Fab, 1896, 194-200.

_____: 'Ewyllys Williams Pantycelyn', *Yr Haul,* 20 (1918), 20.

_____: 'Williams Pantycelyn's two portraits: original drawing at Swansea Free Library', *Western Mail,* 2 April, 1934, 11. [Darlun Williams gan John Williams, Gwernogydd].

_____: 'William Williams (1716-91)', yn *Cymry enwog,* Caerdydd: Gwasg Prifysgol Cymru, 1944, 67-9. Cyfieithiad Saesneg yn *Famous Welshmen,* Cardiff: University of Wales Press, 1944, 74-6.

_____: 'William Williams, Pantycelyn and the church', *Province,* 3 (1952), 93-5.

_____: ''Rwy'n edrych dros y bryniau pell', *Siop Siarad,* 5 (Rhagfyr 1980 / Ionawr 1981), 10-11. [Braslun bywgraffyddol].

_____: 'Amrywiaeth barn', *Barn,* 210/11 (Gorffennaf/Awst 1980), 213-4. [Sgwrs rhwng Williams ag ysbrydegwr].

_____: 'Pwy oedd? Williams, Pant-y-celyn', *Cymru'r Plant,* Tachwedd 1981, 4.

DUFFIELD, Samuel Willoughby: *English hymns, their authors and history,* New York: Funk & Wagnalls, 1886. 'Guide me, O Thou great Jehovah', 197-200; 'O'er the gloomy hills of darkness', 442-3.

EDMONDES-OWEN, D.: 'Who was Pantycelyn's tutor at Llwynllwyd?', *CCHMC,* 4 (1919), 115-20.

EDWARDS, D. Elwyn: 'Myfyrdod ar emyn', *Y Goleuad,* 9 Ebrill 1982, 4-5. [Trafodaeth ar 'Gweddi' o *Ffarwel Weledig*].

EDWARDS, Huw: 'The chair of Williams, Pantycelyn', *TCAS,* 4 (1908-09), 69.

_____: 'Un o lyfrau Pantycelyn a'r cysylltiadau', *CCHMC,* 16 (1931), 122-6, 143-8. [*Hosanna i Fab Dafydd,* 1754].

E[DWARDS], L[ewis]: 'Duwinyddiaeth Williams, Pantycelyn', *Yr Arweinydd,* 3 (1878), 49-53, 74-8, 97-101.

EDWARDS, Owen M.: 'Y marwnadau', *Cymru,* 1 (1891), 210-15. [Marwnadau Williams, 212-4].

_____: 'Pantycelyn', *Cymru*, 3 (1892), 105-10. Cyhoeddwyd hefyd yn *Cartrefi Cymru*, Wrecsam: Hughes a'i Fab, 1896, 51-66. Argraffiad diwygiedig dan olygyddiaeth Thomas Jones, Wrecsam: Hughes a'i Fab, 1962, 34-44. Fersiwn Saesneg gan T. Eurfyl Jones, *Homes of Wales*, Wrexham: Hughes & Son, 1931, 61-79. Cyhoeddwyd crynodeb dan y teitl 'Pantycelyn visited', *EMW*, 24/4 (1985), 12-13.

_____: 'Trem ar hanes Cymru: Daniel Rowland a Williams Pantycelyn', *Cymru*, 22 (1902), 266-8.

ELLIS, Griffith: 'Williams Pantycelyn', *Y Geninen* (Gŵyl Ddewi), 9 (1891), 64-70.

[ELLIS, Robert] Cynddelw: 'Gweddillion llenyddol: emynyddiaeth Gymreig', *Y Geninen*, 12 (1894), 142. [Cynnwys sylwadau ar iaith emynau Williams].

[EVANS, Beriah Gwynfe]: 'Ein llyfrfa ar yr aelwyd, sef cipdrem ar lenyddiaeth Gymreig y dydd: Perganiedydd Cymru', *Cyfaill yr Aelwyd*, 10 (1890), 119-20.

EVANS, D. Tecwyn: 'Dau can' mlwyddiant Pantycelyn: Williams fel llenor a diwinydd', *Y Goleuad*, 12 Hydref 1917, 3-4. Cyhoeddwyd hefyd yn *Y Traethodydd*, 73 (1918), 1-19.

EVANS, E.D.: 'The Methodist Revival', in *A History of Wales, 1660-1815,* (Welsh History Text Books, 2), Cardiff: University of Wales Press, 1976, 70-97.

EVANS, E. Keri: 'Y bywyd ysbrydol yn ôl Pantycelyn', *Yr Efengylydd,* 2 (1910), 41-3, 51-4, 101-2, 118-20, 189-91; 3 (1911), 52-3, 100-2, 182-4; 4 (1912), 179-80; 5 (1913), 103-5.

EVANS, E. Lewis: 'Pregethwr y caraswn ei glywed: William Williams Pantycelyn', *Y Dysgedydd*, 135 (1955), 48-52.

EVANS, Eifion: 'William Williams of Pantycelyn', *The Evangelical Library Bulletin,* 42 (Spring 1969), 2-6. Cyhoeddwyd hefyd yn *EMW*, 22/3 (1983), 11-12; 22/4 (1983), 12-14.

_____: 'Adding to the church—in the teaching of the Calvinistic Methodists', in *Adding to the church: papers read at the Westminster Conference, 1973,* [London: Westminster Conference, 1974], 49-65. [Cynnwys drafodaeth ar *Drws y society profiad*].

EVANS, George Eyre: 'Williams, Pantycelyn', *TCAS,* 12 (1917-18), 17-19.

EVANS, Gwynfor: 'Pantycelyn', yn *Aros mae,* Abertawe: Gwasg John
Penry, 1971, 240-42. Fersiwn Saesneg yn *The Land of my fathers: 2000 years
of Welsh history,* Swansea: John Penry Press, 1974, 335-9.

_____: 'William Williams, Pantycelyn, 1717-1791', yn *Seiri cenedl y
Cymry,* Llandysul: Gwasg Gomer, 1986, 167-73. Fersiwn Saesneg yn
Welsh nation builders, Llandysul: Gomer Press, 1988, 185-92.

EVANS, H. Turner: 'William Williams, (1717-91)', yn *A Bibliography of
Welsh hymnology to 1960,* [Caernarfon]: Welsh Library Association, 1977,
201-2.

EVANS, John James: 'William Williams, Pantycelyn (1716-1791)', yn
Cymry enwog y ddeunawfed ganrif, [Aberystwyth]: Gwasg Aberystwyth,
1937, 140-7.

EVANS, Joseph: 'Williams, Rev. William, Pantycelyn', in *Biographical
dictionary of ministers and preachers of the Welsh Calvinistic Methodist Body or
Presbyterians of Wales,* Caernarvon: C.M. Book Agency, 1907, 330-5.

EVANS, Meredydd: 'Dylanwad Methodistiaeth ar rai o garolau Nadolig y
ddeunawfed ganrif', yn J.E. Caerwyn Williams, gol., *Ysgrifau beirniadol,
15,* Dinbych: Gwasg Gee, 1988, 174-91. [Cynnwys sylwadau ar weithiau
Williams].

[EVANS, Robert] Cybi: 'Williams Pant y Celyn, a'i emynau', *Llais
Rhyddid,* 17 (1918), 128-31.

EVANS, William: 'Williams, Pantycelyn', in *An Outline history of Welsh
theology,* London: James Nisbet & Co., 1900, 54-62.

[EVANS, William] Wil Ifan: 'Dau emynydd', *Y Dysgedydd,* 125 [*sic.,* i.e.
124], (1945), 207-11. [Williams, Pantycelyn a Thomas Williams,
Bethesda'r Fro].

FELIX, J. Wesley: 'Ein llyfr emynau. Beirniadaeth lenyddol: Pantycelyn',
Yr Eurgrawn, 143 (1951), 96-100, 124-8, 207. Atebwyd y sylwadau hyn
gan W.H. Hughes yn *ibid.,* 150-1.

FOULKES, Isaac (Llyfrbryf): 'Williams (Parch. William)', yn *Geirlyfr
bywgraffiadol o enwogion Cymru,* Liverpool: I. Foulkes, 1870, 1050-3.

FRANCIS, Edward: 'Enaid Pant-y-celyn', *Y Ford Gron*, 2 (1931-32), 143-4.

FROST, Maurice, ed.: *Historical companion to Hymns Ancient and Modern*, London: Proprietors of Hymns Ancient and Modern, 1962. 'Hymn 296 Guide me, O thou great Redeemer', 303. 'Williams, William', 577-8.

GEE, H.L.: 'Guide me, O thou great Jehovah', in *Hymns that came to life*, London: Epworth Press, 1954, 50-1.

GREGORY, Arthur E.: *The Hymn-Book of the modern church: brief studies of hymns and hymn-writers*, London: Charles H. Kelly, 1904. [Williams, Pantycelyn, 251-3].

GRIFFITH, R.D.: *Hanes canu cynulleidfaol Cymru*, Caerdydd: Gwasg Prifysgol Cymru, 1948. 'Gwasanaeth Williams Pantycelyn', 26-7; 'Ffynonellau cerddoriaeth Williams', 27-31; 'Canu'r diwygiad', 31-7; 'Y tonau cynharaf: Williams Pantycelyn', 116-29.

GRIFFITH, T.H.: 'Gwibdaith i Bantycelyn', *Y Goleuad*, 20 Mawrth, 1935, 8-9.

GRIFFITHS, Edward: 'William Williams', in *The Presbyterian Church of Wales (Calvinistic Methodists) historical handbook, 1735-1905*, Wrexham: Hughes & Son, 1905, 21-4.

GRIFFITHS, W. Alonzo: 'William Williams, 1717-1791', yn *Hanes emynwyr Cymru*, Caernarfon: W. Gwenlyn Evans, [1892], 56-68.

GRUFFYDD, R. Geraint: 'Diwygiad 1762 a William Williams o Bantycelyn' *CCHMC*, 54 (1969), 68-75; 55 (1970), 4-13. Fersiwn Saesneg: 'The Revival of 1762 and William Williams of Pantycelyn', in *Revival and its fruit*, Bridgend: Evangelical Library of Wales, 1981, 19-40.

_____: '"Drws y Society Profiad" Pantycelyn', yn *Undeb yr Annibynwyr Cymraeg: adroddiad cyfarfodydd Caerdydd, Mehefin 11-13, 1984*, Abertawe: Tŷ John Penry, 1985, 66-75.

GRUFFYDD, W.J.: 'Theomemphus', *Y Llenor*, 1 (1922), 37-61.

_____: 'Y Farwnad Gymraeg', *Y Llenor*, 18 (1939), 91-104. [Sylwadau ar *Marwnad Lewis Lewis, Pencader*, 98-101].

H., W.O.: 'Guide me, O thou great Jehovah', in *More hymns we shall always cherish*, Stirling: Stirling Tract Enterprise, 1958, 17-18.

HAEUSSLER, Armin: *The Story of our hymns: the handbook of the hymnal of the Evangelical and Reformed Church*, St. Louis, Missouri: General Synod of the Evangelical and Reformed Church, 1952. 'Our hymns', 80; 'Guide me, O Thou great Jehovah', 131-2; 'Biographical and notes on sources: William Williams (1717-1791)', 985-6.

HODGES, Doris M.: 'Guide me, O Thou great Redeemer', in *The Story of hymns*, Bath: Kingsmead Press, 1979, 47-50.

HODGES, H.A.: 'Flame in the mountains: aspects of Welsh Free Church hymnody', *Religious Studies*, 3 (1967-68), 401-13. [Trafodaeth ar waith Williams, 406-9]

_____: 'Williams Pantycelyn: father of the modern Welsh hymn', *The Hymn Society of Great Britain and Ireland, Bulletin*, 8 (1976), 145-52, 161-6.

_____: 'Over the distant hills: thoughts on Williams Pantycelyn', *Brycheiniog*, 17 (1976-77), 6-16.

HOOSON, John: 'Pantycelyn ar "Daith y Pererin"', *Y Drysorfa*, 123 (1953), 175-8, 192-5.

HOUGHTON, Elsie: 'William Williams (Pantycelyn), 1717-1791', in *Christian hymnwriters*, Bridgend: Evangelical Press of Wales, 1982, 113-9.

[HOWELL, David] Llawdden: 'Emynyddiaeth Gymreig', *Y Geninen*, 14 (1896), 153-8. [Sylwadau ar emynau Williams].

HUDSON-WILLIAMS, T.: 'Gwlad a byd yr emyn', *Y Traethodydd*, 80 (1925), 1-14. [Cynnwys sylwadau ar emynau Williams].

HUGHES, Ann: 'Marwnad [Dafydd William, Llandeilo Fach] i'r Perganiedydd', *Cylchgrawn Hanes*, 7 (1983), 30-4.

HUGHES, Dewi Arwel: 'William Williams Pantycelyn's eschatology as seen especially in his *Aurora Borealis* 1774', *The Scottish Bulletin of Evangelical Theology*, 4/1 (Spring 1986), 49-63.

_____: *Meddiannu tir Immanuel: Cymru a mudiad cenhadol y ddeunawfed ganrif*, Pen-y-bont ar Ogwr: Llyfrgell Efengylaidd Cymru, 1990. [Trafodaeth ar Williams, 12-27].

HUGHES, Glyn Tegai: 'Delweddau Pantycelyn', yn *Undeb yr Annibynwyr Cymraeg: adroddiad cyfarfodydd Caerdydd, Mehefin 11-13, 1984,* Abertawe: Tŷ John Penry, 1985, 75-9.

HUGHES, Henry: 'Y Diwygiad Methodistaidd', yn *Hanes diwygiadau crefyddol Cymru o ddechreuad Cristionogaeth yn y wlad hyd y diwygiad diweddaf,* Caernarfon: Cwmni'r Wasg Genedlaethol Gymreig (Cyf.), 1906, 101-9.

[HUGHES, John] (Caernarfon): 'Williams, Pantycelyn', *Y Mis,* 1 (1893), 208-13, 239-42.

HUGHES, John (Lerpwl): 'Cynorthwywyr Harris a Rowlands: y Parch. William Williams, Pant-y-celyn', yn *Methodistiaeth Cymru: sef hanes blaenorol a gwedd bresenol y Methodistiaid Calfinaidd yn Nghymru; o ddechreuad y Cyfundeb hyd y flwyddyn 1850, cyfrol 1,* Gwrecsam: R. Hughes a'i Fab, 1851, 77-80.

HUGHES, John (Pen-y-bont ar Ogwr): 'Williams, Pantycelyn: ei emynau a phrofiad', *Y Traethodydd,* 78 (1923), 129-44.

[HUGHES, William] Deiniol Wyn: 'Williams, Pantycelyn', *Yr Haul,* 2 (1886), 322-3; 3 (1887), 19-21.

HUGHES GRIFFITHS, Peter: 'Dau can mlwyddiant Pantycelyn: Williams fel cyfrinydd', *Y Goleuad,* 12 Hydref, 1917, 3.

H[UMPHREYS], E. M[organ]: 'Wrth fynd heibio: lle Pantycelyn', *Y Goleuad,* 3 Awst, 1917, 4.

HUMPHREYS, Emyr: 'The wind of heaven', in *The Taliesin tradition: a quest for the Welsh identity,* London: Black Raven Press, 1983, 90-100.

HUWS, W. Pari: 'Deu-canmlwydd Pantycelyn', *Y Dysgedydd,* 96 (1917), 416.

IDLE, Christopher: 'Guide me, O thou great Jehovah', in *Hymns of praise,* [Tring]: Lion Publishing, 1984, [28].

IEUAN AFAN: 'Williams Pantycelyn a'i ferch', *Trysorfa y Plant,* 14 (1875), 173.

ISAAC, Evan: 'William Williams, Pantycelyn', yn *Prif emynwyr Cymru,* Lerpwl: Gwasg y Brython, 1925, 39-70.

_____: '"Aleluia" Pantycelyn', *Yr Eurgrawn Wesleaidd,* 119 (1927), 92-6.

JAMES, D. (Defynnog): 'Lewys Morus, Goronwy Owen, Williams (Pantycelyn), ac eraill', yn *Hanes llên Cymru at wasanaeth ysgolion ac efrydwyr,* Casnewydd-ar-Wysg: Southall a'i Gwmni, 1926, 51-9.

JAMES, E. Wyn: 'Bachgen a aned', yn *Carolau a'u cefndir,* Pen-y-bont ar Ogwr: Gwasg Efengylaidd Cymru, 1989, 20.

_____: *Dechrau canu: rhai emynau mawr a'u cefndir,* Pen-y-bont ar Ogwr: Gwasg Efengylaidd Cymru 1987. 'Pam y caiff bwystfilod rheibus', 20; 'Wrth edrych, Iesu, ar dy groes', 34; 'Mewn anialwch rwyf yn trigo', 45; 'Cymer Iesu, fi fel rydwyf', 57; 'Cul yw'r llwybr imi gerdded', 63; 'Ffordd newydd wnaed', 67.

_____: 'Emynau Williams Pantycelyn ac Ann Griffiths: Pwysigrwydd yr emyn', *Barn,* 314 (Mawrth 1989), 23. 'Perthyn i'r traddodiad llenyddol Cymraeg', *ibid.,* 315 (Ebrill 1989), 24-6. 'Perthyn i'r traddodiad clasurol', *ibid.,* 316 (Mai 1989), 25-7. 'Perthyn i'r Methodistiaid Calfinaidd', *ibid.,* 320 (Medi 1989), 27-30. 'Perthynas Ann Griffiths a Williams, Pantycelyn', *ibid.,* 321 (Hydref 1989), 26-8; 322 (Rhagfyr 1989), 23-4. 'Problem yr emyn', *ibid.,* 337 (Chwefror 1991), 19-21; 338 (Mawrth 1991), 26-7.

_____: 'William Williams, the sweet singer of Wales', *The Evangelical Times,* 35/4 (April 1991), 7.

JENKINS, D.E.: 'Diarddeliad Peter Williams', *Y Drysorfa,* 106 (1936), 174-8. [Sylwadau ar ran Williams yn yr helynt].

JENKINS, Geraint H.: *The Foundations of modern Wales : Wales 1642-1780,* (Studies in Welsh History, 2), Oxford: Clarendon Press; Cardiff: University of Wales Press, 1987. 'The spirit of enthusiasm', 342-85; 'Cultural revival and invention', 386-426.

_____: 'Y Diwygiad Methodistaidd', yn *Hanes Cymru yn y cyfnod modern cynnar, 1530-1760,* Caerdydd: Gwasg Prifysgol Cymru, 1983, 292-315.

_____: 'The New enthusiasts', in Trevor Herbert, Gareth Elwyn Jones, eds., *The Remaking of Wales in the eighteenth century,* Cardiff: University of Wales Press, 1988, 43-76.

[JENKINS, John] Gwili: 'Sŵn o'r nef', *Y Geninen,* 23 (1905), 27-31. [Sylwadau ar *Bywyd a marwolaeth Theomemphus*].

[JENKINS, Joseph] Milwyn: 'Rhigymau William Williams, Pantycelyn', *Y Cylchgrawn,* 22 (1883), 306-9, 344-9.

_____: 'Sylwadau ar hymnau William Williams, Pantycelyn', *Y Cylchgrawn,* 23 (1884), 75-80, 242-6, 273-8.

JENKINS, Kathryn: 'Williams Pantycelyn a'r Beibl', *Y Traethodydd,* 143 (1988), 159-70.

_____: ''R Efengyl 'rwy'n bregethu', *Barn,* 335/6 (Rhagfyr 1990 / Ionawr 1991), 44-5. [Daucanmlwyddiant marw Daniel Rowland a Williams].

_____: 'Williams, Pantycelyn', *Cristion,* (Chwefror, 1991), 11-13.

_____: 'Trwy rinwedd nefol ras', *Barn,* 337 (Chwefror 1991), 6-7. [Prif nodweddion emynau cynnar Williams].

_____: 'Y mae arnaf fil o ofnau', *Barn,* 338 (Mawrth 1991), 15-16.

JENKINS, R.T.: *Hanes Cymru yn y ddeunawfed ganrif,* Caerdydd: Gwasg Prifysgol Cymru, 1928. 'Williams, Pantycelyn', 79-81; 'Yr emynau', 81-3.

_____: 'Nonconformity after 1715: Methodism', in J.E. Lloyd ed., *A History of Carmarthenshire. Vol. II: from the Act of Union (1536) to 1900,* Cardiff: William Lewis, 1939, 185-263.

_____: 'Diarddeliad Peter Williams', *Y Traethodydd,* 99 (1944), 16-27, 57-65. Cyhoeddwyd hefyd yn *Yng nghysgod Trefeca: ysgrifau ar hanes crefydd a chymdeithas yng Nghymru yn y ddeunawfed ganrif,* Caernarfon: Llyfrfa'r Methodistiaid Calfinaidd, 1968, 154-71. [Cynnwys sylwadau ar ran Williams yn yr helynt].

_____: 'Canu â'r deall' *Y Traethodydd,* 104 (1949), 1-21. [Cynnwys sylwadau ar rai o emynau Williams yn *Llyfr Emynau'r Methodistiaid*].

JOB, J.T.: 'Dau can' mlwyddiant Pantycelyn: Williams fel bardd', *Y Goleuad,* 12 Hydref, 1917, 3.

_____: 'Emynydd y diwygiad', *Y Drysorfa,* 106 (1936), 20-3, 65-8.

JONES, Ben Ellis: 'Cyfarfod mawr Llanymddyfri', *Y Goleuad*, 2 Tachwedd, 1917, 5-6. [Adroddiad am gyfarfodydd dathlu daucanmlwyddiant geni Williams].

JONES, Bobi: 'Byd Pantycelyn', yn J.E. Caerwyn Williams, gol., *Ysgrifau beirniadol, 2,* Dinbych: Gwasg Gee, 1966, 77-91. Cyhoeddwyd hefyd yn *Llên Cymru a chrefydd: diben y llenor,* Abertawe: Christopher Davies, 1977, 372-85.

—————: 'Pantycelyn yn ystod deng mlynedd: 1762-1772', yn E. Wyn James, gol., *Cwmwl o dystion,* Abertawe: Christopher Davies, 1977, 85-98. Cyhoeddwyd hefyd yn *Llên Cymru a chrefydd: diben y llenor,* Abertawe: Christopher Davies, 1977, 385-99.

—————, a Gwyn Thomas: *The Dragon's pen: a brief history of Welsh literature,* Llandysul: Gomer Press, 1986. [Canu crefyddol Williams, 58-61; Rhyddiaith grefyddol Williams, 81-2].

—————: 'Y dreftadaeth deg: Theomemphus', *CE,* 28/1 (Gaeaf 1990-1991), 5-6.
Gweler hefyd: JONES, R.M.

JONES, D. Ambrose: 'Williams Pantycelyn a'i oes', *Yr Haul,* 8 (1945), 88-91. Cyhoeddwyd hefyd yn *Nodion llenyddol,* Caerfyrddin: W. Spurrell a'i Fab, 1920, 62-71.

JONES, D. Gwenallt: 'William Williams, Pantycelyn—ei gerddi hir', yn Dyfnallt Morgan, gol., *Gwŷr llên y ddeunawfed ganrif a'u cefndir,* Llandybïe: Llyfrau'r Dryw, 1966, 92-101.

JONES, D. Gwyn: 'William Williams, Pantycelyn (1717-1791)', yn *Chwilota,* 7, Caerdydd: Gwasg Prifysgol Cymru, 1989, 96-7.

JONES, D.R.: 'William Williams, Pantycelyn', in *A Nation's heroes,* Cardiff: Educational Publishing Company Ltd., [1916], 59-63. Fersiwn Gymraeg yn *Enwogion cenedl,* Caerdydd: Educational Publishing Co., Ltd., [1920], 44-8.

JONES, E.J.: 'Genesis rhai emynau mawr', *Y Drysorfa,* 105 (1935), 327-31. ['Guide me, O Thou great Jehovah', 330-1].

JONES, Edward J.: 'Myfyrion mewn emynnau', *Y Drysorfa,* 85 (1915), 442-6; 86 (1916), 130-6. [Sylwadau ar emynau Williams].

JONES, Ellis.: 'Camgymeriad "gwrthun" Dr Rees', *Y Dysgedydd*, 116 [*sic.*, i.e. 115], (1936), 140-4. [Sylwadau ar addysg Williams].

JONES, Emyr Wyn: 'Y cysur i gyd', *Y Traethodydd*, 113 (1958), 122-8. Cyhoeddwyd hefyd yn *Ysgubau'r meddyg*, Y Bala: Llyfrau'r Faner, 1973, 134-139. [Trafodaeth ar 'Y cysur i gyd/Sy'n llanw fy mryd'].

JONES, Evan D.: 'The Methodist Revival', in A.J.Roderick, ed., *Wales through the ages, 2: modern Wales*, Llandybïe: Christopher Davies, 1960, 104-9.

JONES, Francis: 'Pant-y-celyn, Llanfair ar y bryn', in *Historic Carmarthenshire homes and their families*, Carmarthen: Carmarthenshire Antiquarian Society, 1987, 143.

JONES, Glyn Penrhyn: 'Pantycelyn and the stone', *CLlGC*, 9 (1955-56), 251-4. [Afiechyd angheuol Williams].

JONES, Griffith T.: 'Williams Pantycelyn', *Y Goleuad*, 24 Ebrill, 1935, 5; 8 Mai, 1935, 11.

JONES, Gwilym H.: 'Undeb Cristionogol: emyn 330', *Y Traethodydd*, 128 (1968), 162-9. [Trafodaeth ar 'Duw, tyrd â'th saint o dan y ne'].

JONES, Gwilym R.: 'Williams, bardd y seiat', *Y Traethodydd*, 125 (1970), 165-72.

_____: 'Williams, bardd y seiat', *Barddas*, 43 (Gorffennaf/Awst 1980), 5-6.

_____: 'Williams biau'r gân!', *Barddas*, 106 (Chwefror 1986), 15.

_____: 'Sain a synnwyr', *Barddas*, 152/153, (Rhagfyr 1989/Ionawr 1990), 32. [Sylwadau ar ddawn Williams i drafod llafariaid yn rhai o'i emynau].

JONES, H.A.: 'Emynnau'r bywyd crefyddol', *Y Drysorfa*, 79 (1909), 152-3. [Cynnwys sylwadau ar emynau Williams].

JONES, H.B. (Garmonydd): 'Williams, Pantycelyn, fel bardd ac emynydd', *Y Drysorfa*, 54 (1884), 441-7.

_____: 'Tröedigaeth Williams Pantycelyn', *Y Drysorfa*, 55 (1885), 11-12.

JONES, J. Cynddylan: 'Williams Pantycelyn fel bardd a diwinydd', *Y Traethodydd*, 77 (1922), 1-12. Cyhoeddwyd hefyd yn *Athrylith a gras*, Caernarfon: Llyfrfa'r Methodistiaid Calfinaidd, 1925, 46-60.

_____: 'Williams Pantycelyn fel ysgolor a phregethwr', *Y Traethodydd*, 77 (1922), 65-75. Cyhoeddwyd hefyd yn *Athrylith a gras*, Caernarfon: Llyfrfa'r Methodistiaid Calfinaidd, 1925, 60-73.

JONES, J. Gwilym: 'Cyfoethogwyr ein hetifeddiaeth lenyddol', *Y Traethodydd*, 130 (1965), 164-77. [Williams, Pantycelyn, 171-3].

_____: 'Emyn gan Pantycelyn', *Y Traethodydd*, 125 (1970), 9-12. [Trafodaeth ar 'Pam y caiff bwystfilod rheibus' a godwyd o'r gyfrol *Williams Pantycelyn*, Caerdydd: Gwasg Prifysgol Cymru, 1969, 76-86].

_____: 'Yr emyn fel llenyddiaeth', *BCEC*, 1 (1972), 113-32. Cyhoeddwyd hefyd yn *Swyddogaeth beirniadaeth ac ysgrifau eraill*, Dinbych: Gwasg Gee, 1977, 156-81.

JONES, J. Gwyn: 'Dylanwad y Beibl ar emynau Pantycelyn', *Yr Eurgrawn*, 146 (1954), 14-18, 35-42, 59-62, 88-92, 121-3.

JONES, J. Lloyd: 'Mesurau Pantycelyn', *Y Drysorfa*, 107 (1937), 6-14, 63-5, 95-7.

JONES, J.R. Kilsby: 'Hen gapel Ystradffin, a Phant-y-celyn', *Y Traethodydd*, 5 (1849), 108-17.

_____: 'Williams, Pantycelyn a llyfrwerthu', *Y Drysorfa*, 35 (1865), 116.

_____: 'Cofiant y Parch. William Williams o Bant-y-Celyn', yn *Holl weithiau prydyddawl a rhyddieithol William Williams*, Llundain: Mackenzie, 1867, iii-xiii.

JONES, J.T.: (Aberdâr): 'Williams, William, Pantycelyn', yn *Geiriadur bywgraffyddol o enwogion Cymru: cyfrol II*, Aberdâr: J.T. Jones a'i Fab, 1870, 646-8.

JONES, J.T.: (Porthmadog): 'Williams Pantycelyn', *Y Drysorfa*, 128 (1948), 268-73. [Rhai o nodweddion ei ganu].

JONES, J.T. Alun: 'Llawysgrifau Williams Pantycelyn yn Athrofa'r Bala', *CCHMC*, 3 (1917), 66-74.

[JONES, Jacob]: 'Cuddiad cryfder Williams, Pantycelyn', *Cennad Hedd*, 37 (1917), 247-8.

JONES, John Morgan, a William Morgan: 'William Williams, Pantycelyn', yn *Y Tadau Methodistaidd: eu llafur a'u llwyddiant gyda gwaith yr Efengyl, I,* Abertawe: 1895, 141-78.

JONES, M.H.: 'William Williams, Pantycelyn: y prif ffeithiau a dyddiadau yn hanes ei fywyd', *CCHMC*, 3 (1917), 35-59.

_____: 'Williams, Pantycelyn', *TCAS*, 12 (1917-18), 14-15.

_____: 'The Trevecka and Pantycelyn books at the National Library of Wales', *CCHMC*, 5 (1920), 47-9.

_____: 'Carmarthenshire hymnists: Williams Pantycelyn', *TCAS*, 20 (1926-27), 35-6.

_____: 'Casgliadau argraffedig o emynau cyn *Aleluia* Pantycelyn [1744]', *CCHMC*, 14 (1929), 1-13.

_____: 'Emynyddiaeth Cymru: rhagflaenwyr Pantycelyn', *CCHMC*, 15 (1930), 25-40.

JONES, Morgan D.: 'Yr Emynydd: William Williams, Pantycelyn', yn *Cymwynaswyr y Gymraeg,* Abertawe: Tŷ John Penry, 1978, 72-7.

JONES, N. Cynhafal: 'Williams, Pantycelyn, a duwinyddiaeth y diwygiad Methodistaidd', *Y Drysorfa*, 56 (1886), 325-8.

_____: *Gweithiau Williams Pant-y-Celyn. Cyfrol I,* Treffynnon: P.M. Evans a'i Fab, 1887. 'William Williams, Pantycelyn: ychydig o hanes ei fywyd', 7-31; 'Beirniadaeth ar ei weithiau', 32-64.

JONES, O.: 'Theomemphus' *Y Drysorfa*, 49 (1879), 16-18, 165-9, 250-3, 291-4, 372-5, 451-4.

JONES, Olwen Lloyd: 'The story of our own church: William Williams, Pantycelyn', *The Treasury*, 103/10, (1979), 16.

JONES, Owain W.: 'The Welsh church in the eighteenth century', in David Walker, ed., *A History of the Church in Wales,* Cardiff: Church in Wales Publications, 1976, 103-20.

JONES, R.M.: 'Pantycelyn', in *Highlights in Welsh literature: talks with a Prince,* Llandybïe: Christopher Davies, 1969, 62-76.

_____: 'Troadau ymadrodd: trosiad', yn *Seiliau beirniadaeth. Cyfrol 3: ffurfiau ystyrol,* Aberystwyth: Coleg Prifysgol, 1987, 341-56. [Sylwadau ar emynau Williams, 351-5].
Gweler hefyd: JONES, Bobi

JONES, R. Pryce: 'Agweddau ar emynyddiaeth Williams Pantycelyn', *Y Drysorfa,* 103 (1933), 69-71. Atebwyd y sylwadau hyn gan J.D. Roberts yn *ibid,* 152-3.

JONES, R. Stephens: 'Dylanwad *Paradise lost* Milton ar *Golwg ar deyrnas Crist* Pantycelyn', yn J.E. Caerwyn Williams, gol., *Ysgrifau beirniadol, 11,* Dinbych: Gwasg Gee, 1979, 165-76.

JONES, R. Tudur: 'Williams, William ('of Pantycelyn') (1717-1791)', in J.D. Douglas, ed., *The New international dictionary of the Christian church,* Exeter: Paternoster Press, 1974, 1052-3.

_____: 'Rhyfel a gorfoledd yng ngwaith William Williams, Pantycelyn', yn J.E. Wynne Davies, gol., *Gwanwyn Duw: diwygwyr a diwygiadau. Cyfrol deyrnged i Gomer Morgan Roberts,* Caernarfon: Gwasg Pantycelyn, 1982, 143-63.

_____: 'The Evangelical Revival in Wales: a study in spirituality', in James P. Mackey, ed., *An Introduction to Celtic Christianity,* Edinburgh: T. & T. Clark, 1989, 237-67. [Sylwadau ar weithiau Williams].

JONES, R.W.: 'William Williams, Pantycelyn (1717-1791)', yn *Y Ddwy ganrif hyn: trem ar hanes y Methodistiaid Calfinaidd o 1735 hyd 1935,* Caernarfon: Llyfrfa'r Methodistiaid Calfinaidd, 1935, 22-4.

JONES, Rhiannon Davies: 'Tröedigaeth llanc', *Seren Gomer,* 71 (1979), 33-40, 86-96.

_____: 'Eu gwahodd yn ôl', *Y Faner,* 26 Chwefror, 1982, 13. [Gwahodd Williams yn ôl i ddathlu Gŵyl Ddewi, 1982].

[JONES, T.E.]: 'Nodiadau y mis: Pantycelyn', *Y Drysorfa,* 87 (1917), 315.

_____: 'Nodiadau y mis: daucanmlwyddiant Williams o Bantycelyn', *Y Drysorfa,* 87 (1917), 464-5.

JONES, T. Gwynn: 'Williams Pant y Celyn', *Y Wawr*, 5/1 (1917), 3-8.

_____: 'Pant y Celyn', *The Welsh Outlook*, 4 (1917), 88-92.

_____: 'Williams Pantycelyn', *Y Traethodydd*, 84 (1929), 197-204; 85 (1930), 19-28.

JONES, T.R. [Clwydydd]: 'Williams Pantycelyn (1717-1791)', *Y Geninen*, 35 (1917), 228-33.

_____: 'Arwyr Cymru: William Williams (1717-1791)', *Cymru*, 70 (1926), 71.

JONES, Tegwyn: 'William Williams, Pantycelyn (1717-91)', yn *Anecdotau llenyddol*, Talybont: Y Lolfa, 1987, 36-9.

JONES, W.D.: 'Rhigymau Pantycelyn', *Y Goleuad*, 28 Chwefror, 1968, 6.

JULIAN, John: *A dictionary of hymnology setting forth the origin and history of Christian hymns of all ages and nations*, 2nd ed., London: John Murray, 1907. 'Jesus, lead us with Thy power', 599; 'O'er those gloomy hills of darkness', 456; 'Why should I sorrow more?', 1279. 'William Williams', 1284-5.

KEELER, W.T.: 'Guide me, O Thou great Jehovah', in *The romantic origins of some favourite hymns: their psychological background and modern implications*, London: Letchworth, 1947, 58-60.

[LEVI, Thomas]: 'Williams Pantycelyn a Sali Stringol', *Trysorfa y Plant*, 14 (1875), 71-2.

_____: 'Gweddillion gweithiau Williams Pantycelyn', *Y Traethodydd*, 31 (1877), 439-45.

_____: 'Cofadail Williams, Pantycelyn', *Trysorfa y Plant*, 24 (1885), 19-20; 25 (1886), 160.

_____: 'Williams Pantycelyn a'i gapel', *Trysorfa y Plant*, 25 (1886), 203-7.

_____: 'Hen ysgriflyfr Williams, Pantycelyn', *Trysorfa y Plant*, 27 (1888), 276-8, 289-2; 28 (1889), 9-11.

_____: 'Awr gyda Theomemphus', *Y Traethodydd,* 60 (1905), 419-27.

_____: 'Dyddlyfr John Williams, Pantycelyn', *Trysorfa y Plant,* 44 (1905) 183-5. [Cynnwys sylwadau ar waith Williams].

'LEWIS': 'Pantycelyn a'r diwygiad', *Y Goleuad,* 21 Chwefror, 1968, 4; 'Pantycelyn ac enwadaeth', *ibid.,* 4; 'Pantycelyn a'r seiat', *ibid.,* 6 Mawrth, 1968, 4; 'Pantycelyn a disgyblaeth', 13 Mawrth, 1968, 4,6.

LEWIS, Gari: 'Dyrnaid i'r dysgwyr : y Pêr Ganiedydd', *CE,* 19/7 (Medi/Hydref 1981), 23.

LEWIS, H. Elvet: 'William Williams, Pantycelyn', yn *Sweet singers of Wales: a story of Welsh hymns and their authors with original translations,* London: Religious Tract Society, n.d., 29-52.

_____: 'The Hymn-writers of Wales and their hymns: the Rev. William Williams, Pantycelyn', *The Cambrian,* [Utica], (1887), 113-7.

_____: 'The Great Revival', in *Nonconformity in Wales,* London: National Council of Evangelical Free Churches, 1904, 68-78, [William Williams, 71-73].

_____: 'Deucan' mlwyddiant Pantycelyn', *Y Goleuad,* 31 Awst, 1917, 6.

_____: 'Nodiadau ieithyddol ar waith barddonol Pantycelyn', *THSC,* (1917-18), 82-107.

_____: 'Hymnody and sacred poetry: William Williams (1716-91)', in J.E. Lloyd, ed., *A History of Carmarthenshire. Vol. II: from the Act of Union (1536) to 1900,* Cardiff: William Lewis, 1939, 418-20.

LEWIS, Iolo Wyn: 'Methodistiaeth a bugeilio eneidiau', yn Elfed ap Nefydd Roberts, gol., *Corff ac ysbryd: ysgrifau ar Fethodistiaeth,* Caernarfon: Gwasg Pantycelyn, 1988, 79-94. [Trafodaeth ar *Drws y society profiad*].

LEWIS, L. Haydn: 'Cenadwri *Drws y society profiad',* *Y Drysorfa,* 103 (1933), 264-8, 306-8.

_____: 'Daucanmlwyddiant y *Ffarwel Weledig* 1763-1963', *Y Drysorfa,* 133 (1963), 26-31, 54-8, 77-80, 129-33, 169-72.

LEWIS, Saunders: 'Efa Pantycelyn', *Barn,* 25 (Tachwedd 1964), 5, 18. Cyhoeddwyd hefyd yn R. Geraint Gruffydd gol., *Meistri'r canrifoedd: ysgrifau ar hanes llenyddieth Gymraeg,* Caerdydd: Gwasg Prifysgol Cymru, 1973, 276-9.

LEWIS, William R.: 'Y nofel gyntaf yn Gymraeg', *Yr Haul a'r Gangell,* 59 (Hydref 1973), 24-9; 60 (Gaeaf 1974), 28-31; 62 (Haf 1974), 25-30. [Trafodaeth ar *Bywyd a marwolaeth Theomemphus*].

LLOYD, D. Myrddin: 'Tri Ŵyr o Sodom', yn *Y Llinyn arian i gyfarch Urdd Gobaith Cymru,* Aberystwyth: Urdd Gobaith Cymru, 1947, 103-6. [Sylwadau ar *Hanes bywyd a marwolaeth tri Ŵyr o Sodom a'r Aifft.*]

_____: 'Fy Nuw, fy Nhad, fy Iesu', *Y Traethodydd,* 104 (1949), 82-5. [Trafodaeth ar emyn 31 yn *Llyfr Emynau'r Methodistiaid*].

_____: 'Rhai agweddau o feddwl Pantycelyn', *Efrydiau Athronyddol,* 28 (1965), 54-66.

_____: 'William Williams, Pantycelyn—ei rhyddiaith', [*sic.*] yn Dyfnallt Morgan, gol., *Gwŷr llên y ddeunawfed ganrif a'u cefndir,* Llandybïe: Llyfrau'r Dryw, 1966, 102-9.

LLOYD, David: 'Marwnadau y Parch. William Williams', *Y Drysorfa,* 24 (1854), 10-11.

_____: 'Marwnadau o waith y Parch. W. Williams', *Y Drysorfa,* 23 (1853), 296-8. [Sylwadau ar *Marwnad ar farwolaeth Mrs Grace Price, anwyl wraig y Capten Price, o Watford, yn Sir Forganwg . . .* (Aberhonddu, 1780)].

L[loyd], J.E.: 'Williams, William (1717-1791)', in Sidney Lee ed., *Dictionary of national biography, LXI,* London: Smith, Elder & Co., 1900, 462-4.

LLOYD-JONES, D. Martyn: 'William Williams and Welsh Calvinistic Methodism', in *The manifold grace of God: papers read at the Puritan and Reformed Conference, 1968,* [London: Puritan and Reformed Conference, 1969], 76-95. Cyhoeddwyd hefyd yn *The Puritans: their origin and successors,* Edinburgh: Banner of Truth Trust, 1987, 191-214.

LLYWELYN-WILLIAMS, Alun: 'Traddodiad llên y Methodistiaid' [Darlith goffa R.T. Jenkins], yn *Ambell sylw,* Dinbych: Gwasg Gee, 1988, 30-50.

LUFF, Alan: 'William Williams, Pantycelyn', in *Welsh hymns and their tunes: their background and place in Welsh history and culture,* London: Stainer and Bell, 1990, 93-103.

M., M.P.: 'Williams Pantycelyn: beth yw ei wir safle?' *Y Tyst,* (Atodiad Llên), 5 Chwefror, 1925, 32.

MABLE, Norman: 'William Williams 1717-91: "Guide me, O Thou great Jehovah"', in *Popular hymns and their writers*, London: Independent Press, 1952, 194-7.

MACPHERSON, Sandy: 'Guide me, O Thou great Jehovah', in *Know your hymns: the story of their making,* Wakefield: Coram Publishers, 1958, 32-3.

MARTIN, Hugh: *The Baptist Hymn Book companion,* revised edition (R.W. Thomson, ed.) London: Psalms and Hymns Trust, 1967. '338 O'er the gloomy hills of darkness', 275-6; '541 Guide me, O thou great Jehovah', 333.

'MEILWCH': 'Arwyr yr oesoedd: y Parch. William Williams, Pantycelyn', *Cyfaill yr Aelwyd,* 3 (1883), 367-8.

MILGATE, Wesley: *Songs of the people of God: a companion to 'The Australian Hymn Book/With One Voice',* London: Collins, 1982. 'No.478: "Guide me, O Thou great Jehovah"', 177; 'Biographical notes: William Williams', 344.

MILLER, Josiah: 'William Williams, 1717-1791', in *Our hymns: their authors and origin,* London: Jackson, Walford and Hodder, 1866, 170-3.

[MILLS, John]: 'Awenyddion Cymru: Williams o Bant y Celyn', *Y Beirniadur Cymreig,* 1 (1845), 221-7, 269-76.

MILLWARD, E.G.: 'A further note on Edward Morgan of Syston', *CCHMC,* 47 (1962), 70-2. [Cynnwys sylwadau Ebenezer Thomas (Eben Fardd) ar waith Williams].

MITCHELL, M.: 'Cae Glas', *Y Genhinen,* 29 (1979), 29-32. [Trafodaeth ar Bentre-tŷ-gwyn a'r ardal].

MOFFAT, James: *Handbook to the Church Hymnary*, London: Oxford University Press, 1927. 'Notes on words and music: 384 "Onward march, all-conquering Jesus'', 127-8; 387 ''O'er those gloomy hills of darkness'', 128-9; 445 ''Speak, I pray Thee, gentle Jesus'', 144; 564 ''Guide me, O Thou great Jehovah'', 193-4. Biographical and historical notes: William Williams, 1717-1791', 545-6.

MORGAN, D[avid]: 'Two noted hymn writers: William Williams and Peter Williams', in *The Story of Carmarthenshire*, Cardiff: Educational Publishing Company Ltd., 1909, 205-8.

MORGAN, Derec Llwyd: 'Rhyddiaith Pantycelyn', yn Geraint Bowen, gol., *Y Traddodiad rhyddiaith: (Darlithiau Rhydychen)*, Llandysul: Gwasg Gomer, 1970, 293-317.

_____: 'Williams Pantycelyn: sylwadau ar ystyr a diben ei waith', yn J.E. Caerwyn Williams, gol., *Ysgrifau beirniadol, 8*, Dinbych: Gwasg Gee, 1974, 130-59.

_____: 'Llenyddiaeth y Methodistiaid', yn Gomer M. Roberts, gol., *Hanes Methodistiaeth Galfinaidd Cymru. Cyfrol 2: cynnydd y Corff*, Caernarfon: Llyfrfa'r Methodistiaid Calfinaidd, 1978, 456-528. Cywiriadau yn *Y Traethodydd*, 133 (1978), [224].

_____: 'Crefydd y galon', *Porfeydd*, 13 (1981), 145-52. [Cynnwys sylwadau ar weithiau Williams].

_____: 'Pantycelyn a gwyddoniaeth', yn J.E. Wynne Davies, gol., *Gwanwyn Duw: diwygwyr a diwygiadau. Cyfrol deyrnged i Gomer Morgan Roberts*, Caernarfon: Gwasg Pantycelyn, 1982, 164-83.

_____: 'Emynau'r cariad tragwyddol', *Barddas*, 94 (Chwefror 1985), 6-7. [Sylwadau ar emynau Williams, rhifau 174, 175, 178, yn *The Oxford book of Welsh verse*].

_____: 'Cenhadaeth y diwygiad', *Cylchgrawn Hanes*, 9-10 (1985-86), 38-45.

_____: 'Gweld Williams Pantycelyn', yn R. Alun Evans. gol., *Rhwng gŵyl a gwaith*, 6, Dinbych: Gwasg Gee, 1988, 122-4. [Ymweliad â Phantycelyn].

_____: 'Williams a'i emynau', yn *William Williams, Pantycelyn, 1717-91: detholiad o emynau peraroglau gras*, [Wrecsam]: Sain y gororau, 1991. 2-3.

MORGAN, J. Vyrnwy: 'The "Ten great men of Wales"', in *The Philosophy of Welsh history,* London: John Lane, 1914, 108-28. [William Williams, 114-6].

_____: 'The Place and significance of the church in the literary renaissance of Wales : poetic literature', in *The Church in Wales in the light of history: a historical and philosophical study,* London: Chapman & Hall Ltd., 1918, 112-8.

MORGAN, T.J.: 'Iaith ffigurol emynau Pantycelyn', yn J.E. Caerwyn Williams, gol., *Ysgrifau beirniadol, 6,* Dinbych: Gwasg Gee, 1971, 98-114.

MORGAN, Walter T.: 'William Williams, Pantycelyn, before the Bishop's court', *CCHMC,* 33 (1948), 2-12, 44.

MORGAN, William: 'Argyhoeddiad Williams, Pantycelyn, fel ei disgrifir gan ei fywgraffwyr a chanddo ef ei hun', *Y Lladmerydd,* 25 (1909), 230-6, 261-8.

MORRICE, J.C.: 'William Williams of Pantycelyn (1717-1791)', in *A Manual of Welsh literature: containing a brief survey of the works of the chief bards and prose writers from the sixth century to the end of the eighteenth,* Bangor: Jarvis & Foster, 1909, 229-31.

MORRIS, James: *Hanes Methodistiaeth yn Sir Gaerfyrddin,* Dolgellau: E.W. Evans, 1911. 'Arweinwyr y cyfarfod misol: y to cyntaf', 9-16; 'Dosbarth Llanymddyfri: Memorial Chapel', 151-4.

_____: 'Pantycelyn', yn *Cysegr-leoedd Methodistiaid Cymru,* Dolgellau: Pwyllgor Canolog Cyngrair Eglwysi Rhydd ac Efengylaidd Cymru, 1912, 10-11.

MORRIS, R.R.: 'Williams bia'r canu', *Trysorfa y Plant,* 56 (1917), 309-11; 57 (1918), 7-8.

MORRIS-JONES, John: 'Ymweliad â Phant y Celyn', *Y Beirniad,* 3 (1913), 199-202.

_____: 'Pantycelyn', *Y Brython,* 13 Mawrth, 1919. [Sylwadau ar gynnwys darlith Morris-Jones ar waith Williams].

OSBECK, Kenneth W.: 'Guide me, O thou great Jehovah', in *101 hymn stories,* Grand Rapids, Michigan: Kiegel Publications, 1982, 80-2.

OWEN, Dafydd: ' "Tros y cefnfor" gan William Williams, Pantycelyn yn *Y Flodeugerdd Gymraeg* (rhif 155)', *Barn,* 103 (Mai 1971), 218.

——————: 'Symboliaeth emynwyr', *Y Traethodydd,* 130 (1975), 105-12. [Williams, Pantycelyn, 108-9].

[OWEN, David (Brutus)]: 'Williams Pantycelyn a'i ddydd ef', *Yr Haul,* 13 (1848), 251-2.

OWEN, Emyr Hywel: 'William Williams, 1717-1791', yn *Gwŷr hanes Cymru, 2,* Llandybïe: Llyfrau'r Dryw, 1963, 39-41.

OWEN, H.: 'Natur yn ei dylanwad ar emynyddiaeth Gymreig', *Y Drysorfa,* 80 (1910), 451-6. [Cynnwys sylwadau ar emynau Williams].

OWEN, John: 'William William's defence of loud rejoicing', in *Religion in Wales: a memoir of the Rev. Daniel Rowlands, late of Llangeitho, Cardiganshire, and an introductory account of the chief supporters of religion in Wales from the Reformation to the beginning of this century,* London: George Routledge & Son., 1848, 205-8.

[OWEN, Richard Jones] Glaslyn: 'Munydau gyda Phantycelyn', *Y Traethodydd,* 60 (1905), 36-41. Cyhoeddwyd hefyd yn [Richard Griffith] Carneddog, gol., *Gwaith Glaslyn,* Caernarfon: Cwmni y Cyhoeddwyr Cymreig Cyf., 1914, 169-76.

——————: 'Williams Pantycelyn a Goronwy Owen', *Y Traethodydd,* 60 (1905), 464-7; 61 (1906), 5-8.

P., F: 'Williams, William', in *Biographical notices of hymn writers with other papers,* Belfast: Alexander Mayne & Boyd, 1901, 121-2.

PAGE, L. Alun: 'William Williams, Pantycelyn', *Y Tyst,* 6 Hydref, 1960, 6-8.

PARRY, Edward: 'Diwygiad Llangeitho yn ymledu', yn *Llawlyfr ar hanes y diwygiadau crefyddol yn Nghymru,* Corwen: Cwmni Argraffu Corwen, 1898 80-8.

PARRY, K.L.: *Companion to Congregational praise,* London: Independent Press, 1953. 'Notes on words and music: 320 "O"er the gloomy hills of darkness", 163; 500 "Guide me, O Thou great Jehovah" ', 228-9; 'Biographical notes: William Williams', 544.

PARRY, R. Williams: 'Taflen Cymanfa Eisteddfod Genedlaethol Castellnedd [1918]', *Y Cymro* 17 Gorffennaf, 1918, 5. Cyhoeddwyd hefyd gan Bedwyr Lewis Jones dan y teitl 'R. Williams Parry a Phantycelyn', *Y Traethodydd*, 125 (1970), 230-3. [Sylwadau ar emynau Williams].

PARRY, Thomas: 'Williams Pant-y-celyn ac eraill', yn *Hanes llenyddiaeth Gymraeg hyd 1900*, Caerdydd: Gwasg Prifysgol Cymru, 1945, 222-5. Fersiwn Saesneg gan H. Idris Bell, 'Williams Pant-y-celyn and others', *A History of Welsh literature*, Oxford: Clarendon Press, 1955, 284-88.

PARRY, William: 'Album Williams, Pantycelyn', *Y Gwyliedydd*, 23 Tachwedd, 1983, 4.

PARRY-WILLIAMS, T.H.: 'Emynau Williams Pantycelyn; (sgwrs radio)', yn *Pensynnu*, Llandysul: Gwasg Gomer, 1966, 55-68. Cyhoeddwyd hefyd yn *Casgliad o ysgrifau*, Llandysul: Gwasg Gomer, 1984, 122-6.

_____: 'William Williams, Pantycelyn—ei emynau', yn Dyfnallt Morgan, gol., *Gwŷr llên y ddeunawfed ganrif a'u cefndir*, Llandybïe: Llyfrau'r Dryw, 1966, 83-91.

PEATE, Iorwerth C.: 'Pantycelyn a Bach', *Yr Herald Cymraeg*, 17 Ebrill, 1950, 4.

PETER, David: 'Bywyd a marwolaeth Mr W. Williams', yn *Hanes crefydd yn Nghymru o'r amser y daeth y Cymry i Ynys Brydain, hyd yr amser presennol*, Caerfyrddin: J. Evans, 1816, 655-7.

PETER, John, a Robert John Pryse, gol.: 'William Williams, Pant-y-Celyn a'i deulu', yn *Enwogion y Ffydd: neu hanes crefydd y genedl Gymreig, o'r Diwygiad Protestanaidd hyd yr amser presennol, fel yr arddangosir hi ym mywydau prif dduwinyddion a chrefyddwyr y cyfnod hwnw, IV*, Llundain: William Mackenzie, [1880], 212-43.

PHILLIPS, T.J.: 'Williams, Pantycelyn', *Yr Amseroedd*, 29 Tachwedd, 1884, 573. [Ymweliad â Phantycelyn].

POWELL, Thomas: 'Galargan o waith Williams Pant-y-celyn, yr hon ni cheir yn y casgliadau o farwnadau Williams', *Y Drysorfa*, 91 (1920), 81-82. [*Galarnad ar farwolaeth Mari, gwraig John Jones, o Landeilo-fach* ...(Aberhonddu, 1782)].

PRICE, D.J.: 'Exercise in face saving', *The Carmarthenshire historian*, 3 (1966), 49-50. [Sylwadau ar ddarlun Williams].

PRICE, Watcyn M.: 'William Williams, Pantycelyn', *Y Cyfarwyddwr*, 13 (1935), 249-51.

P[ROBERT], L[ewis]: 'Y bardd—Williams, Pantycelyn', *Y Dysgedydd*, 62 (1883), 169-73.

PROSSER, Alwyn: 'Diddordebau lleyg Williams, Pantycelyn', *Llên Cymru*, 3 (1954-55), 201-14.

_____: 'Cyfarwyddwr priodas Williams, Pantycelyn', *Llên Cymru*, 5 (1958-59), 70-85.

PRYS-JONES, A.G.: 'Carmarthenshire leaders of the [Methodist] Revival: William Williams (1717-91)', in *The Story of Carmarthenshire. 2: from the sixteenth century to 1832*, Swansea: Christopher Davies, 1972, 369-72.

REES, D. Ben: 'William Williams (1717-1791)', yn *Enwogion pedair canrif 1400-1800*, Pontypridd, Lerpwl: Cyhoeddiadau Modern Cymreig Cyf., 1976, 90-6.

_____: 'Hanesyddiaeth y cyfnod cyntaf, 1735-1811: William Williams Pantycelyn (1716-91)', yn *Haneswyr yr Hen Gorff*, Lerpwl, Llanddewibrefi: Cyhoeddiadau Modern Cymreig, 1981, 32-6.

REES, T. Mardy: 'Rev. William Williams, Pantycelyn (1717-1791)', yn *Notable Welshmen* (1700-1900), Carnarvon: 'Herald' Office, 1908, 98.

_____: 'Williams Pantycelyn', yn *Hiwmor y Cymro: sef hiwmor mewn llenyddiaeth Gymraeg*, Lerpwl: Hugh Evans a'i Feibion, 1922, 120-1.

_____: 'Cyfriniaeth emynyddiaeth Cymru: William Williams', *Y Cerddor Newydd*, 4 (1925-26), 30-32.

_____: 'Ymweliad â Phantycelyn, Cefnbrith a Thalgarth', *Y Dysgedydd*, 115 [*sic.*, i.e. 114] (1935), 176-8.

REES, Thomas (Abertawe): *History of Protestant Nonconformity in Wales from its rise to the present time*, London: John Snow, 1861. [William Williams, Pantycelyn, 379-80].

REES, Thomas (Bangor): 'Diwinyddiaeth Williams, Pantycelyn', *Y Beirniad*, 7 (1917), 223-31.

REES, William: (Gwilym Hiraethog): 'William Williams o Bant-y-Celyn a'i amserau', *Y Traethodydd*, 2 (1846), 225-39. Cyhoeddwyd hefyd yn *Darlithiau gan y diweddar Barch. William Rees DD (Gwilym Hiraethog)*, Dinbych: Gee a'i Fab Cyf., 1907, 132-64.

_____: 'William Williams o Bant-y-Celyn: ei gyfansoddiadau a'i athrylith', *Y Traethodydd*, 2 (1846), 364-79; 3 (1847), 37-51. Cyhoeddwyd hefyd yn *Darlithiau gan y diweddar Barch William Rees DD (Gwilym Hiraethog)*, Dinbych: Gee a'i Fab Cyf., 1907, 196-228.

_____: 'William Williams o Bant-y-Celyn, unwaith eto—ei emynau a'i ganiadau', *Y Traethodydd*, 3 (1847), 159-88. Cyhoeddwyd hefyd yn *Darlithiau gan y diweddar Barch William Rees DD, (Gwilym Hiraethog)*, Dinbych: Gee a'i Fab Cyf., 1907, 228-61.

_____: 'Traethawd ar gyfansoddiadau ac athrylith y Parch. William Williams fel bardd Cristionogol', yn J.R. Kilsby Jones, gol., *Holl weithiau prydyddawl a rhyddieithol William Williams*, Llundain: Mackenzie, 1867, xiv-xxxiv.

_____: 'Milton a Williams o Bantycelyn' *Y Drysorfa*, 54 (1884), 61.

RHYS, Robert: 'William Williams, Pantycelyn (1717-1791): the sweet singer of Wales', *EMW*, 30/2 (April/May 1991), 14-15.

RIZK, Helen Salem: '"Guide me, O thou great Jehovah", William Williams, 1717-1791', in *Stories of the Christian hymns*, London: Hodder and Stoughton, 1966, 19.

ROBERTS, Alwyn: 'Pantycelyn fel bardd cymdeithasol', *Y Traethodydd*, 127 (1972), 7-13.

ROBERTS, D.: [Ei ddarlithiau—Williams Pantycelyn] yn *Cofiant y Parch. W. Rees DD (Gwilym Hiraethog)*, Dolgellau: W. Hughes, [1893], 325-36. [Sylwadau ar ddarlith Hiraethog ar Williams].

ROBERTS, Ellis (Elis Wyn o Wyrfai): 'Emynau Pantycelyn', *Yr Haul*, 1 (1885), 57-9.

ROBERTS, Gomer M.: 'Pentrefi Cymru: bro Hywel Harris a Phantycelyn', *Y Ford Gron*, 3 (1932), 17, 24.

_____: 'Gwerth hanesyddol rhai o farwnadau Williams Pantycelyn', *CCHMC* 19 (1934), 12-18.

_____: 'Williams piau'r canu', *Y Traethodydd*, 98 (1943) 167-72.

_____: 'Williams Pantycelyn ac *Aleluja, 1744*', *JWBS* 6 (1943-49), 113-125.

_____: 'Nodyn ychwanegol ar y mesurau a thonau', *JWBS* 6 (1943-49), 125-8.

_____: 'A letter from Williams Pantycelyn to his son at Truro, Cornwall', *CCHMC,* 30 (1945), 63-4.

_____: 'Notes on two hymns by William Williams, Pantycelyn', *The Hymn Society of Great Britain and Ireland, Bulletin,* 37 (October 1946), 7-8. ['Guide me, O thou great Jehovah', 'O'er those gloomy hills of darkness'].

_____: 'Williams Pantycelyn a'r Annibynwyr', *Y Dysgedydd,* 127 (1947), 6-11.

_____: 'Dylanwad rhai o Fethodistiaid Lloegr ar emynau a mesurau Pant y Celyn', *Bathafarn,* 2 (1947) 56-62.

_____: 'Briwsion hanes: llyfr cofnodion Pentre Tŷ-gwyn', *CCHMC,* 34 (1949), 59-60.

_____: 'Nodiadau llyfryddol: dau o lyfrau Pantycelyn', *JWBS* 7 (1950-53), 196-7. [*Aleluja, neu casgliad o hymnau,* (1744); *Rhai hymnau newyddion* (1787)].

_____: 'Williams, William, (1717-91)', yn R.T. Jenkins, a J.E. Lloyd, gol., *Y Bywgraffiadur Cymreig hyd 1940,* Llundain: Anrhydeddus Gymdeithas y Cymmrodorion, 1953, 1013. Fersiwn Saesneg yn *The Dictionary of Welsh biography down to 1940,* London: Honourable Society of Cymmrodorion, 1959, 1077-8.

_____: 'Rhai o gyfeillion Pantycelyn', yn *Eglwys Bresbyteraidd Cymru (Methodistiaid Calfinaidd): blwyddlyfr Henaduriaeth De Caerfyrddin am 1952-53,* Llanelli: Yr Henaduriaeth, 1953, 32-4.

_____: 'Briwsion hanes: cynigiad i argraffu emynau Pantycelyn, 1794', *CCHMC,* 48 (1963), 80-1.

_____: 'Blwyddyn geni Pantycelyn', *Y Goleuad,* 26 Ebrill, 1967, 7.

_____: 'Llenydda a chyhoeddi, 1737-62', yn *Hanes Methodistiaeth Galfinaidd Cymru. Cyfrol 1: Y Deffroad Mawr,* Caernarfon: Llyfrfa'r Methodistiaid Calfinaidd, 1973, 403-41.

_____: 'Dulliau   cenhadu'r   diwygwyr   Methodistaidd', *Diwinyddiaeth,* 27 (1976), 16-22. [Cynnwys sylwadau ar weithiau Williams].

_____: 'Llyfr ymwelwyr Pantycelyn', yn *Crogi Dic Penderyn: sgyrsiau ac ysgrifau,* Llandysul: Gwasg Gomer, 1977, 61-5.

ROBERTS, Griffith: 'Drws y Seiat Brofiad', *Y Drysorfa* 65 (1895), 385-90.

ROBERTS, H.P.: 'The Methodist fathers: William Williams, Pantycelyn', *The Treasury,* 23 (1935), 116-7.

ROBERTS, J.R., 'Williams Pantycelyn: ceidwad yr athrawiaeth', *Y Traethodydd,* 124 (1969), 143-9.

ROBERTS, Rhiannon F.: 'Briwsion hanes: rhai o rigymau Pantycelyn', *CCHMC,* 59 (1974), 30.

ROBERTS, T.R. (Asaph): 'Williams, William, 1717-1791', in *Eminent Welshmen: a short biographical dictionary of Welshmen who have attained distinction from the earliest times to the present,* Cardiff: Educational Publishing Company Ltd., 1908, 596.

ROBERTS, W.: 'Saunders Lewis and William Williams: notes for a revaluation', *Anglo-Welsh Review,* 15 (Summer 1965), 18-25.

ROBERTS, W.J.: 'The spiritual legacy of William Williams of Pantycelyn', *The London Quarterly and Holborn Review,* 19 (1950), 330-4.

ROGERS, A.H.: 'Theomemphus a sancteiddhad trwy ffydd', *Yr Efengylydd,* 15 (1923), 84-5.

RONANDER, Albert C., and Ethel K. Porter: '93 Guide me, O Thou great Jehovah', in *Guide to the Pilgrim hymnal,* Philadelphia: United Church Press, 1966, 75-6.

ROWLAND, E.H. (Helen Elwy): 'Rev. William Williams (Pant-y-celyn)', in *A Biographical dictionary of eminent Welshmen who flourished from 1700 to 1900,* Wrexham: printed by Hughes for the authoress, 1907, 286-7.

[ROWLAND, R.D.] Anthropos: 'Gweledigaeth Pantycelyn', *Y Traethodydd*, 73 (1918), 161-73. [Trafodaeth ar *Golwg ar deyrnas Crist*].

[ROWLANDS, R.J.] Meuryn: 'Williams Pantycelyn fel cynganeddwr', *Y Drysorfa*, 125 (1955), 34-7.

SHANKLAND, Thomas: 'Pwy oedd athro Williams Pantycelyn yn Llwynllwyd?', *Y Beirniad*, 8 (1919), 13-23.

SHILVOCK, Geoffrey: 'Poets of praise: William Williams', *Home Words*, April 1988, 6.

STEPHENS, Meic gol., *Cydymaith i lenyddiaeth Cymru*, Caerdydd: Gwasg Prifysgol Cymru, 1986. *Bywyd a marwolaeth Theomemphus* (1764), 61; *Caniadau y rhai sydd ar y Môr o Wydr* (1761/62), 70; *Drws y society profiad* (1777), 166; *Ductor Nuptiarum* (1777), 167; *Ffarwel weledig* (1763-69), 214; *Golwg ar deyrnas Crist* (1756), 224. 'Williams, William (Williams Pantycelyn neu Pantycelyn); (1717-91)', 637-8. Fersiynau Saesneg yn *The Oxford Companion to the literature of Wales*, Oxford: Oxford University Press, 1986, 63, 70-1, 156-7, 198-9, 218, 660-1.

_____: 'The man who wrote "Bread of heaven"', *Western Mail*, 21 December, 1990, 17.

TAYLOR, Gordon: *Companion to the Song Book of the Salvation Army*, London: International Headquarters of the Salvation Army, 1989. 'Guide me, O thou great Jehovah (578)', 54; 'Williams, William', 447.

'TEITHIWR': 'Y ddau Williams o Bantycelyn', *Yr Oenig*, 2 (1855-56), 316-7. [Sylwadau ar feddfaen William a John Williams].

TEMPLE, Arthur: 'Guide me, O Thou great Jehovah', in *Hymns we love: stories of the hundred most popular hymns*, London: Lutterworth Press, 1954, 85.

THICKENS, John: 'William Williams', yn *Dathlu Deucanmlwyddiant y Diwygiad Methodistaidd yn Jewin ac yn Nhabernacl, Whitefield, dydd Iau, Mawrth 28, 1935*, Conwy: R.E. Jones a'i Frodyr, 1935, 15-16.

_____: 'Dau arweinydd: Howell Harris, William Williams', *Y Goleuad*, 1 Mai, 1935, 7, 12.

_____: 'W.—Y Parch. William Williams (Cefn-coed, plwyf Llanfair-ar-y-bryn, Sir Gaerfyrddin, 1716-1791, Pant-y-celyn, Sir

Gaerfyrddin)', yn *Emynau a'u hawduriaid: Llyfr Emynau y ddwy Eglwys Fethodistaidd yng Nghymru,* 1927. Caernarfon: Llyfrfa'r Methodistiaid Calfinaidd, 1945, 192-8. Argraffiad newydd wedi ei ddiwygio, gydag ychwanegiadau gan Gomer M. Roberts, Caernarfon: Llyfrfa'r Methodistiaid Calfinaidd, 1961, 183-9.

THOMAS, B.D.: 'Gweithiau awdurol y diweddar Barch. W. Williams, Pantycelyn', *Y Drysorfa,* 23 (1853), 400.

THOMAS, D.J.: 'William Williams, Pantycelyn', *Y Goleuad,* 14 Chwefror, 1968, 5.

_____: 'Williams, Pantycelyn, y Perganiedydd', *Y Goleuad,* 14 Mai, 1969, 6. [Diddordebau meddygol Williams].

THOMAS, Edward: 'William Williams, Pantycelyn', yn *Yr Hanesydd Methodistaidd,* Wrecsam: Hughes a'i Fab, 1903, 28-33.

_____: 'Un o bregethau Williams Pantycelyn', *Y Drysorfa,* 87 (1917), 456-59.

THOMAS, G.E.: 'Orig gyda'r Pêrganiedydd', *Yr Haul,* 1 (1938), 322-5.

THOMAS, John E.: 'Williams Pant y Celyn a John Wesley', *Yr Eurgrawn Wesleaidd,* 109 (1917), 386-90, 418-22.

_____: 'Gardd Pantycelyn', *Yr Eurgrawn,* 135, (1943), 40-6. [Trafodaeth ar yr emyn 'Mi bellach goda' i maes/Ar fore glas y wawr'].

THOMAS, Roland: *Richard Price: philospher and apostle of liberty,* Oxford: Oxford University Press, 1924, 165-70. [Trafodaeth ar Academi Llwyn llwyd ac athrawon Williams yno.]

THOMAS, William (Gwilym Marles)] Suetonius: 'Hanner awr gyda'r bardd o Bantycelyn', *Yr Ymofynydd,* 5 (1863), 53-7, 77-81, 101-6, 149-53.

T[HOMAS], W[illiam] G[lanffrwd]: 'William Williams', in John Julian, ed., *A Dictionary of hymnology setting forth the origin and history of Christian hymns of all ages and nations,* London: John Murray, 1907, 1284-5.

THOMSON, Ronald W.: 'William Williams (1717-1791)', in *Who's who of hymn writers,* London: Epworth Press, 1967, 99-100.

TIBBOT, Gildas: 'Un o lythyron anghyhoeddedig Williams Pantycelyn', *CCHMC,* 20 (1935), 131-7.

W.,D.: 'Williams Pantycelyn', *Yr Haul,* 15 (1913), 62-4.

W., T.: 'Un o lyfrau Pantycelyn', *Y Goleuad,* 1 Mawrth, 1978, 5. [*Drws y society profiad*].

WATSON, Richard, and Kenneth Trickett, eds.: *Companion to hymns and psalms,* [Peterborough]: Methodist Publishing House, 1988. '272 Ride on, Jesus, all-victorious', 182-3; '1417 Can I forget bright Eden's grace', 255-6; '437 Guide me, O thou great Jehovah', 267. 'Williams, William', 608.

WAUDBY, Fred C.: *Immortal music,* London: Pickering & Inglis, 1932. 'Guide me, O thou great Jehovah', 148-50; 'O'er those gloomy hills of darkness', 150-51.

WEBB, R.W.J.: 'William Williams, Pantycelyn (1717-1791)', *The Treasury,* 105 (March 1981), 5.

WELCH, Edwin: 'Three letters from William Williams, Pantycelyn to Lady Huntingdon', *CCHMC,* 53 (1968), 56-61.

WHITTEMORE, Mildred C.: 'Williams, Rev William, 1717-1791', in *Hymn writers of the Christian church,* London: Hodder and Stoughton, 1966, 61.

[WILLIAMS, A.H.]: 'Edward Phillips, Daniel Rowland and William Williams, Pantycelyn', *Bathafarn 24,* (1969), 36-7.

WILLIAMS, C.G.: 'The unfeigned faith and and eighteenth century Pantheologia', *Numen,* 15 (1968), 208-17. [Sylwadau ar *Pantheologia*].

WILLIAMS, D.D.: 'Pantycelyn yn cael llai o'i erlid na'i gyd-ddiwygwyr—y gyfrinach,' *CCHMC,* 19 (1934), 1-7.

_____: 'Williams Pantycelyn', *CCHMC,* 24 (1939), 87-101.

WILLIAMS, D. Emrys: 'Articles of agreement between Dorothy and William Williams, Pantycelyn', *CCHMC,* 44 (1959), 40-2.

WILLIAMS, David: 'Religious education and revival', yn *History of modern Wales,* London: John Murray, 1950, 139-57.

WILLIAMS, Gwilym: 'Diwinyddiaeth llyfr emynau newydd y Methodistiaid Calfinaidd a Wesleaidd', *Y Traethodydd,* 84 (1929), 173-84. [Cynnwys sylwadau ar emynau Williams].

_____: 'Diwinyddiaeth a chyfriniaeth emynau Pantycelyn', *Y Drysorfa,* 129 (1959), 233-5; 130 (1960), 76-81, 137-9.

WILLIAMS, H.: 'Dysgeidiaeth Williams o Bantycelyn am yr Iawn', *Y Drysorfa,* 89 (1919), 361-7, 401-5.

WILLIAMS, H. Cernyw: 'Yr anialwch yn emynau Williams, Pantycelyn', *Yr Eurgrawn Wesleaidd,* 124 (1932), 177-82.

WILLIAMS, H.R.: 'Ser y diwygiad: William Williams, Pantycelyn', *Y Goleuad,* 6 Mawrth, 1935, 10.

[WILLIAMS, Harri] Silas: 'Holi ac ateb', *Y Goleuad,* 21 Mai 1980, 3. [Trafodaeth ar 'Cul yw'r llwybr imi gerdded'].

WILLIAMS, Huw: 'Mawl a chañ', *Y Goleuad,* 15 Chwefror, 1985—yn parhau yn ysbeidiol. [Cyfres werthfawr o ysgrifau am emynau a thonau, ac emynwyr a chyfansoddwyr. Mae'r cyfeiriadau at Williams a'i weithiau yn rhy niferus i'w nodi yn y llyfryddiaeth hon.]

WILLIAMS, J.H.: 'Pantycelyn', *Y Goleuad,* 25 Gorffennaf, 1923, 10. [Ymweliad â Phantycelyn].

WILLIAMS, J. Price: 'Nos ddu'r enaid', *Porfeydd,* 3 (1971), 176-8. [Sylwadau ar gyfriniaeth yn emynau Williams].

WILLIAMS, John (Brynsiencyn): 'Deucan' mlwyddiant Pantycelyn', *Y Goleuad,* 31 Awst 1917, 5-6.

_____: 'Emynau Pantycelyn', *Trysorfa y Plant,* 56 (1917), 302-3.

WILLIAMS, John Tudno: 'William Williams, Pantycelyn (1717-91)', yn *Cewri'r Ffydd: gwerslyfr dosbarth 14-17 oed,* [s.l.]: Cyngor Ysgolion Sul ac Addysg Gristionogol Cymru, 1974, 46-8. Argraffiad diwygiedig 1974, 61-3.

WILLIAMS, Llewelyn: 'Williams, Pantycelyn', *Y Goleuad,* 9 Tachwedd, 1917, 2.

WILLIAMS, O. Prydderch (Eryr Môn): 'William Williams (Pant-y-celyn)', yn *Yr Hen feirdd: sef ugain o lythyrau bywgraffyddol a beirniadol ar y beirdd Cymreig*, Caernarfon: H. Humphreys, 1865, 25-31.

WILLIAMS, R.R.: 'William Williams of Pantycelyn (1717-1791)', in *Flames from the altar: Howell Harris and his contemporaries*, Caernarvon: Calvinistic Methodist Book Agency, 1962, 43-9.

WILLIAMS, Richard: 'Williams, William', in *Biographical dictionary of eminent Welshmen*, Llandovery: W. Rees, 1852, 540-41.

WILLIAMS, Robert Herbert: 'Delw y dyn ar ei ysgrifeniadau: Williams, Pant y Celyn', *Y Drysorfa*, 35 (1865), 87-91.

WILLIAMS, Robin: 'Mynydd yr emynydd', *Taliesin*, 34 (1977), 111-20.

WILLIAMS, T.: 'Theomemphus: pryddest Williams, Pantycelyn', *Y Traethodydd*, 114 (1959), 77-85.

WILLIAMS, Tom: 'Golwg ar holl grefyddau'r byd', *Yr Efrydydd*, 7 (1931), 215-20. [Trafodaeth ar *Pantheologia* (1762)].

WILLIAMS, W. Gilbert: 'Y Sabbath yng Nghymru', *Y Drysorfa*, 128 (1958), 85-8. [Canu natur Williams].

WILLIAMS, W. Llewelyn: 'Williams, Pantycelyn', *Y Dysgedydd*, 97 (1918), 5-9.

WILLIAMS, W. Nantlais: 'Pantycelyn', *Yr Efengylydd*, 9 (1917), 137-8.

————: 'Myfyrdod ym Mhantycelyn', *Y Geninen*, 36 (1918), 32-3.

————: 'Dirgelwch nerth Pantycelyn', *Y Drysorfa*, 88 (1918), 41-5.

WILLIAMS, William: 'Sketches of the lives of the Welsh reformers: William Williams', *The Children's Treasury*, 11 (1914), 136-7.

WILLIAMS, William (Abertawe): 'William Williams, Pantycelyn', *Y Drysorfa*, 35 (1865), 121-7.

WILLIAMS, William (Caernarfon): 'Williams Pantycelyn, ac Anne Griffiths fel emynwyr', *Y Llusern*, 11 (1894), 136-9, 155-7.

WILLIAMS, William (Machynlleth): 'Gwlad Pantycelyn', *Lleufer*, 24/2, (1968), 24-7. [Ymweliad â Phantycelyn].

WORTHINGTON, D.: 'Yr eglwys ac emynyddiaeth: Williams, Pantycelyn', yn *Cofiant y Parch. Daniel Rowland, Llangeitho*, Lampeter: Cwmni y Wasg Eglwysig Gymreig Cyf., 1905, 27-30.

C. TRAETHODAU YMCHWIL

DAVIES, Catherine Jane: 'The language of Williams, Pantycelyn, with special reference to vocabulary and grammatical forms'. Traethawd MA Prifysgol Cymru, (Aberystwyth, 1923).

EVANS, Lizze Eirlys: 'Cysylltiad y Diwygiadau Crefyddol o 1730 hyd 1850 â llenyddiaeth y cyfnod'. Traethawd MA Prifysgol Cymru, (Aberystwyth, 1934).

HUGHES-EDWARDS, W.G.: 'The development and organisation of the Methodist society in Wales'. Traethawd MA Prifysgol Cymru, (Bangor, 1966).

JENKINS, Kathryn: 'Yr emyn a Williams, Pantycelyn: astudiaeth'. Traethawd PhD Prifysgol Cymru, (Aberystwyth, 1987).

JONES, L.: 'The influence of the Methodist Revival on Welsh hymnology, with particular reference to the hymns of William Williams of Pantycelyn'. B.Litt. thesis, University of Oxford, 1922.

JONES, Llewelyn: 'A study of the hymnology of the Methodist Revival in Wales, with particular reference to the hymns of Williams, Pantycelyn'. Traethawd MA Prifysgol Cymru, (Bangor, 1921).

OWEN, David Alwyn: 'Argraffiad beirniadol gyda rhagymadrodd, amrywiadau a nodiadau o ''Ganiadau, y rhai sydd ar y Môr o Wydr &c., i Frenhin y saint: ynghyd â rhai hymnau a chaniadau duwiol ar amryw ystyriaethau,'' William Williams'. Traethawd MA Prifysgol Cymru, (Aberystwyth, 1981).

PROSSER, Alwyn: 'Astudiaeth feirniadol o rai o weithiau rhyddiaith William Williams o Bantycelyn'. Traethawd MA Prifysgol Cymru, (Caerdydd, 1954).

TURNER, Stephen James: 'Theological themes in the English works of Williams, Pantycelyn'. Traethawd M.Th. Prifysgol Cymru, (Aberystwyth, 1982).

Hoffwn gydnabod y cymorth a gefais gan Mr E. Wyn James a Mr Ceris Gruffudd ynglŷn â rhai itemau yn y llyfryddiaeth hon.